굶주리는 세계, 어떻게 구할 것인가?

Jean Ziegler

DESTRUCTION MASSIVE. GEOPOLITIQUE DE LA FAIM by Jean Ziegler
Copyright ⓒ 2011 by Jean Ziegler
All rights reserved.

This Korean edition was published by Galapagos Publishing Co. in 2012
by arrangement with Jean Ziegler c/o Mohrbooks AG Literary Agency, Zürich
through KCC(Korea Copyright Center Inc.), Seoul.

이 책의 한국어판 저작권은 (주)한국저작권센터(KCC)를 통한
저작권자와의 독점계약으로 갈라파고스에 있습니다. 저작권법에 의해
한국 내에서 보호를 받는 저작물이므로 무단전재와 복제를 금합니다.

장 지글러의 '대량살상, 기아의 지정학'
절망 속에서 희망을 찾다

굶주리는 세계, 어떻게 구할 것인가?

장 지글러 지음
양영란 옮김

Jean Ziegler

갈라파고스

이 책을
과테말라시티에서 살해된 파쿤도 카브랄과
미셸 리케, S.J.
디다르 포지 로사노
세바스티앙 호요스
이자벨 비시니아크
브라질의 샤푸리에서 살해된 치코 멘데스
에드몽 카이저
레스펠 피노 알바레즈에게 바친다.
—장 지글러

"정의에 충실하고자 하는 자는
지치지도 않고 승승장구하는 불의에
끊임없이 불충해야 한다."
—샤를 페기

들어가는 말
어떻게 굶주리는 세계를 구할 것인가?

난 니제르의 니아메 시에서 남쪽으로 100여 킬로미터 떨어진 사가의 한 작은 마을에서 맞은 투명한 새벽을 기억한다. 건기라서 그런지 황량하기 그지없는 지역 전체가 절망에 신음하고 있었다. 몇 가지 요인이 겹쳐 최악의 결과를 빚어낸 것이다. 그늘에서도 무려 47.5도까지 올라가는 사상 초유의 더위와 2년 동안 계속되는 가뭄, 지난겨울에 몰아닥친 조의 흉작, 바닥난 사료, 4개월 이상 계속되는 보릿고개[1], 거기에 메뚜기 떼의 창궐까지 상황은 더할 수 없이 나빴다. 흙벽돌집[2]의 담이며 초가지붕, 땅바닥이 모두 이글이글 타올랐다. 말라리아와 각종 열병이 어린아이들을 괴롭혔다. 인간과 짐승이 너나 할 것 없이 갈증과 허기로 허덕거렸다.

나는 사랑의 선교 수녀회에서 운영하는 진료소 앞에서 기다리고 있었다. 니아메 주재 세계식량계획(WFP, World Food Programme)의 대표가 잡아준 약속이 있어서였다.

양철 지붕을 이고 있는 하얀 건물 세 동. 거대한 바오밥나무 한 그루가 안뜰 한가운데를 차지하고 있었다. 기도소와 몇 개의 창고가 눈에 들어왔다. 이 모든 시설이 시멘트벽에 둘러싸여 있었고 그 시멘트벽 꼭 머리에 철제문이 달려 있었다.

나는 무리지어 서 있는 아이 엄마들 틈에 섞여 철제문 앞에서 기다린다. 이제 하늘은 붉은 빛이다. 커다란 주홍빛 동그라미 모양의 태양이 지평선 위로 서서히 모습을 드러내는 중이다.

여자들은 불안한 기색을 감추지 못한 채 회색 철제문 앞에 옹기종기 모여 서 있다. 연신 신경질적인 몸짓을 해대는 몇몇 여인들과는 대조적으로 초점 잃은 멍한 눈을 한 채 한없이 무기력한 자태를 보이는 여인들도 적지 않다. 모두들 하나같이 품에 아이를 한 명 또는 두 명씩 안고 있다. 누더기를 덮은 아이들이다. 아이가 숨을 쉴 때마다 그 누더기들이 조금씩 들썩거린다. 이 여자들의 상당수는 밤새도록 걸은 다음에야 이곳에 도착했다. 여러 날을 걸어온 여자들도 있다. 주로 메뚜기 떼의 습격을 받은 마을 출신 여자들인데 대개 30~40킬로미터 혹은 50킬로미터쯤 떨어진 곳에서 왔다. 척 보아도 여자들은 기진맥진한 상태다. 고집스럽게 닫혀 있는 철제문 앞에서 제 몸 하나 가누고 서 있기도 힘들어 보인다. 그런 여인네들에게는 품에 안고 있는 뼈만 앙상한 아이들마저도 너무 무거워 보인다. 파리들이 누더기 근처를 빙빙 돈다. 아직 새벽인데도 벌써 더위 때문에 숨이 막힐 지경이다. 개 한 마리가 지나가자 먼지가 구름처럼 피어오른다. 대기 중엔 시큼한 땀 냄새가 진하게 배어 있다.

수십 명의 여인네들은 맨손으로 사바나의 단단한 땅을 파서 만든 구덩이 속에서 하룻밤 또는 여러 날 밤을 지새웠다. 전날 혹은 전전날 진료소에서 입장을 거부당한 여인들은 끝없는 인내심을 발휘하여 이곳에 다시 왔다. 그리고 오늘은 행운이 있기를 기대해본다.

마침내 뜰을 지나는 발걸음 소리가 들린다. 자물통 안에서 열쇠가 돌아간다.

진지해 보이는 아름다운 눈을 가진 유럽 출신 수녀 한 명이 나타나 철제문을 조금만 빠끔 연다. 떼를 지어 서 있던 여인들의 무리가 동요하기 시작한다. 서로를 밀치며 문 앞으로 바짝 다가간다.

수녀는 누더기 덩어리를 하나 받아들더니 이어서 또 하나, 그리고 또 하나를 받는다. 신속한 눈길 한 번만으로도 살려낼 가망이 있는 아이를 판별해내는 모양이었다.

수녀는 완벽한 하우사어(나이지리아 북부, 니제르 남부, 베넹, 토고, 가나 등지에서 사용하는 언어—옮긴이)로 불안해하는 엄마들에게 온화한 투로 말한다. 결국 열댓 명의 아이들과 그 아이들의 엄마들에게 진료소 입장이 허용되었다. 독일 수녀의 큰 눈에 눈물이 글썽인다. 거절당한 100여 명의 엄마들은 말없이 의연한 태도로 절망감을 삼킨다.

침묵 속에서 하나의 무리가 형성된다. 더 이상의 투쟁을 포기한 엄마들이다. 이들은 사바나로 돌아간다. 마을로 돌아갈 것이다. 하지만 돌아가도 먹을 것은 없다.

그런가 하면 돌아가는 이들에 비해 적은 수에 불과하지만, 무리를 결성하여 그곳에 남는 사람들도 있다. 이들은 나뭇가지나 플라스틱 조각들로 엉성하게나마 햇빛을 가린 구덩이 속에서 하루를 보내고 다음 날 다시 진료소 입장을 시도할 것이다.

새벽은 다시 온다. 그때가 되면 그 엄마들도 다시 올 것이다. 철제문은 짧은 시간이나마 다시 열릴 것이고 그러면 엄마들은 또다시 행운의 손길이 자신에게 향하기를 기대해볼 것이다.

사가의 사랑의 선교 수녀회 진료소에 일단 들어가기만 하면 심각한 급성 영양실조로 고생하는 아이라도 12일 정도면 회복될 수 있다. 아이를 돗자리에 눕힌 다음 규칙적인 정맥주사를 통해 아이에게 영양액을 공급한다. 무한히 부드러워 보이는 아이의 엄마는 아이 옆에 책상다리를 하고 앉아 진료소 실내에서 웅웅거리며 날아다니는 커다란 파리들을 쫓는다.

수녀들은 미소를 잃지 않으며 온화하고 조용하다. 이곳 수녀들은 사리를 입고 세 개의 파란 줄이 들어간 흰 스카프를 맨다. 캘커타에 자선 선교회를 창설한 테레사 수녀가 입어서 유명해진 바로 그 복장이다.

이곳에 오는 아이들의 나이는 6개월부터 열 살까지 다양하다. 대부분의 아이들은 피골이 상접했다. 살갗 아래로 뼈가 거의 드러날 지경이며 머리카락이 빨개진 아이, 콰시오커 증세로 배만 불룩하게 부풀어 오른 아이들도 더러 눈에 띈다. 콰시오커는 노마와 더불어 영양실조가 야기하는 가장 심각한 질병이다.

그런 중에도 몇몇 아이들은 미소를 짓는다. 대부분의 아이들은 몸을 잔뜩 웅크린 채 가쁜 숨을 몰아쉬지만 그 숨소리마저 어찌나 가냘픈지 잘 들리지도 않는다. 각각의 아이들 위로는 앰풀이 매달려 있다. 앰풀에서 한 방울씩 떨어지는 치료액은 가는 대롱을 지나 아이의 가느다란 팔뚝에 꽂힌 주사바늘을 통해 아이의 몸으로 들어간다. 항상 60명 정도의 아이들이 세 동짜리 진료소의 돗자리 바닥에서 치료를 받는다.

"여기 오는 아이들은 거의 완치되지요." 진료소 중앙동 한가운데 놓인 체중계 담당 스리랑카 출신 수녀 한 명이 자랑스럽게 말한다. 진료소에 '입원한' 아이들은 이곳에서 매일 체중을 잰다.

수녀는 도저히 못 믿겠다는 의혹이 담긴 내 눈길을 놓치지 않았다. 안뜰의 반대편, 하얀 기도소의 발치에는 많은 무덤들이 자리잡고 있지 않은가 말이다. 수녀는 그래도 힘주어 말한다. "이번 달엔 열두 명만 잃었거든요. 지난달엔 여덟 명이었고요."

나중에 사가보다 훨씬 남쪽에 위치한 마라디를 방문했을 때에야 나는 사가의 수녀들이 알려준 그 숫자가 국가 전체 평균을 훨씬 밑돈다는 것을 알았다. 참고로 마라디에서는 국경없는 의사회가 급성 유아 영양실조 또는 영양불량이라는 골칫거리와 투쟁 중이다.

수녀들은 밤낮 없이 아이들을 돌본다. 수녀들 가운데 몇몇은 완전 탈진 일보직전이다. 수녀들 사이에는 어떤 서열도 없다. 제각기 맡은 일을 할 뿐이다. 어느 누구도 남을 지휘할 수 있는 권력 따위를 가지고 있지 않다. 요컨대 이곳엔 원장 수녀라는 직책을 가진 사람이 없다.

진료소 안은 숨이 막힐 정도로 푹푹 찐다. 발전장치와 그 발전장치를 이용해서 돌리던 선풍기들이 전부 고장 났다.

나는 안뜰로 나간다. 더위 먹은 대기가 아지랑이처럼 흔들린다.

노천 주방에서 젊은 수녀가 점심 식사용으로 삶고 있는 조로 만든 국수 냄새가 구수하게 퍼져 나온다. 엄마들과 수녀들이 중앙동 돗자리에 앉아 함께 나눠 먹을 식사다.

사하라 사막 이남 지역에서 맞는 정오의 새하얀 빛에 나는 눈이 멀 지경이다.

바오밥나무 아래에 벤치가 하나 놓여 있다. 아침에 본 독일 수녀가 거기 앉아 있다. 지친 모습이다. 수녀는 모국어로 내게 말을 건다. 다른 수녀들이 자신의 말을 알아듣기를 원치 않는 모양이다. 잘못하다가는 동료 수녀들의 사기를 떨어뜨릴 위험이 있기 때문이다.

"보셨지요?" 수녀가 나지막하게 묻는다.

"네, 봤습니다."

양 팔로 두 무릎을 끌어안은 수녀는 말이 없다.

내가 묻는다.

"각각의 건물마다 빈 돗자리들이 있더군요……. 그런데 어째서 오늘 아침에 더 많은 아이들을 받아들이지 않으셨나요?"

수녀가 대답한다.

"치료용 앰풀은 값이 비싸죠. 그리고 이곳은 니아메에서 멀리 떨어져 있고요. 길 사정이 아주 나빠요. 그래서 트럭 운전기사들이 터무니없이 높은 값을 부른답니다……. 우리 사정은 빤한데 말이죠."

해마다 수천만 명의 인간이 남녀노소를 가리지 않고 기아 때문에 죽어간다는 건 우리 시대의 거대한 참극이다. 5초마다 열 살 미만의 어린이 한 명이 기아로 목숨을 잃는다. 우리가 사는 이 지구는 온갖 풍요로 넘쳐나는데 말이다.

현 시점에서 전 세계의 식량 생산량은 120억 명 정도는 문제없이 먹일 수 있다. 120억 명이면 현재 지구 인구의 두 배에 해당한다. 그러니 기아는 불가항력적인 문제가 절대 아니다. 기아로 죽는 아이는 살해당하는 것이나 마찬가지다.

이와 같은 대량 살상 앞에서 세계의 여론은 냉랭한 무관심으로 일관한다. 어쩌다 마지못해 건성으로라도 관심을 보일 땐, 예를 들어 2011년 여름처럼 아프리카의 뿔, 즉 소말리아 반도를 이루는 5개국에서 1,200만 명이 죽음의 위협에 처했을 때처럼 눈에 보이는 재앙이 일어났을 때뿐이다.

나는 이 책의 첫 장에서 수없이 많은 통계 숫자와 그래프, 보고서, 결의안, 그 외 유엔을 비롯한 각종 전문기관, 시민단체들이 펴낸 심층 연구물 등을 토대로 이 재앙이 어느 정도로 확산되어 있는지 보여줄 것이다.

요컨대 대량 살상의 심각성을 정확하게 측정해보려 한다.

제2차 세계대전에서 희생된 군인, 민간인 사망자 5,600만 명 가운데 3분의 1 이상의 직접적인 사망 원인이 기아 또는 기아로 인한 후유증이다. 벨라루스의 인구는 1942년부터 1943년까지 2년 동안 기아 때문에 절반으로 줄었다.³ 유럽 전역에서 영양실조, 결핵, 빈혈 등으로 수백만 명의 어린이, 성인 남녀가 죽었다. 암스테르담, 로테르담, 헤이그 등지의 교회당에는 1944년에서 1945년으로 넘어가는 겨울 동안 기아로 죽은 자들의 관이 산처럼 쌓였다.⁴ 폴란드, 노르웨이에서는 살아남기 위해 많은 사람들이 쥐를 잡아먹거나 나무껍질을 벗겨 먹으면서 사투를 벌였다.⁵ 물론 생존이 걸린 이 투쟁에서 대다수가 패했다.

나치 약탈자들은 성경에 나오는 메뚜기 떼의 재앙처럼 비축 식량, 가을걷이, 가축 등을 철저하게 징발함으로써 점령국들을 벼랑 끝으로 몰아갔다. 아돌프 히틀러는 유대인과 집시들을 대상으로 하는 인종말살정책을 실시하기에 앞서, 수용소에 끌려온 자들에게 기아 계획Hungerplan, 즉 장기간 고의로 음식을 제공하지 않음으로써 최대한 많은 인원을 죽게 만드는 작전을 폈다.

그러나 유럽인들이 기아로 인해 집단적으로 겪어야 했던 고통의 기억은 결과적으로 종전 직후 긍정적인 성과를 낳았다. 그 이전까지는 아무도 주목하지 않았던 우수한 학자들과 인내심 많은 예언자들의 저서가 수십만 부씩 팔리고 여러 언어로 번역되기 시작한 것이다.

이 같은 변화 속에서 가장 주목받은 인물로는 단연 브라질의 빈곤 지역 노르데스테 출신 혼혈 의사인 조수에 아폴로니오 데 카스트로를 꼽을 수 있다. 1951년에 출간된 그의 저서 『기아의 지정학』은 전 세계 사람들에게 널리 읽혔다. 그의 뒤를 이어 각 나라의 젊은 세대들도 서양 집단

의식에 깊은 영향을 끼쳤다. 티보르 멘데, 르네 뒤몽, 피에르 신부 등이 대표적이다.

　1945년 6월에 창설된 국제연합, 즉 유엔은 창설 직후 세계식량농업기구(FAO, Food and Agriculture Organization)와 세계식량계획을 차례로 세웠다. 1946년 유엔은 세계 차원에서 최초로 기아와의 투쟁을 선포했다. 1948년 12월 10일 파리의 샤이오궁에서 개최된 유엔총회에서는 인권선언문을 채택했으며 선언문의 25조는 식량권에 대한 정의에 할애되었다. 이 책의 두 번째 장에서는 이처럼 서양에서 집단의식이 깨어나는 가슴 뛰는 순간들을 정리한다.

　하지만 애석하게도 이러한 순간들은 오래 지속되지 않았다. 유엔이라는 체제 내부는 물론 많은 회원국 내부에서 식량권에 반대하는 적들의 세력이 막강했기 때문이다.(이 사정은 오늘날에도 달라지지 않고 있다.) 제3장에서는 이들 적대 세력을 파헤친다.

　기아와 투쟁을 벌이는 데 적절한 수단을 보유하지 못한 세계식량농업기구와 세계식량계획은 오늘날 매우 어려운 여건 속에서 일하고 있다. 세계식량계획이 그래도 도움을 필요로 하는 주민들에게 부분적으로나마 긴급 구호 작업을 펼치고 있다면 세계식량농업기구는 아예 파산 지경에 처했다고 할 수 있다. 이 책의 네 번째 장에서는 이 지경에 이른 원인을 살펴보겠다.

　최근에 들어서는 그렇지 않아도 기아에 허덕이는 남반구 주민들에게 엎친 데 덮친 격으로 새로운 종류의 재앙까지 몰아닥쳤다. 대규모 식물성 대체연료 생산 기업들의 농지 약탈과 거래소를 통한 기초식량 관련 투기가 극성을 부리기 시작한 것이다.

　농업 관련 산업 분야의 거대 다국적기업들과 농산물 가격의 투기를 일삼는 헤지펀드hedge fund들의 전 지구적 영향력은 개별 국가는 물론 모든 국제기구들의 영향력보다 우월하다. 말하자면 이들 기업을 이끄는 지도자들은 그들이 소유한 주식을 통해 지구상에 사는 주민들의 생사여탈권을 행사하는 지경에 이른 것이다.

이 책의 5장과 6장에서는 왜, 어떻게 해서 이익에 대한 과도한 집착, 사리사욕, 소수의 세계화된 금융자본 포식자들의 끝없는 탐욕이 여론 형성이나 정부의 정책 결정 등에서 다른 어떤 고려보다 우선하며 세계적 연대를 방해할 수 있는지 분석해볼 것이다.

나는 최초의 유엔 식량특별조사관이었다. 출중한 능력과 투철한 사명감을 겸비한 남녀 협력자들과 더불어 8년 동안 이 직책을 수행했다. 이들 젊은 대학 교수들이 아니었다면 나는 아무 일도 할 수 없었을 것이다.[6] 이 책은 그 8년 동안의 경험, 나와 내 협력자들이 함께 벌인 투쟁을 바닥에 깔고 있다.

이 책에서 나는 인도, 니제르, 방글라데시, 몽골, 과테말라 등 기아에 허덕이는 세계 각국에서 수행했던 임무에 대해 자주 언급할 것이다. 당시 우리가 작성한 보고서들은 기아로 가장 고통 받는 주민들에게 몰아친 재앙의 실태를 다른 어떤 기록보다 생생하게 전달한다. 그 보고서들은 또한 이 같은 대량 살상의 책임자들이 과연 누구인지도 명쾌하게 지적한다. 하지만 우리에게 그건 결코 쉬운 일이 아니었다.

메리 로빈슨은 아일랜드 공화국의 대통령직과 유엔인권위원회 고등판무관직을 역임했다. 우아하며 날카로운 지성으로 번뜩이는 초록 눈을 가진 이 여성이 구사하는 신랄한 유머에 앙심을 품지 않은 고위 관료들은 유엔을 통틀어 아마 한 명도 없을 것이다.

2009년 한 해 동안 유엔의 유럽 지부, 즉 제네바의 유엔청사에서는 9,923회의 국제회의, 전문가 회합, 국가 간 다자 협상 등이 개최되었다.[7] 2010년에 이 숫자는 더 늘어난다. 이들 회의의 상당수는 인권, 그중에서도 특히 식량권을 주제로 삼았다.

임기 동안 메리 로빈슨은 대부분의 회의에 대해서 별다른 의미를 두지 않았다. 그녀의 말에 의하면 그 회의들이란 "한가한 성가대 합창choral singing"에 불과하다는 것이었다. 성탄절 새벽에 집집을 돌며 단조로운 음성으로 소박한 후렴구를 반복해서 노래하는 아일랜드 전통에서 따온 이 표현은 사실 적절하게 번역하기가 상당히 어렵다.

여하튼 지구상에는 기아와 영양실조 방지를 존재 이유로 삼는 수백 가지의 국제법, 국제기구, 비정부단체들이 있다.

사정이 그렇다 보니 수천 명의 외교관들이 일 년 내내 이 대륙 저 대륙으로 옮겨 다니며 인권에 대해 "한가한 성가대 합창"을 해대는 것이 사실이다. 이들이 골백번씩 똑같은 노래를 반복해도 솔직히 고통 받는 당사자들의 삶에는 눈곱만큼의 변화도 일어나지 않는다. 어째서 그런지 우리는 그 까닭을 확실하게 알아야 할 필요가 있다.

프랑스나 독일, 이탈리아, 스페인 등지에서 강연할 때마다 나는 "아프리카 사람들이 그처럼 무책임하게 아이를 낳지만 않아도 배고픔이 줄어들지 않을까요?"라는 종류의 항의를 수없이 들었다.

그러고 보면 토마스 맬서스의 사상은 상당히 명이 질기다. 기아는 자연현상인 만큼 자연에 의해서만 해결될 수 있다고 주장하는 농산물 가공업계의 거물들, 세계무역기구(WTO, World Trade Organization), 국제통화기금(IMF, International Monetary Fund)의 걸출한 지도자들, 서방 외교관들, 투기계의 '뱀상어들'과 '녹색 금'에 혈안이 된 독수리들은 무어라고 말할까? 세계시장은 자체적으로 규제되고 있다고? 세계시장은 필연적으로 부를 창조할 것이며 이를 통해서 굶주림으로 고통 받는 수억 명의 지구 시민들도 혜택을 받을 수 있을 거라고?

셰익스피어가 창조한 리어왕은 염세적 세계관을 지닌 인물이었다. 앞을 보지 못하는 글루체스터 백작을 위해 그는 이 세상이 "비참하다"고 묘사했다. 너무도 비참하기 때문에 "앞을 보지 못하는 장님조차도 그 세상이 어떻게 돌아가는지 알 수 있다"고도 말했다. 그러나 리어왕의 말은 틀렸다. 모든 의식은 매개장치를 필요로 한다. 이 세상은 "자명하지" 않다. 이 세상은 시력이 좋다고 자부하는 사람에게조차 즉각적으로 자신의 모습을 드러내지 않는다.

이념이 현실을 가린다. 반면 범죄는 가면을 쓴 채 다가온다.

막스 호르크하이머, 에른스트 블로흐, 테오도르 아도르노, 헤르베르트 마르쿠제, 발터 벤야민 등 독일 프랑크푸르트학파 출신 골수 마르크스주의자들은 개인의 매개화된 현실 인식, 주관적 의식이 점점 더 공격적이고 권위적으로 변해가는 자본주의 독사doxa에 의해 소외되는 과정을 깊이 천착했다. 이들은 지배적인 자본주의 이념이 낳은 결과를 분석하는 데 치중했다. 다시 말해서 인간이 머나먼 훗날에나 도달할 수 있을 목표를 정해 놓고 모든 삶을 그 목표에 복종시켜 나가게 되는 방식, 곧 자유를 보장해주는 개인적 자율의 가능성을 스스로 포기하게 되는 과정을 분석하려 시도했다는 말이다.

이들 철학자들 가운데 일부는 "이중적 역사"에 대해 언급하기도 한다. 한편엔 가시적이고 일상적인 사건 위주의 역사가 있고 다른 한편엔 눈에 보이지 않는 의식의 역사가 있다고 해서 "이중적 역사"라고 한다. 이들에 따르면 의식은 역사에 대한 희망에 의해 정제된다. 역사에 대한 희망을 달리 표현하면 유토피아를 지향하는 정신, 자유에 대한 적극적인 믿음이라고도 할 수 있다. 이러한 희망은 세속적 의미에서 종말론적 차원을 내포한다. 이러한 희망은 실재적인 정의에 요구 가능한 정의를 대비시키는 은밀한 역사의 자양분이 된다.

"기존 질서의 유지를 가능하게 하는 건 직접적인 폭력만이 아니다. 인간들 스스로 기존 질서를 인정하도록 배웠기 때문에 가능한 것이다"라고 호르크하이머는 주장했다.[8] 현실을 바꾸기 위해서는 인간 안에 깃들어 있는 자유를 해방시켜야 한다. 예견적 의식 vorgelagertes Bewusstsein[9], 즉 유토피아 또는 혁명이라는 이름을 가진 역사의 힘을 되찾아야 한다.

그런데 반갑게도 최근 들어 부쩍 종말론적 의식이 확산되고 있다. 특히 지배적인 서구 사회 내에서 투쟁을 벌이는 사람들이 점점 늘어나고 있다. 이들은 불가피한 대량 살육이라는 신자유주의적 독사에 과감하게 맞선다. 기아는 인재人災이며 따라서 인간에 의해 정복될 수 있다는 사실이 점점 더 명백하게 드러나고 있다. 하지만 그래도 문제는 남는다. 어떻게 기아라는 괴물을 때려눕힐 것인가?

서구 언론에서는 다분히 고의적으로 이 같은 현상을 외면하나 남반구 농촌 지역에서 혁명적인 농민 세력이 깨어나고 있는 것은 엄연한 사실이다. 국경을 초월한 농민조합, 농지 경작자와 목축업자 연맹들이 생겨나 그들의 땅을 약탈하려는 '녹색 금' 분야의 독수리들이나 투기꾼들과 투쟁을 벌이고 있다. 이들이야말로 기아와의 투쟁을 이끄는 중심 세력이다.

에필로그에서 나는 이들의 투쟁과 그 투쟁이 키워가는 희망을 다시 한 번 강조하고자 한다. 이는 곧 반드시 이들을 지원해야 할 이유이기도 하다.

차례

들어가는 말: 어떻게 굶주리는 세계를 구할 것인가? 7

1. 기아가 빚어낸 대학살
   기아의 지정학 25
   보이지 않는 기아 51
   오래 지속되는 위기 57
   　덧붙이는 글 1: 기아를 무기로 삼은 이스라엘
   　덧붙이는 글 2: 200만 명의 목숨을 앗아간 북한의 기아
   세아라의 이름 없는 아이들의 묘지 73
   하느님은 농부가 아니다 77
   무관심과 냉소가 키우는 굶주림 84
   기아가 낳은 끔찍한 질병, 노마 88

2. 의식의 각성
   기아가 숙명이라고! 101
   세계식량농업기구의 창시자, 조수에 데 카스트로 108
   히틀러가 세운 기아 계획 124
   암흑 속의 한줄기 빛, 유엔과 식량권 134
   처치 곤란한 관, 조수에 데 카스트로 그 이후 140

3. 식량권의 적
    신자유주의를 수호하는 십자군 원정대 149
    빈곤을 키우는 세계기구들 167
    자유교역이 죽음을 불러온다 178
    자유교역의 전도자, 세계무역기구 수장 파스칼 라미 184

4. 세계식량계획의 파산과 무기력한 세계식량농업기구
    억만장자 짐 모리스의 눈물 193
    한쪽이 부를 쌓을 때 다른 쪽은 굶주린다 206
    세계식량계획, 생명을 선별하다 214
    방글라데시의 빈민, 잘릴 질라니와 그녀의 자식들 218
    세계식량농업기구 대표 디우프, 다국적기업에 무너지다 224
      덧붙이는 글: 이라크 어린이들을 죽게 만든 유엔의 경제 봉쇄

5. '녹색 금'을 노리는 독수리 떼
   바이오연료, 기아의 새로운 원흉 243
   버락 오바마 대통령의 집착 249
   사탕수수의 저주 253
   　덧붙이는 글: 구자라트의 지옥
   아프리카, 다시 식민지가 되다 264

6. 식량 투기꾼들
   헤지펀드, 식량을 노리는 뱀상어들 279
   제네바는 어떻게 식량 투기꾼들의 수도가 되었나 298
   농지를 빼앗긴 자들의 분노와 저항 304
   부조리한 서양의 동조 319

생명이 있는 한 희망은 있다 324

감사의 말 333
옮긴이의 말: 분노는 나의 힘 335
주 339

1.
기아가 빚어낸 대학살

기아의 지정학

경제, 사회, 문화적 권리에 관한 국제협약[1] 11조에 따르면 인간의 식량권은 다음과 같이 정의된다.

식량권은 정기적, 상시적으로 자유롭게 직접으로나 또는 화폐를 매개로 하는 구입을 통해 질적, 양적으로 적절하고 충분하며 소비자가 속한 민족의 문화적 전통에 부합되고 불안에서 자유로우며 만족스럽고 인간으로서의 존엄성을 유지할 수 있는 정신적, 신체적, 개인적, 집단적 삶을 보장해주는 먹을거리를 취하는 권리다.

여러 가지 인권 중에서도 식량권은 분명 이 지구상에서 가장 상시적으로, 가장 대대적으로 침해당하는 권리다. 기아는 한 마디로 조직적인 범죄라고 할 수 있다.

성경의 전도서에 다음과 같은 구절이 있다.

변변치 않은 먹을거리라도 가난한 사람들에게는 목숨이나 다름없다. 이들에게 그것을 빼앗는 건 살인을 저지르는 것이다. 그에게서 그가 가진 식량을 빼앗는 건 이웃을 죽이는 것이며 임금 노동자에게 그가 당연히 받아야 할 임금을 주지 않는 건 피를 뿌리는 것이다.[2]

유엔 세계식량농업기구는 지구상에서 상시적으로 심각한 영양실조에 시달리는 사람의 수가 2010년의 경우 9억 2,500만 명에 이를 것으로 추정했다. 2009년에는 10억 2,300만 명이었다. 요컨대 지구 인구 약 67억 명 가운데 10억 명에 가까운 사람들이 상시적으로 기아에 시달리고 있는 것이다.

기아라는 현상을 아주 간단하게 요약해보자.

식품(또는 양식)은 식물성이건 동물성이건(때로는 광물성일 수도 있다) 에너지와 영양분을 취하려는 생물체에 의해 소비된다. 액체 형태로 된 요소들(가령 생수), 바꿔 말해서 음료수들(액체 형태라고 해도 국이나 소스 등은 식품으로 분류된다)도 같은 목적으로 우리 몸에 들어온다. 이러한 요소들을 뭉뚱그려 음식이라고 한다.

음식은 인간이 살아가는 데 반드시 필요한 생명 에너지를 형성한다. 에너지를 측정하기 위해서는 킬로칼로리라는 단위를 사용한다. 우리는 이 단위를 통해서 우리 몸이 형성되는 데 필요한 에너지의 양을 측정하며 1킬로칼로리는 1,000칼로리에 해당한다. 섭취한 에너지의 양이 불충분할 경우, 다시 말해서 킬로칼로리가 부족할 경우 기아 현상이 야기되며 이는 죽음으로 연결된다.

필요한 에너지 량은 나이에 따라 다르다. 흔히 신생아의 경우 하루 700칼로리, 1~2세 영아의 경우 1,000칼로리, 5세 유아의 경우 1,600칼로리가 필요하다고 말한다. 성인의 경우 그가 사는 곳의 기후와 하는 일의 강도에 따라 하루 2,000에서 2,700칼로리 정도가 필요하다고 본다.

세계보건기구(WHO, World Health Organization)는 성인에게 필요한 하루 최소 열량을 2,200칼로리로 규정하고 있다. 섭취 열량이 그 이하로 떨어질 경우 성인은 만족할 만한 수준으로 자신의 생명을 유지하기 어렵다.

배고픔으로 죽는 건 고통스러운 일이다. 임종에 이르기까지 오랜 시간이 걸릴 뿐 아니라 그때까지 겪어야 하는 고통 또한 참기 힘들다. 기아는 몸의 파괴는 물론 정신까지도 서서히 파멸로 몰아간다. 신체적인 쇠락에는 불안과 절망, 고독으로 인한 공포감, 버림받았다는 자괴감 등이 동반된다.

심각하고 지속적인 영양실조는 몸 전체에 급성 통증을 야기한다. 영양실조로 말미암아 인간은 무기력해지며 정신과 신체의 기능이 서서히 약화된다. 이는 곧 사회의 주변으로 밀려나거나 경제적 독립성을 상실하는 것이며, 정규적인 일을 수행할 수 있는 역량이 부족해 상시적인 실업 상태로 이어진다. 이와 같은 상황은 당연한 결말이지만 결국 죽음으로 귀착된다.

기아로 인한 임종의 고통은 일반적으로 다섯 단계를 거친다. 몇몇 예외적인 경우를 제외하면 인간은 3분 정도 숨을 쉬지 않아도 살 수 있으며 사흘 동안 물을 마시지 않아도 살 수 있고 3주 동안 아무것도 먹지 않아도 목숨을 부지할 수 있다. 그러나 그 이상은 아니다. 그 이상이 되면 각종 기능이 쇠퇴하기 시작한다.

영양실조에 걸린 아이들에게 임종은 그렇지 않은 아이들에 비해 훨씬 신속하게 진행된다. 육체는 우선 비축해 둔 당분을 꺼내 쓰고 이어서 비축된 지방을 사용한다. 이 과정에서 아이들은 무기력해진다. 삽시간에 체중이 감소하며 면역체계가 붕괴된다. 설사는 임종 단계의 진행 속도를 가속화한다. 입속에 사는 기생충들과 호흡기 감염으로 인한 끔찍한 고통이 시작된다. 이 단계에 이르면 근육이 해체되기 시작된다. 아이들은 이제 서 있지도 못 하는 상태가 된다. 작은 짐승들처럼 먼지 속에서 몸을 웅크릴 뿐이다. 팔이 축 늘어지고 얼굴은 노인처럼 변한다. 그러면 곧 죽음이 찾아온다.

우리 인간은 출생 직후부터 다섯 살이 될 때까지 뇌신경이 형성된다고 한다. 그런데 이 시기에 규칙적으로 적절하고 충분한 영양을 공급받지 못한 아이는 평생 불구로 살게 된다.

반면 성인은 사하라 사막을 횡단하거나 자동차 사고를 당하는 바람에 극적으로 구출될 때까지 일정 기간 동안 아무것도 먹지 못했더라도 별 문제없이 정상적인 삶으로 돌아올 수 있다. 적절한 의학적 관리 아래 영양을 재공급 받으면 이전의 신체적, 정신적 기능을 온전하게 되찾을 수 있다는 말이다.

하지만 5세 미만의 아이가 충분한 영양을 제대로 공급받지 못할 경우 상황은 완전히 다르다. 나중에, 그러니까 다섯 살 이상이 되었을 때 아무리 기적처럼 좋은 일들(아이의 아버지가 일자리를 얻었다거나 아이가 부유한 가정에 입양이 되거나…)이 일어나도 아이의 운명은 달라지지 않는다. 출생 당시의 결핍이 그 아이에게 평생 지고 갈 십자가가 될 것이다. 아이는 훼손된 뇌를 지니고 평생을 살아야 한다. 그 어떤 치료식도 아이에게 정상적이고 만족스러우며 인간으로서의 존엄성을 유지할 수 있는 삶을 보장해주지 못한다.

대부분의 경우 영양실조는 흔히들 기아로 인한 질병이라고 하는 노마, 콰시오커 등의 원인이 된다. 뿐만 아니라 면역체계를 심각하게 약화시킨다.

에이즈와 관련한 대대적인 설문조사를 통해 피터 피오트는 에이즈로 죽은 수백만 명은 규칙적이고 충분한 식사만 제공받았다면 목숨을 구할 수 있었음(그 정도는 아니더라도 최소한 에이즈라는 전염병에 대해 좀 더 효과적으로 대항할 수 있었음)을 여실히 증명해 보였다. 그의 표현대로라면 "규칙적이고 적절한 음식 섭취는 에이즈에 대한 첫 번째 방어선"[3]이다.

스위스의 경우 남녀 구별할 것 없이 신생아의 기대 수명은 83세를 조금 넘는다. 프랑스는 82세다. 그런데 아프리카 남부에 위치한, 에이즈와 기아가 극성을 부리는 작은 왕국 스와질랜드에서는 신생아의 기대 수명이 32세에 불과하다.[4]

기아라는 저주는 생물학적으로도 대물림된다. 해마다 영양실조로 허덕이는 수백만 명의 여인들이 수백만 명의 아이를 낳는데 이 아이들은 결핍을 안고 세상으로 나온다. 지구상에 첫발을 내딛는 날부터 이 아이들은 각종 결핍에 시달린다. 임신 기간 중 영양실조에 시달린 아이의 엄마는 자신이 받은 저주를 아이에게 고스란히 물려준다. 태중 영양실조는 돌이킬 수 없는 불구, 뇌 손상, 운동 능력 결여 등을 초래한다.

배고픈 엄마는 아이에게 젖을 줄 수 없다. 이 엄마는 분유를 사는 데 필요한 여러 여건을 구비하지도 못했다. 남반구 국가들에서는 해마다 50만 명의 산모들이 출산 중에 사망한다. 대부분은 임신 기간 중에 겪은 지속적인 결핍 때문이다. 그러므로 기아는 최근 지구상에서 단연 으뜸가는 사망 요인이면서 가장 무관심한 상태로 방치된 천형이다.

세계식량농업기구는 어떻게 기아와 관련된 숫자들을 수집하는가? 세계식량농업기구 소속 통계학자들이나 수학자들은 너나 할 것 없이 자타가 공인하는 역량 있는 분석가들이다. 이들이 1971년에 구축했으며 그 후 해를 거듭하면서 점점 더 정교하게 가다듬은 수학 모델은 솔직히 대단히 복잡하다.

지구상에는 67억 명의 인구가 194개국에 흩어져서 살고 있으므로 이들을 상대로 개별적인 설문 조사를 벌인다는 생각은 애초부터 배제될 수밖에 없다. 따라서 통계학자들은 간접적인 방식을 택한다. 그들이 사용하는 복잡한 방식을 최대한 단순하게 설명해보겠다.[5]

우선 첫 단계. 각 나라를 단위로 이들은 식품의 생산량, 수출입량을 측정하고 그 양에 해당되는 칼로리의 양을 계산한다. 예를 들어 인도에는 전 세계에서 심각하고 지속적인 영양실조로 고통 받는 주민의 상당수가 몰려 있다. 그럼에도 특정 기간 동안 인도는 수십만 톤의 밀을 수출했다. 2002년 6월과 2003년 11월, 인도에서 수출한 밀의 양은 1,700만 톤에 달했다. 세계식량농업기구는 이런 식으로 각국이 보유한 칼로리의 양을 측정한다.

두 번째 단계. 통계학자들은 각국을 단위로 주민의 인구학적이고 사회학적인 구조를 파악한다. 앞에서 칼로리 필요량은 나이에 따라 다르다고 말했다. 성별도 변수의 하나로 작용한다. 일련의 사회학적 이유에 따라 여성은 남성보다 적은 열량을 소비한다. 어떤 한 사람이 수행하는 일의 양, 그의 사회적, 직업적 상황도 변수로 작용한다. 제철소에서 쇳물을 만드는 노동자는 벤치에 앉아서 많은 시간을 보내는 퇴직자보다 훨씬 많은 열량을 필요로 한다. 조사 대상 지역과 기후에 따라 이러한 요소들의 자료 값은 달라지기 마련이다. 일반적인 대기의 온도, 기후 조건 등도 필요 열량에 영향을 끼친다.

두 번째 단계가 끝나면 통계학자들은 두 부류의 결집체 사이의 상관관계를 도출해낼 수 있다. 이들은 각국의 총체적인 칼로리 부족분을 알

수 있으며 따라서 적어도 이론적으로는 심각하고 상시적인 영양실조에 시달리는 사람의 수를 계산해낼 수 있다.

하지만 이 숫자만으로는 각국 내부에서 특정 부류의 주민들 사이에 어떤 식으로 열량이 분배되는지 전혀 알 수가 없다. 그러므로 통계학자들은 표본을 통해 특정 집단을 대상으로 조사를 벌여 모델을 한층 정교하게 만든다. 특별히 취약한 집단을 찾아내기 위해서다.

베르나르 메르와 프랑시스 델푀는 이러한 산술 모델을 비판한다.[6]

우선 매개변수가 문제다. 로마의 세계식량농업기구 소속 통계학자들은 열량 면에서의 부족분, 다시 말해서 에너지, 즉 열량을 공급하는 주영양소macronutriments(단백질, 탄수화물, 지방)의 부족분만 계측할 뿐 비타민, 각종 무기질, 미량원소들의 부족에 대해서는 속수무책이라고 이들은 비판한다. 그런데 우리의 건강에 반드시 필요한 여러 영양소들 가운데 특히 요오드, 철분, 비타민A와 C의 부족으로 해마다 수백만 명의 실명 환자, 신체의 일부를 절단하는 환자 또는 사망자들이 발생한다.

따라서 세계식량농업기구는 자신들이 개발한 산술 모델을 사용해서 영양실조sous-alimentation로 인한 희생자 수는 집계할 수 있지만 영양불량자malnutrition 수는 도저히 알아낼 수 없다는 것이 이들 두 학자의 주장이다.

베르나르 메르와 프랑시스 델푀는 또한 세계식량농업기구 방식의 신빙성에 대해서도 의문을 제기하는데 그 이유는 세계식량농업기구가 각국 정부가 제공한 통계자료에 전적으로 의존하기 때문이다. 남반구에 속한 국가들 가운데에는 아주 기초적인 수준의 통계자료조차 구비하지 못한 나라들이 수두룩하다. 그런데 기아로 인해 급속도로 대량 살상이 일어나는 곳은 다름 아닌 이들 남반구 국가들이다.

어쨌거나 세계식량농업기구 통계학자들(나는 그들의 통찰력을 인정한다)이 사용하는 수학 모델을 향한 모든 비판에도 불구하고 나로서는 장기적 관점에서 볼 때, 그 모델 덕분에 영양실조 희생자 수의 변화 추이와 기아로 인한 사망자 수의 변화를 한눈에 파악할 수 있다고 말하지 않을 수 없다.

여하튼 그들이 도출해낸 숫자가 실제보다 과소평가되었을지는 몰라도 그들이 사용한 방식은 적어도 장 폴 사르트르의 주장에는 부합한다. "적을 아는 것은 적을 무찌르는 것이다."

현재 유엔의 목표는 2015년까지 기아로 고통 받는 자들의 수를 절반으로 줄이는 것이다.

서기 2000년을 맞이하여[기아 감소는 새천년을 위한 여덟 가지 발전 목표(MDG, Millenium Development Goals) 가운데 첫 번째 가는 목표다] 뉴욕에서 열린 총회에서 유엔은 엄숙하게 이 같은 결정을 내리면서 1990년을 기준년으로 삼았다. 다시 말해 1990년의 기아 희생자 수를 절반으로 줄이겠다는 목표를 세운 것이다. 이 목표는 물론 절대 달성되지 않을 것이다. 기아 순교자들의 수는 감소되기는커녕 점점 증가했기 때문이다. 세계식량농업기구 스스로도 이를 인정한다.

현재 보유한 가장 최근 통계에 따르면 MDG를 실현하기 위해 약간의 진전이 있었다. 기아로 인한 사망자 수가 1990년부터 1992년 사이엔 영양실조자의 20퍼센트였는데 2010년에는 16퍼센트로 떨어졌음이 이를 증명한다. 하지만 인구가 계속 증가(물론 지난 몇십 년 동안에 비하면 증가속도가 훨씬 둔화되었다)하는 한 굶주림에 허덕이는 자들의 비율이 감소했다고 해도 그들의 숫자는 증가했다고 보아야 한다. 실제로 개발도상국을 하나의 집단으로 볼 때 이들 집단 내부의 굶주린 자들은 늘어났다.(1990년에서 1992년 사이에는 8억 2,700만 명이었는데 2010년에는 9억 600만 명으로 증가했다.)[7]

기아의 지리적 분포 곧 지구상에서 대량 살상이 자행되는 지역을 좀 더 명확하게 파악하기 위해서는 우선 일차적인 분류가 필요하다. 다시 말해 유엔과 유엔 산하 전문기관들이 "구조적 기아faim structurelle"와 "경기 동향적 기아faim conjoncturelle"라고 부르는 두 가지 기아를 구분해야 한다.

구조적 기아는 충분히 발전하지 못한 남반구 국가들의 생산구조에서 기인한다. 이 같은 기아는 항구적이다. 따라서 극적으로 시각을 자극하지도 않으며 생물학적으로 재생산된다. 이 말은 해마다 영양실조로 고생하는 수백만 명의 산모들이 심신에 결함 있는 수백만 명의 신생아를 낳고 있음을 의미한다. 구조적 기아는 정신적이고 신체적인 파괴, 존엄성 상실, 끝없는 고통과 동의어다.

반면 경기 동향적 기아는 어느 모로 보나 가시적이다. 그 부류의 기아는 우리가 늘 보는 텔레비전 화면에 정기적으로 등장한다. 경기 동향적 기아는 메뚜기 떼의 출현, 가뭄, 홍수 등이 특정 지역을 강타하거나 전쟁이 발발하여 사회조직을 파괴하고 경제를 파산으로 몰고 가며, 수십만 명의 난민들이 국내 또는 국경 인근 지역에 마련된 수용소로 피난을 가게 되는 경우에 발생한다.

이 같은 상황이라면 어떠한 경우에도 파종을 하거나 수확을 하는 건 불가능하다. 따라서 시장은 제대로 기능하지 못하고 도로는 끊기고 교량들은 파괴된다. 국가기관들도 작동하지 못한다. 일단 임시방편으로 수용소로 거처를 옮길 수밖에 없었던 이들 수십만, 수백만 명의 피해자들에게는 세계식량계획이 마지막 희망이다.

다르푸르의 니얄라는 내란과 기아로 피폐화된 서수단 세 개 지방에서 몰려온 피난민들을 수용하는 열일곱 개 수용소 중에서 가장 규모가 크다. 아프리카, 그중에서도 특히 르완다와 나이지리아 출신 평화유지군이 감시하는 이 거대한 텐트촌에 영양실조로 신음하는 약 10만 명의 남녀노소가 몰려왔다. 수용소 울타리를 벗어나 500미터쯤 떨어진 곳에서 배회하는(땔감으로 쓸 나무를 구하거나 먹을 물을 찾아 나서는 경우) 여인이 있다면 이는 카르툼(수단의 수도-옮긴이)의 이슬람 독재자를 위해 봉사하는 아랍 기병 용병 잔자위드들에게 붙잡힐 위험을 자초하는 것과 마찬가지다. 이럴 경우 그 여인은 강간당하거나 살해당할 가능성이 매우 높다.

청색 유엔기를 단 세계식량계획의 백색 도요타 트럭이 사흘마다 한 번씩 산더미처럼 쌓은 쌀가마와 약상자를 실어 나르지 않으면 유엔평화유지군이 지키는 철책선 너머에 갇힌 자가와족, 마살리트족, 푸르족 출신 난민들은 빠른 시일 안에 죽음을 맞이하게 될 것이다.

경기 동향적 기아의 또 다른 예를 보자. 2011년 심각한 영양실조 증세를 보이는 45만 명의 남녀노소(그중 대다수는 소말리아 남부 출신)가 유엔이 케냐 영토에 세운 다답 수용소로 몰려왔다. 더 이상의 인원을 받아들일 여력이 없었던 세계식량계획 소속 관리들은 이들을 제외한 다른 가족들이 수용소에 진입하는 것을 거부해야 했다.[8]

기아의 위험에 가장 심하게 노출된 사람들은 누구인가?

제일 취약한 세 부류는 세계식량농업기구에서 통용되는 용어를 빌어 표현하자면 농촌 빈민rural poors, 도시 빈민urban poors, 그리고 위에서 언급한 각종 재해 희생자들이다. 농촌 빈민과 도시 빈민의 경우를 보자.

우선 농촌 빈민. 충분한 먹을거리를 마련하지 못하는 사람들의 대다수는 남반구 국가의 농촌 빈민에 속한다. 이들 중 많은 사람들이 식수나 전기의 혜택을 받지 못한다. 이런 지역에서는 대부분의 경우 공중보건, 교육, 위생 관련 서비스 등도 전혀 이루어지지 않고 있다.

지구상에 살고 있는 67억 인구 가운데 절반에 약간 못 미치는 사람들이 농촌에 거주한다. 태곳적부터 농사를 짓는 사람들(농지 경작자, 목축업자, 어부)은 가난과 기아의 첫째가는 피해자들이었다. 오늘날 세계은행의 기준에 따르면 12억 명가량이 '극단적 빈곤'(하루 1.25달러 미만의 수입) 속에서 살고 있으며 이들의 75퍼센트가 농촌에 거주한다.

수많은 농부들이 이제부터 열거할 세 가지 이유 가운데 어느 한 가지 때문에 빈곤 속에서 생활한다. 첫째, 농지를 소유하지 못했기 때문에 옮겨 다니며 일하는 노동자거나 농지 소유자들에게 착취당하는 소작인일 경우. 방글라데시 북부에 사는 이슬람 소작인들은 캘커타에 거주하는 힌두교도 지주에게 수확의 5분의 4를 지불해야 한다. 간혹 땅을 가진 소작인들도 있으나 이들마저도 소유지라고 주장할 만큼 확고한 소유권을 누리지 못한다. 브라질의 포세이로스$_{posseiros}$, 즉 생산성이 떨어지거나 임자 없는 작은 땅뙈기를 차지하고서 이를 경작하지만 그 땅이 자신의 것이라고 증명해줄 서류를 구비하지 못한 자들이 그러한 경우에 해당된다. 또 정당하게 땅을 소유했어도 면적이 너무 작거나 토질이 형편없어서 그 땅의 경작만으로는 가족들의 생계를 꾸릴 수 없는 경우도 있다.

국제농업개발기금(IFAD, International Fund for Agricultural Development)은 농지를 소유하지 못한 농업노동자들의 수를 약 5억 명 정도로 추산하며 이는 약 1억 가구에 해당된다. 이들이야말로 지구상의 빈민들 중에서도 가장 빈민들이다.[9]

영세 농민, 착취당하는 소작인, 일용직 농업노동자, 이주 노동자들을 위해서 세계은행은 시장을 기반으로 하는 토지개혁Market-Assisted Land Reform을 권유한다. 이 개혁안은 1997년에 필리핀 농민들을 위해 처음으로 실행되었다. 대규모 영지 소유자는 의무적으로 자신이 소유한 땅의 일부를 분배해야 하며 농업노동자는 세계은행에서 신용 대출을 받아 그 땅을 구입할 수 있다는 것이 이 제안의 요지다.

그러나 '농지를 소유하지 못한' 가구의 처절한 상황을 감안한다면 세계은행이 전 세계 곳곳에서 추진하는 이 "시장을 기반으로 하는" 개혁은 명백한 위선, 아니 추잡한 외설에 불과하다.[10]

농민해방은 농민들 스스로의 힘으로 이룰 수밖에 없다. 브라질의 무농지 농업노동자 운동(MST, Mouvement des travailleurs ruraux sans terre)의 집단 거주지를 한 번이라도 방문해본 사람은 가슴이 찡해지는 감동과 찬탄을 금할 수 없다. 무농지 농업노동자 운동은 농업개혁, 식량주권, 자유교역 및 현재 지배적인 농가공식품 산업의 생산과 소비 모델에 대한 문제 제기, 식량 생산 위주의 농업 진작, 연대의식 함양, 국제주의적 지향 등을 추구함으로써 브라질에서 가장 중요한 사회운동으로 자리 잡았다.

국제적인 농민운동 단체인 비아 캄페시나Via Campesina는 전 세계적으로 2억 명의 소작인들과 영세 농민(경작 면적 1헥타르 미만), 계절 농업노동자, 유목 또는 정착 목축업자, 어부 등을 회원으로 두고 있다. 비아 캄페시나는 오늘날 제3세계에서 활동하는 가장 혁명적이며 놀라운 파급력을 가진 사회운동단체다. 이 단체에 대해서는 뒤에서 다시 상세하게 다룰 생각이다.

남반구 지역 농민들처럼 지독하게 적대적인 기후 속에서 아주 미미한 수확을 거두기 위해 그처럼 일을 많이 하는 사람들은 어디에서도 찾아볼 수 없다. 이들 가운데 날씨의 재앙, 메뚜기 떼의 습격, 항시적인 위협이 되는 사회적 동요 등의 사태에 대비하기 위한 저축을 할 만큼 여유 있는 사람들은 매우 드물다. 비록 1년 중 몇 개월 동안은 그런 대로 식량이 풍족하고 따라서 축제의 북소리가 울려 퍼지며 나눔의 미덕을 보여주는 성대한 결혼식이 마을에서 거행된다고 해도 위협은 언제 어디에서나 도사리고 있다. 보릿고개가 얼마나 오래 계속될지는 아무도 알 수 없다.

남반구 농민들의 90퍼센트는 여전히 농기구라고는 쟁기와 큰 칼, 낫만을 사용할 뿐이다. 10억 명이 넘는 농민들이 트랙터는 물론 밭갈이를 도와줄 견인용 가축 한 마리 없이 맨손으로 농사를 짓는다. 견인력이 두 배로 증가하면 경작 면적도 두 배로 증가한다. 그런데 남반구 경작자들은 아무런 도구의 도움도 받지 못하므로 빈곤에서 벗어날 수가 없다.

사하라 사막 이남 지역의 경우 1헥타르의 면적에서 곡물을 재배할 때 수확량은 600에서 700킬로그램 정도다. 그런데 프랑스의 브르타뉴나 보스, 독일의 바덴-뷔르템베르크, 이탈리아의 롬바르디아 지방의 경우 밀밭 1헥타르에서 10톤, 즉 1만 킬로그램을 수확한다. 이처럼 엄청난 생산성의 차이를 농부들 개개인의 능력 차이만으로 설명할 수는 없다. 밤바라족, 월로프족, 모시족, 투쿨로르족 농민들은 유럽 농민들에 버금가는 에너지와 지혜를 가지고 경작한다. 이 두 집단을 결정적으로 구분하는 것은 농업생산요소 즉 농기구, 관개시설, 비료 등이다. 베냉, 부르키나파소, 니제르, 또는 말리 등지에서 농사를 짓는 경작자들은 관개시설의 혜택이라고는 전혀 받을 수 없으며 무기비료, 품질 면에서 엄선된 종자, 살충제 따위는 일체 사용하지 못한다. 이들은 3천 년 전에 이들의 조상들이 하던 방식 그대로 하늘에서 내리는 비에만 의존하여 농사를 짓는다. 사하라 사막 이남 아프리카의 농지 가운데 오직 3.8퍼센트만이 관개시설의 혜택을 받는다.[11]

세계식량농업기구는 품질 면에서 엄선된 종자, 무기비료, 퇴비(가축을 소유하지 못한 이들은 퇴비도 얻기 어렵다) 등을 사용해서 농사를 지을 형편이 못 되는 농민의 수를 5억 명 정도로 추산한다. 세계식량농업기구에 따르면 해마다 전 세계 농산물 수확량의 25퍼센트가 악천후나 설치류 등에 의해서 파괴된다고 한다.

사하라 사막 이남 아프리카와 남부 아시아, 안데스 고원 지대엔 곡물 저장용 사일로(곡식을 저장해 두는 원통형 모양의 독립된 창고 – 옮긴이)도 거의 없다. 그러므로 수확량의 파괴로 가장 먼저, 그리고 가장 심하게 타격을 입는 것은 이래저래 남반구 지역 농민들이다.

수확된 작물들을 시장으로 운반하는 일 또한 큰 문제다. 2003년 에티오피아에서 나는 이와 관련하여 대단히 부조리한 현실을 목격했다. 티그레이의 메켈레, 다시 말해서 거센 바람이 몰아치고 토양은 갈라져 먼지만 풀풀 날리는 고원 지대에서 700만 명의 주민이 굶주림과 사투를 벌이고 있었다. 그런데 그곳에서 서쪽으로 600킬로미터 떨어진 곤다르 지방에서는 수만 톤의 테프가 창고에서 썩어가고 있었다. 도로가 제대로 정비되지 않은 데다 이웃 지방 사람들의 목숨을 구해줄 수 있는 그 작물들을 실어 나를 트럭조차 없었기 때문이었다.

사하라 이남 아프리카나 인도, 페루나 볼리비아, 에콰도르의 알티플라노에 거주하는 아이마라족과 오타발로 공동체에는 이른바 농업협동조합 같은 대출기관이 전무하다. 그러니 농민들에게는 선택의 여지가 없다. 대부분의 경우 가장 불리한 시기인 추수 직후, 즉 농산물 가격이 가장 낮을 때 애써 수확한 농산물을 팔 수밖에 없다.

이곳 농민들은 일단 빚의 톱니바퀴(먼저 진 빚을 갚기 위해 새로이 빚을 얻는 악순환) 속에 발을 들여놓게 되면 보릿고개를 넘기는 데 필요한 식량을 농가공식품 업계의 큰손들이 정해놓은 가격으로 사기 위해 미래의 수확을 담보로 빚을 얻어야 한다.

농촌에서, 특히 중앙아메리카와 남아메리카, 인도, 파키스탄, 방글라데시 등지에서는 폭력이 전염병처럼 번지고 있다. 나는 함께 일하는 직원들과 2005년 1월 26일부터 2월 5일까지 과테말라 출장길에 올랐다.[12] 우리는 그곳에 머물렀을 때 독재자 리오스 몬트 장군을 상대로 저항운동을 하다가 지금은 과테말라 정부의 인권담당 판무관으로 일하는 프랑크 라뤼를 만났다. 그는 자기 나라에서 하루가 멀다고 농민들을 상대로 하는 범죄가 자행된다고 털어놓았다.

1월 23일 알라바마 그란데 농장에서 한 농업노동자가 과일을 훔쳤다. 세 명의 경비원이 그를 붙잡아서 죽였다. 그날 저녁 아버지가 돌아오지 않자 다른 날품팔이 가족들과 마찬가지로 라티푼디움 경계 지역의 움막집에 사는 그의 가족들은 불안해하기 시작했다. 열네 살 먹은 큰아들이 이웃들과 같이 주인집으로 향했다. 경비원들이 이들을 막아섰다. 곧 언쟁이 벌어졌다. 큰 소리가 오갔다. 경비원들은 소년과 네 명의 이웃사람을 죽여버렸다. 다른 라티푼디움에서는 경비원들이 그 지역 특산품 과일을 주머니에 가득 넣은 소년을 체포했다. 주인의 농장에서 그 과일들을 훔쳤다는 혐의였다. 경비원들이 과일을 주인에게 보이자 주인은 총으로 소년을 쏘아 죽였다.

프랑크 라뤼가 설명한다. "어제 대통령궁에서 부통령 에두아르도 스테인 바리야스가 설명했듯이 열 살 미만 어린이의 49퍼센트가 영양실조로 신음하고 있습니다……. 그들 중에서 9만 2천 명이 작년에 기아 또는 기아의 후유증으로 목숨을 잃었죠. 그러니 한 가정의 아버지, 형들이 이따금씩 밤이면 농장의 과수원으로 숨어들어 과일 몇 알, 채소 몇 줌을 훔

쳐오는 사정을 이해하시겠죠……."

2005년에 과테말라에서는 4,793명이 살해되었는데 그중에서 387건이 우리가 그곳에 머문 짧은 기간 동안에 일어났다. 희생자들 중에는 스위스의 프리부르에서 열린 연수에 참가하고 돌아온 네 명(남자 셋, 여자 하나)의 농민 조합원들도 끼어 있었다. 살인자들은 이들이 탄 자동차가 추아카스 산, 산 크리스토발 베라파스와 살라마 사이를 지날 때 기관총을 난사했다.

나는 과테말라 주재 스위스 대사관에서 저녁을 먹던 중에 이 소식을 들었다. 결단력 있고 상냥하며 과테말라를 속속들이 잘 아는 대사는 다음날 즉시 외무부에 강력하게 항의를 하겠노라고 다짐했다.

이날 저녁 식사에는 마야 출신 여성으로 루카스 가르시아 장군 독재 치하에서 아버지와 남자 형제 가운데 한 명이 산 채로 불에 태워지는 비극을 겪은 노벨평화상 수상자 리고베르타 멘추도 참석했다. 식사를 마치고 대사관을 나설 무렵 리고베르타 멘추는 나지막하게 말했다. "난 당신 나라 대사를 지켜봤어요. 얼굴이 창백하더군요……. 손은 부들부들 떨고요……. 분노를 느낀 게 분명해요. 좋은 사람이더군요. 그러니 정말로 항의를 하겠지요……. 하지만 그래도 아무 소용이 없을 걸요!"

엘 툼바도르 시에 속한 라스 델리시아스의 한 대규모 커피 농장에서 나는 파업을 벌이는 일용직 일꾼들과 그들의 부인과 이야기를 나눈 적이 있다. 세계시장에서 커피 가격이 폭락했다는 구실로 6개월 전부터 주인이 임금을 지불하지 않았다는 것이다.[13] 파업을 주도하는 노동자들이 시도한 시위는 경찰과 주인이 고용한 사설 경비원들에 의해 난폭하게 제압당했다.

교구 농지 사목회(PTI, Pastorale de la terre interdiocésaine)의 의장인

산 마르코의 라마치니 주교가 이미 나한테 경고한 바 있었다. "시위가 있던 날 밤이면 경찰이 다시 와서 무작위로 젊은이들을 끌고 가는 일이 자주 있습니다……. 그렇게 끌려간 청년들은 자주 실종 처리되곤 하지요."

우리는 오두막집 앞에 놓인 나무 벤치에 앉았다. 파업 가담자들과 그들의 부인들은 반원 형태로 모여 서 있었다. 끈끈한 열대야 속에서 어린아이들은 진지한 눈빛으로 우리를 지켜보았다. 부인네들과 어린 소녀들은 선명한 원색의 원피스 차림이었다. 멀리서 개 짖는 소리가 들려왔다. 하늘에선 헤아릴 수 없이 많은 별들이 빛났다. 커피나무의 향이 집 뒤쪽에 만개한 붉은 제라늄 향과 뒤섞였다.

한눈에도 이들이 겁을 잔뜩 집어먹었음을 알 수 있었다. 마야 인디언들의 아름다운 구릿빛 얼굴엔 불안감이 감돌았다. 라마치니 주교가 언급한 야간 체포나 조직적인 실종 소식들이 이들의 뇌리를 떠나지 않기 때문일 것이다.

나는 어설프기 짝이 없는 태도로 유엔 로고가 찍힌 명함을 돌렸다. 여자들은 무슨 부적이라도 된다는 듯 그 명함을 가슴에 끌어안았다. 입을 열어 그들에게 인권이니 유엔의 보호니 하는 말들을 하는 순간, 나는 나 자신이 그들을 배반하고 있음을 인정하지 않을 수 없었다. 십중팔구 유엔은 그들을 위해 아무 일도 하지 않을 것이기 때문이다. 유엔이 파견한 직원들은 과테말라시티의 청사에 편안하게 들어앉아 이른바 개발계획이라는 돈만 많이 드는 프로그램을 운영하는 것으로 제 할 일을 다 했다고 생각할 것이다. 그들이 운영하는 프로그램의 가장 큰 수혜자는 다름 아닌 라티푼디움 소유주들이다. 예수회 출신이며 프랑크 라뤼의 측근인 에두아르도 스테인 바리야스가 할 수 있는 건 기껏해야 엘 툼바도르 경찰의 수장에게 파업 가담 젊은이들과 관련한 조직적인 '실종'에 대해서 한두 마디 경고를 주는 정도일 것이다.

농민들에게 가해지는 가장 부당한 폭력은 뭐니 뭐니 해도 농지의 불평등한 분배다. 2011년 현재 과테말라에서는 1.86퍼센트의 주민이 경작 가능한 토지의 57퍼센트를 소유하고 있다. 이 나라에는 각각 3,700헥타르가 넘는 47개의 대규모 사유지가 존재하는 반면 90퍼센트의 농민들은 1헥타르 미만의 농지를 경작한다.

한편 농민조합이나 파업 시위자들에게 가해지는 폭력 행위와 관련해서 상황은 전혀 나아지지 않고 있다. 오히려 악화되었다고 보는 편이 타당하다. 강제적인 실종이나 살해 건수가 증가했기 때문이다.[14]

이번엔 도시 빈민의 경우를 보자. 리마(페루의 수도-옮긴이)나 카라치(파키스탄 남부 신드 주의 주도-옮긴이)의 빈민가, 상파울로의 파벨라, 마닐라의 스모키 마운틴 등지에서 아이 엄마들은 지극히 제한적인 수입으로 식량을 마련해야 한다. 세계은행은 하루 1.25달러 미만으로 생활하는 '극빈자'가 12억 명쯤 될 것으로 추산한다. 파리, 제네바, 프랑크푸르트 같은 유럽 대도시의 경우 가정주부는 평균적으로 가계 수입의 10~15퍼센트 정도를 식비로 지출한다. 마닐라 스모키 마운틴에 사는 주부의 경우 이 비율은 80~85퍼센트로 치솟는다.

세계은행의 집계에 따르면 라틴 아메리카에서 주민의 41퍼센트는 '비정형적인 주거지'에 산다. 시장 물가가 조금이라도 오르면 빈민가에서는 불안과 기아, 가정 해체, 한 마디로 대재앙이 시작된다.

사실 도시 빈민과 농촌 빈민의 경계는 얼핏 생각하는 것처럼 뚜렷하지 않다. 현실적으로 농촌에 거주하는 빈민들의 대부분을 차지하는 27억 명의 계절 농업노동자, 소규모 토지를 소유한 자영농, 소작인 27억 명 가운데 43퍼센트는 1년 중 어느 시점에서는 전년도 농사 수확량만으로는 돌아오는 수확기까지 식구들을 먹이기에 부족해서 거주지 인근 마을이나 이웃 면, 읍의 시장으로 식량을 구입하러 가는 경우가 적지 않기 때문이다. 이럴 경우 농촌노동자는 도시에서 구입해야 하는 식품류의 높은 가격으로 인한 충격을 고스란히 감수해야 한다.

니카라과 비아 캄페시나의 활기차고 호감 가는 대표 욜란다 아레아스 블라스는 다음과 같은 사례를 들려주었다. 니카라과 정부는 해마다 카네스타 바시카canesta basica, 즉 "장바구니의 기본이 되는 식품" 목록을 작성한다. 이 목록에는 6인 가구가 생존하기 위하여 매달 필요로 하는 스물네 가지 식품이 포함되어 있다. 2011년 3월 니카라과의 카네스타 바시카를 구입하는 데 필요한 비용은 6,250코르도바, 즉 500달러였다. 그런데 이 나라 농업노동자의 법정 최저임금은 당시 1,800코르도바(80달러)에 지나지 않았다. 그나마도 제대로 지급되지 않았다.[15]

전 세계적 차원에서 보자면 기아는 지리적으로 매우 불균등하게 분포되어 있다.[16] 2010년의 경우는 다음과 같다.

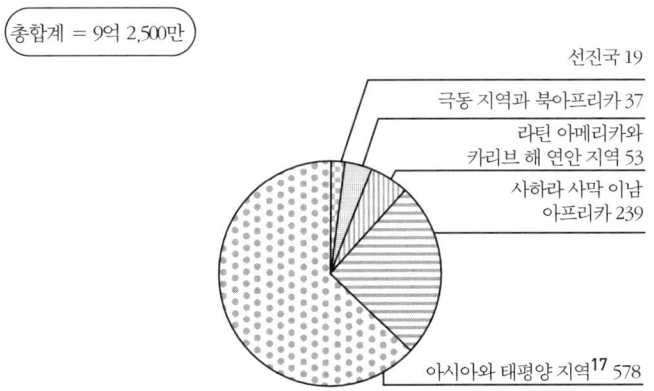

총합계 = 9억 2,500만
선진국 19
극동 지역과 북아프리카 37
라틴 아메리카와 카리브 해 연안 지역 53
사하라 사막 이남 아프리카 239
아시아와 태평양 지역[17] 578

아래 제시한 표는 최근 몇십 년간, 시기에 따라 기아로 피해를 입은 자의 수가 변해온 추이를 보여준다.

1969년부터 2007년까지 영양실조자들의 수(단위 : 100만 명)와 비율의 변화 추이	
2005-2007	848(13%)
2000-2002	833(14%)
1995-1997	788(14%)
1990-1992	843(16%)
1979-1981	853(21%)
1969-1971	878(26%)

다음에 소개되는 표는 지역별로 본 1990년부터 2007년 사이의 영양실조자 수를 보여준다.

지역에 따른 1990년부터 2007년까지의 영양실조자 수(단위 : 100만 명)				
국가 집단	1990-1992	1995-1997	2000-2002	2005-2007
세계	843.4	787.5	833.0	847.5
선진국	16.7	19.4	17.0	12.3
개발도상국	826.6	768.1	816.0	835.2
아시아와 태평양	587.9	498.1	531.8	554.5
동아시아	215.6	149.8	142.2	139.5
동남아시아	105.4	85.7	88.9	76.1
남아시아	255.4	252.8	287.5	331.1
중앙아시아	4.2	4.9	10.1	6.0
서아시아	6.7	4.3	2.3	1.1
라틴 아메리카와 카리브 해 연안	54.3	53.3	50.7	47.1
북아메리카와 중앙아메리카	9.4	10.4	9.5	9.7
카리브 해 연안	7.6	8.8	7.3	8.1
남아메리카	37.3	34.1	33.8	29.2
근동 지역과 북아프리카	19.6	29.5	31.8	32.4
근동	14.6	24.1	26.2	26.3
북아프리카	5.0	5.4	5.6	6.1
사하라 사막 이남 아프리카	164.9	187.2	201.7	201.2
중앙아프리카	20.4	37.2	47.0	51.8
동아프리카	76.2	84.7	85.6	86.9
남아프리카	30.6	33.3	35.3	33.9
서아프리카	37.6	32.0	33.7	28.5

2007년에 집계된 이 수치들은 세계 인구 변화의 추이를 고려하여 해석되어야 한다. 같은 해 대륙별 인구는 다음과 같다. 아시아 40억 3천만 명(세계 인구의 60.5퍼센트), 아프리카 9억 6,500만 명(14퍼센트), 유럽 7억 3,100만 명(11.3퍼센트), 라틴 아메리카와 카리브 해 연안 5억 7,200만 명(8.6퍼센트), 북아메리카 3억 3,900만 명(5.1퍼센트), 오세아니아 3,400만 명(0.5퍼센트).

이제 보다 긴 기간, 즉 1969년부터 2010년까지[18], 그러니까 두 세대 동안의 변화 추이를 보자.

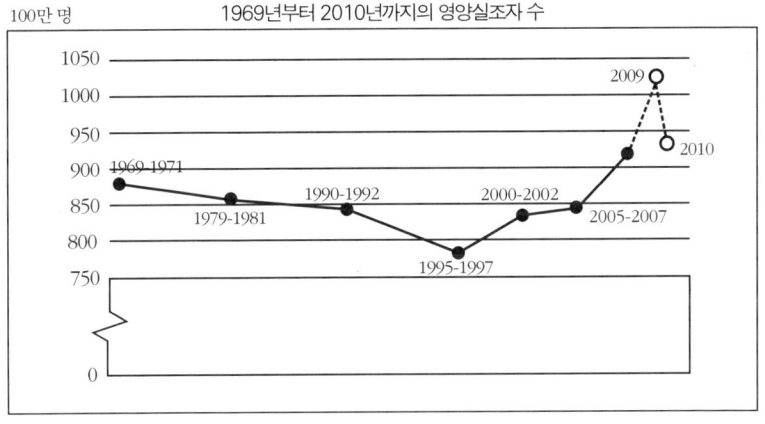

이 표를 통해 우리는 몇 가지 해석을 시도해볼 수 있다.

물론 이 숫자들 역시 같은 기간 동안 지구 전체 인구의 변화 추이에 비추어 해석해야 할 필요가 있다. 지구의 인구는 1970년에는 36억 9,600만 명이었으며 1980년에는 44억 4,200만 명, 1990년에는 52억 7,900만 명, 2000년에는 60억 8,500만 명, 그리고 2010년에는 67억 명으로 증가했다.

지구 전체 인구가 5년마다 400만 명 정도라는 안정적인 증가율을 보인 데 비해서 2005년 이후 기아로 인한 희생자의 수는 현저하게 가파른 상승 속도를 보였다.

가장 큰 폭의 증가는 2006년부터 2009년 사이에 이루어졌는데 세계식량농업기구에 따르면 이 시기에는 전 세계적으로 유례없는 곡물 풍작이 이어졌다. 그럼에도 영양실조로 고생하는 사람들의 수가 급격하게 증가한 것은 식량 가격의 급작스러운 상승, 그리고 이 책의 6장에서 분석하게 될 위기 때문이었다.

아래에 제시한 그래프는 1990년부터 2010년 사이의 기간 동안 개발도상국들이 밀집한 지역별 변화 추이를 좀 더 상세하게 보여준다.

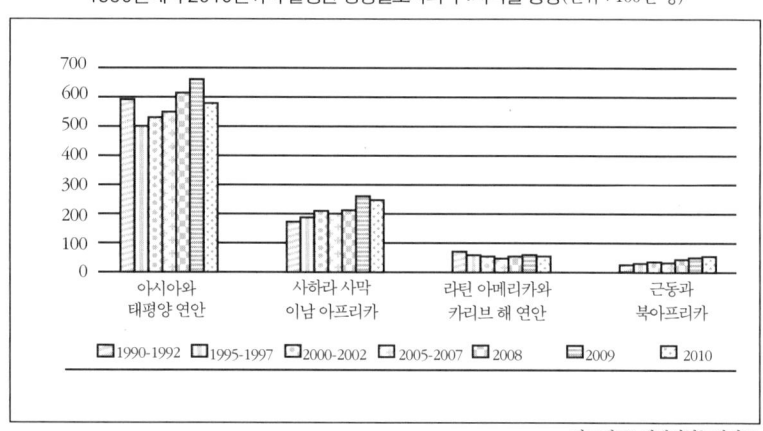

1990년에서 2010년까지 발생한 영양실조자의 수:지역별 동향(단위 : 100만 명)

자료제공: 세계식량농업기구

이 기간 동안 발생한 전 세계의 영양실조자들 가운데 98~99퍼센트가 개발도상국 출신이었다.

숫자의 절대치만 놓고 보면 기아에 허덕이는 주민이 가장 많은 지역은 아시아와 태평양 연안 지역이지만, 변화 추이를 보면 2009년에 6억 5,800만 명이었다가 2010년에는 이 숫자가 5억 7,800만 명으로 줄어들어 12퍼센트 감소했으므로 이 지역의 상황은 훨씬 나아졌다고 볼 수 있다. 반면 같은 기간 동안 영양실조로 신음하는 주민 수의 비율이 가장 높은 지역은 사하라 사막 이남 아프리카 지역으로 드러났다. 2010년의 경우 전체 주민의 30퍼센트, 곧 이 지역 주민 가운데 세 명 중 한 명은 제대로 먹지 못해 고생하고 있다.

기아 피해자들의 대다수가 개발도상국에 밀집해 있다고는 하지만 산업화된 서구 선진국이라고 기아의 공포에서 완전히 자유로운 것은 아니다. 산업화된 선진국에도 900만 명 정도가 심각하고 지속적인 영양실조로 허덕이고 있으며 이른바 과도기를 겪는 나라들(동유럽과 구 소비에트 연방)에서도 2,500만 명 정도가 같은 어려움을 겪는 것으로 추정된다.[19]

흔히 쌀, 밀, 옥수수를 기초식량이라고 하는데 이 세 가지 곡물은 전 세계 식량 소비량의 75퍼센트를 차지한다. 이 중에서 특히 쌀 한 가지가 차지하는 비율이 50퍼센트에 달한다. 2011년 처음 몇 개월 동안 2008년과 마찬가지로 전 세계 기초식량의 시장가격이 폭등했다. 2011년 2월 세계식량농업기구는 전 세계를 상대로 경고했다. 식량 수급 불안의 경계선상에 처한 국가가 무려 80개국이나 된다는 것이었다.

2010년 12월 17일 튀니지 국민들은 카르타고의 권력자들에게 대항하는 항거에 돌입했다. 외척을 비롯한 공모자들과 더불어 23년간 공포정치를 통해 튀니지를 거덜낸 지네 엘-아비딘 벤 알리 대통령은 2011년 1월 14일 사우디아라비아로 피신했다. 튀니지 항거의 여파는 곧 이웃 나라들로도 확산되었다.

　이집트에서는 1월 25일을 기해 100만 명이 넘는 주민들이 카이로 시내 타흐리르 광장에 집결함으로써 혁명이 시작되었다. 공군 출신 호스니 무바라크 장군은 1981년 10월 이래 줄곧 모진 고문으로 공포를 조장하는 경찰 통치와 부패 등을 통해 장기 집권에 성공하고 이집트를 이스라엘과 미국의 보호령처럼 통치해왔다. 그의 실각이 기정사실이 되기까지 3주 동안 비밀경찰의 엘리트 사격수들은 타흐리르 광장 주변을 둘러싼 건물의 지붕 위에서 800명이 넘는 남녀 청년들을 살해했으며 그 외에도 수백 명의 젊은이들을 고문실로 끌어들여 '실종자'로 처리했다.

　분노한 민중은 결국 2월 12일에 무바라크 정권을 전복시켰다. 불만은 마그레브 지역, 마슈렉 지역 등 아랍권 전체로 퍼져나갔다. 리비아, 예멘, 시리아, 바레인 등에서도 민중 봉기가 잇따랐다.

　이집트와 튀니지의 혁명엔 물론 복합적인 이유가 있다. 세계를 감격시킨 이들 시민들의 감탄스러운 용기는 어느 날 그냥 솟아나온 것이 아니라 그 뿌리가 매우 깊다고 보아야 한다. 기아, 영양실조, 매일 먹어야 하는 빵 값의 급격한 인상으로 인한 불안감 등은 봉기를 일으키게 된 여러 복합적인 이유들 중에서 단연 가장 으뜸가는 이유로 꼽힌다.

　프랑스 보호령이 된 이후 바게트 빵은 튀니지 사람들의 가장 기본적인 음식으로 자리 잡았다. 튀니지인들에게 바게트 빵이 중요하다면 이집트인들에게는 에이슈라고 하는 전병이 중요하다. 2011년 1월 세계 곡물 시장에서 갑작스럽게 밀가루 1톤당 가격이 두 배로 뛰었다. 당시 1톤당 가격은 270유로였다.

　모로코의 대서양 연안에서 아라비아-페르시아 만의 여러 왕국에 이르는 광대한 지역은 세계에서 생산되는 곡물의 주요 수입 지역이다. 마그레브 지역과 페르시아 만 지역의 모든 국가들은 곡물이나 설탕, 쇠고기, 가금류, 기름 등 거의 대부분의 식품을 대량으로 수입한다.

8,400만 명의 주민을 먹여 살리기 위해 이집트는 해마다 1,000만 톤 이상의 밀을 수입하며 알제리는 500만 톤, 이란은 600만 톤 정도를 수입한다. 모로코와 이라크는 해마다 각각 300~400만 톤을 수입한다. 사우디아라비아는 매해 세계시장에서 700만 톤가량의 보리를 수입한다.

이집트와 튀니지의 경우 기아의 유령이라는 위협으로 말미암아 이제까지는 볼 수 없었던 세력들이 대대적으로 결집하는 놀라운 현상이 일어났으며, 이는 곧 '아랍 세계의 봄'을 꽃피우는 데 일조했다. 하지만 임박한 식량 수급 불안으로 위협받는 다른 많은 나라들에서는 여전히 침묵 속에서 고통과 공포가 계속되고 있다.

아시아와 아프리카의 농촌 지역에서는 특히 영양실조와 관련하여 여성들이 항시적인 차별을 받고 있음에 주목할 필요가 있다. 성인 여성들과 어린 여자아이들은 성인 남성과 어린 남자아이들이 먹고 남은 것만을 먹어야 하는 수단과 사하라 사막 인근 또는 소말리아 인근의 일부 사회의 경우가 그 좋은 예에 해당한다. 일반적으로 나이가 어린 아이들 역시 차별의 대상이 된다. 과부들을 비롯하여 일부다처제의 두 번째, 세 번째 부인들 또한 특별히 부당한 대우를 받는다.

유엔 난민 고등판무관들은 케냐 땅에 세워진 소말리아 난민수용소에서 늘 이들 사회에서 통용되는 이 같은 끔찍한 관습을 상대로 투쟁을 벌여야 한다. 소말리아 목축업자들의 사회에서 성인 여자와 여자 어린이는 남자들이 먹다 남긴 조나 구운 양고기만 먹을 수 있기 때문이다.[20] 식사 때면 성인 남자들이 먼저 먹고 그다음에 남자 어린이들이 먹는다. 식사가 끝나서 성인 남자들이 아들을 데리고 방을 나가면 그제야 성인 여자들과 여자 어린이들이 식당으로 사용되는 돗자리 근처로 다가온다. 돗자리엔 남자들이 먹고 남긴 주먹밥 몇 덩어리, 밀전병 찌꺼기, 고기 몇 조각 정도가 들어 있는 양푼이 놓여 있다. 그나마 양푼이 비었을 땐 여자들은 굶을 수밖에 없다.

기아의 희생자들에 관해서 한 마디만 덧붙이겠다. 앞서 언급한 지리적 분포와 통계 숫자에 따르면 지구상에 살고 있는 주민 일곱 명 가운데 한 명은 기아 또는 영양실조로 고생하고 있다.

그런데 똑같은 현상을 이와는 조금 다른 관점에서, 그러니까 죽어가는 어린아이를 그저 단순한 통계의 한 단위로서가 아니라 하나의 인격체, 자신만의 고유한 삶을 살기 위해 이 땅에 온 대체불가능하고 유일한 존재의 소멸로 본다면, 풍요함으로 넘치며 "하늘에 떠 있는 달도 따올 수 있는" 역량을 갖춘 오늘날의 세계에서 이처럼 인격체를 파괴하는 기아가 여전히 계속된다는 건 도저히 용납할 수 없다. 가장 가난하고 가진 게 없는 자들의 대량 학살이 아니라고 누가 감히 말할 수 있겠는가.

보이지 않는 기아

영양실조로 인하여 파괴된 사람들, 즉 기아의 희생자들로서 이 끔찍한 지리적 통계에 집계되는 사람들 외에 영양불량으로 피폐화된 사람들도 적지 않다. 세계식량농업기구에서는 이들의 존재를 알고는 있으나 이들만을 대상으로 하는 별도의 통계를 작성하지는 않는다.

영양실조sous-alimentation는 열량 부족에서 기인하며 영양불량malnutrition은 비타민이나 무기질 등 부영양소의 결핍에서 기인한다. 열 살 미만 어린이들 가운데 수백만 명이 해마다 심각한 급성 영양불량으로 목숨을 잃는다.[1]

유엔 식량특별조사관으로 일한 8년 동안, 나는 기아가 전염병처럼 창궐하는 영토를 종횡무진 누비고 다녔다. 과테말라 호코탄 산맥의 황량하고 추운 고원지대, 몽골의 황폐한 들판, 인도 오리샤 주의 우거진 밀림지대, 기아가 역병처럼 휩쓸고 지나간 에티오피아나 니제르의 마을에서 나는 겨우 서른에 이빨이 모두 빠지고 얼굴이 잿빛으로 변해버려 여든 살도 훨씬 넘어 보이는 여인들, 검은 두 눈을 동그랗게 뜨고 힘없이 미소는 짓지만 팔과 다리는 성냥개비처럼 가느다란 어린아이들, 앙상하게 뼈만 남아 느릿느릿 움직이는 자포자기한 남자들을 보았다.

이들의 쇠진 정도는 즉각적으로 눈에 들어온다. 누가 보더라도 이들이 충분한 열량을 섭취하지 못했다는 사실은 대번에 드러난다. 반면 영양불량으로 인한 폐해는 그처럼 즉각적으로 보이지 않는다. 남자건 여자건 아이건 체중은 정상적으로 유지되는 가운데 영양불량, 즉 주영양소를 동화시키는 데 반드시 필요한 비타민이나 무기질의 지속적이고 심각한 결핍 때문에 고통 받는 사람들이 얼마든지 있을 수 있다. 이들 영양소는 부영양소라고 불리는데, 신체가 성장하고 발전해가며 건강을 유지하는 데에는 극히 소량만 필요하기 때문에 그 같은 이름이 붙게 되었다. 하지만 부영양소는 우리 몸 안에서 자체적으로 생성되지 않으므로 반드시 다양하고 균형 잡힌 양질의 식품을 섭취해서 필요한 만큼을 얻어야 한다.

비타민과 무기질 부족은 건강에 아주 심각한 문제를 일으킬 수 있다. 전염병에 감염될 확률도 높아지며 실명, 빈혈, 가사상태, 학습능력 저하, 지능 발달 지연, 선천성 기형 등의 증세는 물론 심한 경우 사망의 원인이 되기도 한다. 비타민A와 철분, 요오드, 이렇게 세 가지 영양소의 결핍이 가장 흔하다.

영양불량을 지칭하기 위해 유엔에서는 기꺼이 "조용한 기아silent hunger"라는 표현을 사용한다. 하지만 침묵하지 않고 목청껏 도움을 청하는 환자들도 있다. 개인적으로 나는 "보이지 않는 기아"라는 표현을 선호한다. 설사 의사가 보아도 육안으로는 쉽게 보이지 않기 때문이다.

겉으로 보기엔 충분한 영양을 공급받는 듯한 인상을 주는, 다시 말해서 적당히 통통하여 또래 어린이 평균 체중은 유지하는 어린아이조차도 영양불량으로 골병이 들어가는 경우가 적지 않다. 영양불량은 열량 부족만큼이나 위험하며 이로 인해서 죽음에 이르는 경우 또한 심심치 않게 목격된다. 그런데 영양불량으로 인한 죽음은 앞에서도 말했듯이 세계식량농업기구의 기아 통계에 잡히지 않는다. 세계식량농업기구에서는 열량만을 고려하기 때문이다.

15세 미만 어린이들을 위해 유엔아동기금(UNICEF, United Nations Children's Fund)과 부영양소 결핍 타파를 위해 세워진 비영리 단체 마이크로뉴트리먼트 이니셔티브Micronutriments Initiative는 2004년부터 정기적으로 대대적인 설문조사를 실시하고 있으며, 그 결과는 「비타민과 무기질 결핍. 총체적 평가Vitamine and Mineral Deficiency. A Global Assessment」라는 보고서를 통해 발표된다. 이들의 조사 결과에 따르면 전 세계 인구의 3분의 1가량이 비타민과 무기질 결핍 때문에 자신들이 지닌 잠재적 체력과 지력을 충분히 발휘하지 못하고 있다.

영양불량은 특히 신생아부터 5세 미만 어린이들에게 돌이킬 수 없는 폐해를 초래한다. 빈혈은 영양불량이 야기하는 가장 흔한 질병 가운데 하나다. 철분 부족이 빈혈을 초래한다. 헤모글로빈 부족은 빈혈의 특징이다. 어린이들과 가임기 여성들에게 빈혈은 치명적이다. 신생아들에게 철분은 반드시 필요하다. 뇌신경의 대부분이 태어나서 두 살이 될 때까지의 시기에 형성된다. 더구나 빈혈은 면역체계를 교란시킨다.

현재 지구상에서는 전체 신생아들 가운데 30퍼센트가량이 전 세계 50개 최빈국, 아니 유엔의 공식 언어로 "가장 발전이 더딘 나라"에서 태어난다. 철분 부족은 이 아기들에게 천형이나 다름없다. 많은 피해자들이 평생 지적 장애인으로 살아가게 되기 때문이다.[2]

세계적으로 볼 때 4분마다 한 명이 시력을 잃고 맹인이 되는데 대부분의 경우 영양 부족 때문인 것으로 추정된다. 비타민A의 결핍은 시력 상실을 초래한다. 현재 비타민A 결핍으로 위험에 처해 있는 어린이의 수는 4천만 명 정도로 알려져 있다. 이들 가운데 1,300만 명이 해마다 실명한다.

장기간 비타민B가 부족할 경우 신경체계를 망가뜨리는 질병인 각기병의 위험에 노출된다. 비타민C의 섭취가 부족할 경우 괴혈병에 걸릴 확률이 높으며, 나이가 아주 어린 아이의 경우 구루병에 걸릴 위험도 높다.

엽산은 임신한 여성들에게 반드시 필요하다. 세계보건기구는 엽산 부족으로 장애를 안고 태어나는 신생아가 한 해에 20만 명 정도 될 것으로 추산한다.

요오드 또한 건강에 필수적인 영양소다. 10억 명에 가까운 사람들(이들 대부분이 남반구 농촌에 거주한다), 특히 산악 지대 및 홍수 위험에 노출되어 있는 평야 지대에 사는 사람들이 자연히 요오드 부족에 시달린다. 이는 거듭되는 침수로 인하여 토양과 식수의 요오드 성분이 절대적으로 약화되었기 때문인 것으로 보인다. 요오드가 부족할 경우 갑상선종이나 심각한 성장 장해, 정신 이상(크레틴병) 등을 초래한다. 임신한 여성과 태아에게 요오드 부족은 치명적이다.

아연 부족은 운동 능력, 지적 능력에 심각한 영향을 끼친다. 권위 있는 시사 주간지 《이코노미스트》가 실시한 조사에 따르면 해마다 40만 명 정도가 아연 부족으로 사망한다. 또한 아연 결핍은 유아기 아동들의 경우 생명에 지장을 초래할 수도 있는 심각한 설사를 유발한다.[3]

더구나 영양불량으로 고생하는 사람들 가운데 절반 이상에게서 여러 가지 영양소의 복합적인 결핍 현상이 나타남에 주목해야 한다. 이들은 여러 비타민, 여러 무기질의 동시 다발적인 부족 현상을 겪고 있다.

영양불량은 전 세계에서 5세 미만에 목숨을 잃는 어린이들 절반의 직간접적인 사망 원인으로 지목된다. 이 어린이들의 대다수는 남아시아와 사하라 사막 이남 아프리카에 산다. 만성 영양불량에 시달리는 아이들 가운데 극소수만이 제대로 된 치료를 받을 수 있다. 남반구의 많은 국가들에서 시행중인 보건 정책은 거의 예외적인 경우를 제외하고는 심각하고 위급한 영양불량을 특별히 고려하지 않는다. 지극히 적은 비용의 투자만으로도 특별한 문제없이 해결할 수 있는 문제임에도 사정은 그러하니 안타까운 노릇이다.

전문적인 영양 재공급 시설은 절대적으로 부족하다. 2008년에 작성된 한 문서에서 비정부단체인 기아대책행동은 다음과 같이 호소했다. "어린이 영양불량 상황을 타개하기란 비교적 쉬운 일이다. 그 문제를 최우선으로 삼으면 된다. 하지만 많은 나라들이 그와 같은 의지를 보이지 않고 있다."[4] 기아대책행동의 입장에서는 참으로 정당한 호소가 아닐 수 없다.

애석하게도 십중팔구 2008년 이후 상황은 분명 악화되었다. 사하라 사막 이남 아프리카를 예로 들자면, 가장 기초적인 보건 서비스 영역에서마저도 그 질이 지속적으로 저하되고 있다. 10세 미만의 영양불량 어린이 수가 40만 명을 넘어서는 것으로 집계되는 방글라데시에는 비타민과 (또는) 무기질 결핍으로 생사의 기로에 선 어린아이들을 살려내는 데 필요한 치료를 할 수 있는 병원이라고는 두 군데밖에 없다.

영양불량은 영양실조와 마찬가지로 심리기재마저도 파괴한다는 사실을 잊지 말아야 한다. 주영양소, 부영양소의 결핍은 그로 인한 질병은 물론 불안감과 상시적인 굴욕감, 우울증, 내일에 대한 편집증적인 집착 등을 동반한다. 저녁이면 배가 고파 우는 자식들을 보다 못한 어머니가 어느 날 저녁 기적처럼 이웃에게 다소간의 우유를 얻어 먹인다고 한들 다음 날이 되면 그 어머니는 또 어떻게, 어디에 가서 먹을 것을 조달할 것인가? 자식을 먹이지 못하는 어미가 어떻게 미치지 않을 수 있겠는가? 자기 가족을 먹여 살리지 못하는 이 세상의 어떤 아버지가 자존감을 상실하지 않을 수 있겠는가?

정기적으로 충분하고 적절한 양의 식량을 손에 넣을 수 없는 가정은 파괴된 가정이다. 최근 인도에서 자살한 수만 명의 농부들은 이러한 현실을 비극적으로 증언한다.

오래 지속되는 위기

세계식량농업기구의 자료분석센터에서는 "protracted crisis"라는 개념이 통용된다. 그런데 이 표현은 다른 언어로 옮기는 데 약간의 문제가 있다. 유엔의 담당부서에서는 "오래 지속되는 위기"로 번역하지만 이렇게 하면 영어 표현 속에 함축된 개개인의 드라마나 사회적 모순, 긴장과 갈등, 실패 등이 빠져버린 중립적이고 상투적인 표현이 되어버리는 느낌이 든다. 어쨌거나 다른 뾰족한 수가 없으니 이 표현을 그대로 사용하겠다.

"오래 지속되는 위기" 상황에서는 구조적 기아와 경기 동향적 기아가 서로 맞물려 상승효과를 나타낸다. 자연재해, 전쟁, 메뚜기 떼의 습격 등이 한꺼번에 경제를 파탄으로 몰아가고 사회를 와해시키며 각종 제도를 무력화시킨다. 이렇게 되면 해당 국가는 난국에서 헤어날 길이 없다. 최소한의 균형을 유지하기조차 어렵게 되는 것이다. 결과적으로 주민들에게는 긴급 상황이 일상이 되고 만다.[1] 이러한 상황에 처한 수천만 명, 아니 수억 명의 주민들이 기아로 파괴된 사회를 재건하고자 버둥거리지만 대부분 헛수고로 끝난다. 식량 불안은 오래 지속되는 위기의 가장 명백한 표출이다.

이때의 "오래 지속되는 위기"란 저마다 달라서 한 가지로 뭉뚱그려 말하기는 어렵지만, 적어도 몇몇 특성은 공통적으로 드러난다.

우선 장기간에 걸쳐 지속된다. 예를 들어 아프가니스탄, 소말리아, 수단만 보더라도 1980년대에 위기 상황이 시작되었으니 벌써 30년 동안 지속되었다는 계산이 나온다.

다음으로 무장 갈등. 우간다나 니제르, 스리랑카의 경우 2000년부터 2009년까지 비교적 고립된 지역에서 전쟁으로 인한 피해를 입었다. 이와는 대조적으로 라이베리아나 시에라리온의 경우 최근까지도 내란 때문에 국가 전체가 수렁으로 빠져들었다.

제도의 무력화. 지도자들과 간부급 인재들의 부패 또는 전쟁으로 인한 사회조직의 와해 등으로 공공기관이나 행정체제가 극도로 약화된다.

오래 지속되는 위기를 겪는 모든 국가들은 예외 없이 "가장 발달이 더딘 국가" 명단에서 50위 안에 든다. 이 명단은 유엔개발계획(UNDP, United Nations Development Programme)에서 식량 공급, 기초적인 위생, 학교 접근성 등을 포함하는 일련의 기준에 따라 해마다 새로 작성한다. 방금 열거한 세 가지 기준 외에 주민들이 누리는 자유의 허용치, 국가적 사안을 결정하는 과정에 주민들이 참여하는 정도, 수입 수준 등도 비중 있는 변수로 작용한다.

현재 오래 지속되는 위기 상황을 맞고 있는 나라로는 21개국이 거론된다. 이 나라들은 모두 인재人災, 즉 군사적 갈등이나 정치 위기 등으로 인하여 이처럼 긴급한 상황을 맞았다. 21개국 가운데 18개국은 인재로 인한 위기에 설상가상으로 천재지변까지 겹쳐 한층 힘겨운 투쟁을 벌여야 한다.

니제르는 사하라 사막 주변에 있는 근사한 나라다. 총 면적이 100만 평방킬로미터 이상 되는 니제르는 제르마, 하우사, 투아레그, 펠 등 인류 역사에서 찬란하게 빛나는 몇몇 문화의 온상지이기도 하다. 동시에 니제르는 "오래 지속되는 위기" 상황을 겪는 국가들의 전형적인 사례이기도 하다.

니제르에는 경작할 만한 토지의 면적이 얼마 되지 않는다. 전 국토의 4퍼센트만이 농사에 적합하다. 제르마와 하우사의 일부를 제외하면 주민들은 대부분 목축에 종사하는 완전 유목민 또는 반(半)유목민이다.

니제르는 백색 낙타, 리라 모양의 뿔을 자랑하는 인도혹소, 염소(특히 마라디의 귀여운 붉은 염소), 양, 당나귀 등을 포함하여 2천만 두의 가축을 기르고 있다. 이 나라의 중부 지역의 경우 각종 무기질이 풍부한 토양 덕분에 이 흙을 핥아먹는 가축들은 유난히 육질이 단단하고 육즙이 풍부하기로 명성이 자자하다.

그런데 니제르 주민들의 삶은 외채 때문에 극도로 피폐하다. 이들은 국제통화기금이 내세우는 철칙의 피해를 고스란히 입고 있는 것이다. 지난 10년 동안 국제통화기금은 여러 차례에 걸친 구조조정 계획으로 이 나라를 완전히 초토화시켰다.

국제통화기금은 특히 동물용 약제 분야의 민간 다국적기업들에게 시장을 개방함으로써 니제르 국립가축청을 무력화시켰다. 이로써 국가는 가축용 백신과 약제 처방 시기 등에 관해서 아무런 통제를 할 수 없게 되었다.(수도 니아메는 대서양에서 1,000킬로미터 떨어져 있다. 동물용 약제 관련 생산품의 상당량은 이미 유효기간이 지난 상태에서 니아메에 도착한다. 따라서 지역 상인들은 손으로 일일이 소비 유효기간 스티커를 바꿔 붙이는 수고 정도만 감수한 다음 유효기간이 지난 상품도 버젓이 판매한다.) 이렇게 되자 니제르 목축업자들은 개방된 니아메 시장에서 서양 다국적기업들이 정한 가격으로 기생충 방지약, 백신, 비타민 등을 구입해서 가축들을 돌봐야 한다.

니제르의 기후는 매우 혹독하다. 수백, 수천 마리의 가축 떼를 건강하게 돌보기 위해서는 엄청난 경비가 소요된다. 이 나라 목축업자 대다수는 민간업자들이 새로 책정한 가격대로 물품의 대금을 지불할 능력이 없다. 그러니 가축들은 병들고 죽어간다. 목축업자로서는 가축들이 죽기 전에 조금이라도 값을 쳐서 받으면 그나마 다행이다. 가축의 건강과 직접적으로 연관이 있는 인간의 건강 상태 또한 점차 악화된다. 자존심 강하고 당당하던 니제르의 목축업자들은 절망에 빠지게 되고 사회의 주변부로 밀려나게 된다. 이렇게 되면 이들은 가족들과 더불어 니아메나 카노 또는 코토누, 아비잔, 로메 등 이웃 나라 해안 도시의 빈민가로 흘러든다.

가뭄이 인간과 가축 모두를 영양실조와 영양불량 상태로 몰아넣음으로써 반복적인 기아에 시달리는 이 나라에 국제통화기금은 국가가 보유했던 4만 톤의 식량 비축분을 파기할 것을 강요했다. 니제르 정부는 가뭄이나 메뚜기 떼의 창궐, 홍수 등 위급한 상황에서 가장 큰 어려움을 겪는 주민들을 긴급하게 돕기 위해 그 많은 조, 보리, 밀 등을 창고에 비축해놓은 것이 아닌가. 하지만 워싱턴 국제통화기금 본부의 아프리카 담당 부서의 의견은 달랐다. 이 비축분이 자유 시장의 원활한 기능을 왜곡시킨다는 것이었다. 요컨대 자유무역이라는 하늘같은 원칙을 내동댕이칠 심산이 아니라면 곡물 거래 따위에 국가가 나서서는 안 된다는 것이다.

1980년대 중반에 이 나라를 휩쓸었으며 그 후로도 5년 동안이나 계속된 대대적인 가뭄 이후 재앙의 도래는 가속화되었다. 니제르에는 평균 2년에 한 번씩 기아라는 재앙이 찾아온다.

니제르는 프랑스의 신생 식민지다. 유엔개발계획의 인간발달 지표에 따르면 니제르는 지구상에서 가난하기로 두 번째 가는 나라이지만 엄청난 양의 지하자원이 보물처럼 매장되어 있는 것으로도 유명하다. 캐나다에 이어 니제르는 세계 2위의 우라늄 생산국이다. 그런데 아레바Areva라는 프랑스 국영기업이 아를리트 광산의 채굴권을 독점하고 있다. 아레바는 그 대가로 말도 안 되게 적은 액수를 니제르 정부에 사용료 명목으로 지불한다.[2]

2007년 당시 집권 중이던 마마두 탄자 대통령은 소미나Somina 사에 아젤리크 광산의 우라늄 채굴권을 넘겨주었다. 소미나 사는 니제르 정부가 자본금 33퍼센트에 해당되는 액수를 투자하여 설립한 회사였다. 나머지 67퍼센트의 지분은 중국의 시노-우라늄Sino-Uranium 사가 보유하고 있다. 이런 상황이니 올 것이 오고야 말았다.

40년 이상이나 니제르에서 활약해온 아레바 사는 아를리트 남쪽에 위치한 이무라렌 광산 채굴을 준비 중이었다. 2010년 초 탄자 대통령은 중국 광산부에서 파견한 대표단의 방문을 받았다. 니아메에서는 중국인들도 이무라렌 광산에 관심이 있다는 소문이 빠르게 번져나갔다. 즉각적인 보복이 이루어졌다. 2010년 2월 18일 군사 쿠데타가 일어나 살루 지보라는 무명의 대령이 정권을 장악했다. 그는 중국인들과의 모든 협상을 중단했으며 아레바에 대한 니제르의 '감사와 충성'을 재확인했다.[3]

세계은행은 5년 전에 니제르에 관개시설 설치에 관한 타당성 조사를 실시했다. 지하수 층에 펌프를 설치하고 모세혈관처럼 촘촘한 배관망을 통해 강물을 운반하도록 한다면 커다란 기술적 문제없이 44만 헥타르의 농지에 물을 대는 것이 가능하다는 결론이 나왔다. 이 계획이 실현되기만 한다면 니제르는 식량 자급자족을 달성할 수 있게 되는 것이었다. 이는 1,000만 니제르 주민들이 영원히 기아의 불안에서 해방될 수 있음을 의미한다.

애석하게도 세계 2위의 우라늄 생산국은 이 계획의 첫 삽을 뜨는 데 필요한 자금조차도 마련할 수 없었다.

니제르 북부 지역 주민들, 특히 티베스티 산맥의 발치 지역에 사는 주민들이 처한 극도의 빈곤은 투아레그족이 대대적인 폭동을 일으키는 도화선이 되었다. 지난 10년 내내 이 나라에서는 폭동의 기운이 수그러들지 않았다. 알제리 출신 테러리스트들이 이슬람권 마그레브 지역에서 알카에다와 결합하여 이 지역을 장악하고 있다. 유럽인들을 인질로 잡는 일이 이들의 주된 활동이다. 이들은 아를리트 지역의 광대한 백인 거주 지역은 물론, 니아메의 도심에 위치한 툴루쟁 식당에서도 유럽인들을 납치하는 대범함을 보였다. 알카에다는 아레바 사의 정책으로 항시적인 실업과 절망, 빈곤으로 내몰린 투아레그족 청년들 중에서 아무런 어려움 없이 살인 전문가들을 선발할 수 있다.

나는 니제르 남부, 고대 시대에 진데르 군주국의 중심지였던 마라디 인근의 하우사 지역에서 무엇이든 닥치는 대로 먹어치우는 메뚜기 떼의 습격을 목격했다. 멀리서부터 제트 비행기 연대가 높은 창공을 날아갈 때 나는 소리와 비슷한 희한한 소리가 대기를 가득 채운다.

그 소리는 점점 가까워진다. 그러다가 갑자기 하늘이 컴컴해진다. 수십억 마리의 검은색, 보라색 메뚜기들이 신경질적으로 날갯짓을 해댄다. 거대한 구름이 태양을 가린다. 말하자면 일종의 석양이 눈앞에 펼쳐지는 것이다. 녀석들은 거대한 밀집 대형을 갖춰 땅 위로 내려온다. 녀석들의 하강은 세 단계로 이루어진다. 우선 몇 분 동안 공격 대상으로 찍어 놓은 마을이나 들판, 창고 위에서 정지 상태를 유지한다. 정지 상태라고는 해도 끊임없는 날갯짓으로 소란스럽고 위협적인 분위기는 유지된다. 그런 다음 밀집 대형은 엄청난 소란을 일으키며 땅에서 약간 떨어진 높이까지 내려온다. 셀 수도 없을 정도로 많은 메뚜기들이 키 큰 나무들이며 키 작은 덤불, 조의 모종, 초가지붕에 내려앉는다. 녀석들은 게걸스러운 턱으로 움켜쥘 수 있는 모든 것을 닥치는 대로 먹어치운다.

잠시 후 왕성한 식욕으로 무장한 곤충 군단은 땅으로 내려온다. 나무들과 덤불, 조밭, 인간들의 먹을거리가 되어주는 식물들은 마치 해골처럼 삽시간에 앙상한 뼈대만 남는다. 잎사귀 한 장, 과일 한 개, 곡식 낱알 하나도 남아나지 않는다. 파도처럼 밀려온 메뚜기 바다는 이제 수십 평방킬로미터의 대지를 새카맣게 뒤덮는다. 지표면에서 녀석들은 1센티미터 깊이의 흙까지 파헤쳐가며 마지막까지 남아 있던 먹을거리들마저 싹 바닥낸다.

배를 채운 도적떼들은 몰려올 때와 마찬가지로 둔탁한 굉음을 일으키고 태양을 가려가며 갑작스럽게 떠나간다. 농부들은 아내와 자식들을 데리고 조심스럽게 오두막에서 나온다. 그제야 이들은 메뚜기 떼가 남기고 간 재앙을 두 눈으로 똑똑히 확인한다.

메뚜기 암컷은 크기가 7~9센티미터 정도이며 암컷보다 약간 작은 수컷은 6~7.5센티미터 정도 된다. 무게는 2~3그램이다. 메뚜기 한 마리는 하루에 자신의 몸무게의 세 배에 해당하는 무게를 먹어치울 수 있다.

이 메뚜기들이 사하라 사막, 중동, 마그레브, 파키스탄, 인도 지역을

나라	전체인구	영양실조에 걸린 주민수	영양실조에 걸린 주민의 비율	5세 미만 어린이들의 나이 별 체중 미달 정도	5세 미만 어린이들의 사망률	성장 지연 (나이에 따른 체중 비율)
	2005-2007	2005-2007	2005-2007	2002-2007	2007	2000-2007
	단위:1백만 명				단위: %	
아프가니스탄	숫자 미비	숫자 미비	숫자 미비	32.8	25.7	59.3
앙골라	17.1	7.1	41	14.2	15.8	50.8
부룬디	7.6	4.7	62	35.0	18.0	63.1
콩고	3.5	0.5	15	11.8	12.5	31.2
코트디부아르	19.7	2.8	14	16.7	12.7	40.1
에리트레아	4.6	3.0	64	34.5	7.0	43.7
에티오피아	76.6	31.6	41	34.6	11.9	50.7
기니	9.4	1.6	17	22.5	15.0	39.3
아이티	9.6	5.5	57	18.9	7.6	29.7
이라크	숫자 미비	숫자 미비	숫자 미비	7.1	4.4	27.5
케냐	36.8	11.2	31	16.5	12.1	35.8
라이베리아	3.5	1.2	33	20.4	13.3	39.4
우간다	29.7	6.1	21	16.4	13.0	38.7
중앙아프리카공화국	4.2	1.7	40	20.4	17.2	44.6
콩고민주공화국	60.8	41.9	69	25.1	16.1	45.8
북한	23.6	7.8	33	17.8	5.5	44.7
시에라리온	5.3	1.8	35	28.3	26.2	46.9
소말리아	숫자 미비	숫자 미비	숫자 미비	32.8	14.2	42.1
수단	39.6	8.8	22	27.0	10.9	37.9
타지키스탄	6.6	2.0	30	14.9	6.7	33.1
차드	10.3	3.8	37	33.9	20.9	44.8
짐바브웨	12.5	3.7	30	14.0	9.0	35.8

출처: 세계식량농업기구, 국제식량정책연구소, 세계보건기구

강타하고 있다. 이 게걸스러운 녀석들의 무리는 대양과 대륙을 무시로 넘나든다. 일부 무리는 수십억 마리가 넘는 메뚜기들로 이루어졌을 정도로 막강한 규모를 자랑한다고 한다. 이들에게는 세로토닌이라는 특별한 신경전달물질이 있어서 이처럼 거대한 집단을 이루는 것이 가능하다.

이론적으로 보자면 메뚜기 떼를 처치하기란 어려운 일이 아니다. 험한 지형에서도 달릴 수 있는 자동차를 타고 강력한 살충제를 뿌리는 동시에 비행기를 이용해 비행 중인 메뚜기들을 대상으로 치명적인 화학 약품을 살포하면 되지 않겠는가.

2004년 메뚜기 떼의 공격을 받자 실제로 알제리는 48대의 자동차를 동원하여 8만 리터의 살충제를 뿌렸다. 모로코는 6대의 자동차로 5만 리터, 리비아는 6대의 도요타 자동차가 11만 리터를 각각 살포했다. 하지만 독성이 매우 강한 살충제는 토양까지 파괴하므로 살충제 살포 이후 몇 해 동안은 작물 재배가 불가능하다는 사실을 잊지 말아야 한다.

성경에서는 출애굽기 편에서 이 일화를 다루고 있다. 히브리인들을 노예로 붙잡아두었던 이집트의 파라오는 해방시켜달라는 이들의 요구를 끝끝내 거부한다. 그를 벌하기 위해 야훼는 이집트에 열 가지 재앙을 차례로 보낸다. 나일 강물이 피로 변하고 개구리 떼, 모기 떼, 파리 떼들이 몰려왔으며 가축들이 병들어 죽고 우박이 떨어져 큰 피해를 입히고 메뚜기들이 나타나 나라를 쑥밭으로 만들었다. 하루 사이에 어둠이 온 나라를 덮었으며 처음 태어난 것들은 모조리 죽는 식이었다.

메뚜기들이 이집트 전역으로 몰려들었다. 이제까지 한 번도 본 적이 없고 앞으로도 도저히 볼 수 없을 만큼 많은 수의 메뚜기들이 이집트 전체에서 극성을 부렸다. 이들이 지표면에 내려앉자 온 천지가 어두워졌다. 메뚜기들은 온 나라에서 자라는 풀이란 풀은 모조리 먹어치우고 우박의 피해 속에서도 간신히 살아남았던 과일들마저 몽땅 먹어버렸다. 이집트 전역을 통틀어 나무나 들판 위에 초록 잎사귀라고는 단 한 장도 남아나지 않았다.[4]

마침내 파라오도 항복하지 않을 수 없었다. 그가 히브리인들을 이집트에서 떠나보내자 야훼는 이집트에 몰아치던 재앙을 멈추었다.

하지만 아프리카에서는 여전히 메뚜기 떼가 창궐하여 농장에서 자라는 중이거나 이미 추수를 마친 곡물들을 마구잡이로 해치우고 있다. 이 때문에 정기적으로 기아와 그에 따른 떼죽음이 반복적으로 발생한다.

이로 인하여 "오래 지속되는 위기"를 겪는 모든 나라의 상황은 비슷하다. 세계식량농업기구가 작성한 64페이지 표에서 보듯이 이런 나라들에서 심각하고 지속적인 영양실조에 시달리는 주민의 비율은 매우 높다.

덧붙이는 글 1 : 기아를 무기로 삼은 이스라엘

현재 지구상에서 "오래 지속되는 위기"로 가장 큰 고통을 겪고 있으나 세계식량농업기구의 표에는 등장하지 않는 곳들 가운데 하나가 바로 가자 지구다. 이는 봉쇄 조치가 초래한 직접적인 결과다.

가자 지구는 이집트와 인접한 지중해 동부 해안에 위치한 길이 41킬로미터, 폭 6~12킬로미터의 지역을 가리킨다. 지금으로부터 약 3,500년 전부터 인간이 거주해온 이곳은 이집트와 시리아, 즉 아라비아 반도와 지중해 사이의 교역항 구실을 하는 가자라는 도시를 형성했다.

오늘날 150만 명이 넘는 팔레스타인들이 총면적 365평방킬로미터인 가자 지구에 몰려 살고 있다. 1947년, 1967년, 1973년도에 벌어진 이스라엘-아랍 전쟁의 난민들과 그들의 후손이 이곳 주민들의 대다수를 차지한다.

2005년 2월 샤론이 이끄는 이스라엘 정부는 가자 지구 철수를 결정했다. 따라서 가자 지구 내에서는 팔레스타인 정부가 모든 행정을 책임지게 되었다. 하지만 국제법에 따라 이스라엘은 점령국의 지위를 유지한다. 즉 가자 지구의 영공과 수자원, 육지 국경 등이 모두 이스라엘의 감시 하에 놓이는 것이다.[5]

이렇게 되자 이스라엘은 가자 지구 주변에 전기 철조망을 설치했으며 철조망 양편엔 지뢰를 설치했다. 따라서 가자 지구는 지구상에서 가장 큰 노천감옥이 되고 말았다.

이스라엘은 점령 세력으로서 국제법에서 인정하는 인도주의적 권리를 준수하고 점령당한 민간인들을 상대로 기아라는 무기의 사용을 포기해야 마땅할 것이다.[6] 그런데 현실은 다음과 같다.

나는 어느 날 오후 가자 시에 자리 잡고 있는 유엔 팔레스타인 난민 구호 사업 기구(UNRWA, United Nations Relief and Works Agency in the Near East) 판무관 사무실로 들어섰다. 사무실엔 햇빛이 쏟아지고 있었다. 판무관인 카렌 아부 자이드는 덴마크 출신의 아름다운 금발 여인으로 남편은 팔레스타인 출신이었다. 카렌은 그날 빨간색과 검정색으로 수를 놓은 풍만하고 우아한 팔레스타인 전통 의복 차림이었다. 2005년 같은 나라 출신인 피터 한센이 이스라엘로부터 "페르소나 논 그라타persona non grata"(외교상 기피 인물—옮긴이)로 지목되어 소환되면서 그의 후임자로 이곳에 부임한 이래 카렌은 유엔 팔레스타인 난민 구호 기구가 운영하는 영양 보급 센터와 병원, 221개의 학교 등을 그대로 유지하기 위해 날마다 한 걸음 한 걸음 이스라엘 장군들과 투쟁을 벌여오고 있다.

카렌의 걱정은 이만저만이 아니었다. "영양불량으로 인한 빈혈 말인데요……. 많은 어린이들이 빈혈로 고생하고 있습니다. 우리는 서른 개 이상의 학교를 폐쇄해야만 했지요……. 혼자 힘으로 제대로 서 있지도 못하는 아이들이 수두룩해요. 빈혈 때문이죠. 그런 아이들은 집중도 하지 못해요……."

그녀는 낮은 목소리로 말을 이어갔다. "머릿속엔 오로지 음식 생각뿐인데 어떻게 집중을 하겠어요."[7]

2006년 이후 가자 지구에서는 이스라엘과 이집트의 봉쇄로 식량 사정이 말할 수 없이 악화되었다.

2010년엔 생산 활동 가능한 인구의 실업률이 81퍼센트로 치솟았다. 일거리가 없어지면서 자연스럽게 수입과 자산이 감소하자 가자 지구 주민들이 식량을 구입할 수 있는 여력도 눈에 띄게 줄어들었다.

주민 1인당 수입은 2006년 이후 절반가량 줄었다. 2010년의 경우 주민 열 명 가운데 여덟 명이 극빈자(하루 수입 1.25달러 미만으로 생활하는 자)의 한계수입에도 못 미치는 수입으로 생활했으며 34퍼센트의 주민이 심각한 영양실조로 고생하는 것으로 나타났다.

가장 취약한 집단에서는 물론 상황이 훨씬 더 심각하다. 예를 들어 임신한 여성 2만 2천 명의 경우를 보자면 영양실조에 걸린 어머니에게서 태어난 아기들은 거의 100퍼센트 뇌 기능 장애를 안고 태어난다.

2010년 가자 지구의 다섯 가구 중 네 가구는 하루에 한 끼만 먹으며 연명했다. 이들은 생존을 위해 국제적인 차원에서 지급되는 구호 식량에 의존하는 수밖에 없다. 요컨대 가자 지구의 모든 주민들은 그들과는 아

무런 상관이 없는 행위 때문에 이유 없이 벌을 받고 있다.[8]

2008년 12월 27일 이스라엘의 육해공군은 가자 지구의 기반 시설과 그곳에 거주하는 주민들을 대상으로 무차별 공격을 감행했다. 이 공격으로 팔레스타인 사람 1,444명이 목숨을 잃었으며 이 중 348명은 어린아이들이었다. 이스라엘은 처음 사용하는 무기를 이용해 이들을 죽였으므로 이들은 무기 성능 실험이라는 제단에 바쳐졌다고도 말할 수 있다. 이 이스라엘이 가자 지구에 거주하는 여자와 어린아이를 대상으로 '실험한' 무기 가운데 하나가 DIME(Dense Inert Metal Explosive)이다. 드론이 운반하는 폭탄은 텅스텐 구슬로 이루어져 있으며 이 폭탄은 몸 안에서 폭발하므로 희생자는 문자 그대로 몸이 갈기갈기 찢어져 죽게 된다.[9]

가자 지구 주민들에게는 도주조차 불가능하다. 이스라엘 쪽엔 전기 철조망이 쳐 있고 이집트 쪽엔 라파에서 국경이 폐쇄되어 있기 때문이다.

남녀노소 구별 없이 6천 명이 넘는 팔레스타인 주민들이 부상당하고 사지가 절단되거나 마비되었으며 화상을 입거나 신체 일부가 훼손되었다.[10]

공격을 감행한 측에서는 체계적으로 민간 기반 시설을 파괴했다. 특히 농업 관련 설비의 피해가 컸다. 가령 자블리아 서쪽 서드니아에 세워진 가자에서 가장 큰 밀 제분소(그때까지 운영되던 세 개의 제분소 중 하나)인 알바드르 제분소는 이스라엘 F16 전투기의 공습으로 완전히 파괴되었다.[11] 빵은 가자에서 가장 기초적인 먹을거리다.

그 후 2009년 1월 3일과 10일 이틀에 걸친 두 차례의 지대공 미사일 장착 전투기들의 공격으로 알-셰이크 에진 가에 세워졌던 가자 시의 수도정화시설과 하수 저장용 저수지의 둑도 파괴되었다. 이로써 가자 시에서는 식수 공급이 불가능해졌다.

유엔인권이사회의 조사위원회 위원장 리차드 골드스톤은 알바드르 제분소, 하수정화시설, 알사무니 농장(이곳에서 민간인 23명이 사망했다) 어느 곳에서도 폭격 당시는 물론 그 이전에도 팔레스타인 전사들이 체류한 적은 단 한 번도 없었다고 보고했다. 따라서 그러한 시설들은 군사 작전의 목표로 정당화될 수 없다는 말이다.[12]

2011년에도 가자 봉쇄령은 여전히 발효 중이다.[13] 텔아비브 정부는 기아의 만연을 방지할 정도, 다시 말해서 국제사회에서 지나치게 노골적으로 지탄을 받지 않을 정도로 최소한의 식량만 가자 지구로 들여보내고 있다. 이스라엘은 말하자면 영양실조와 영양불량을 조장하는 것이다.

스테판 에셀과 미셸 바르샤브스키는 이스라엘의 이 같은 전략이 가자 지구 주민들에게 의도적으로 고통을 주어 하마스 정권에 반기를 들게 하려는 의도를 내포한다고 주장한다. 다시 말해서 텔아비브 정부는 정치적 목적을 위해 기아라는 무기를 사용하는 것이다.[14]

덧붙이는 글 2 : 200만 명의 목숨을 앗아간 북한의 기아

유엔 식량특별조사관에게는 아무런 집행권이 없다. 그럼에도 나는 지난 2005년 11월 뉴욕에서 맞은 어느 흐린 오후처럼 잊지 못할 놀라운 순간을 맛보기도 했다. 그날 나는 유엔총회의 제3위원회에서 내 보고서를 발표할 예정이었다. 연단에 올라 발표할 순간을 얼마 남겨놓고 나는 웬 손이 내 옷소매를 잡아끄는 것을 느꼈다. 장내에 모인 사람들이 보지 못하도록 무릎을 꿇고서 내 뒤에 쭈그려 앉은 남자의 손이었다. 그는 나에게 간청했다. "제발, 그 보고서의 열다섯 번째 문단은 언급하지 말아주

십시오……. 우리, 얘기 좀 합시다."

　남자는 중화인민공화국 대사였다. 그를 그토록 곤란하게 만든 내 보고서의 열다섯 번째 문단은 베이징 정부가 북한 기아 난민들을 대상으로 벌이는 인간 사냥 문제를 언급하고 있었다. 북한의 국경을 형성하는 두만강과 압록강은 1년 중 일부 기간 동안은 꽁꽁 얼어붙으므로 수천 명의 난민들이 북한 측의 가혹한 제재에도 불구하고 어찌어찌 두 강 가운데 하나를 건너 만주에 도착한다. 만주는 전통적으로 한민족 이주민들이 모여 사는 곳이다.[15] 그곳에서 이들 난민들은 정기적으로 중국 공안들에게 체포되어 평양 당국에 넘겨진다. 강제로 북한으로 이송된 사람들은 즉시 총살당하거나 수용소로 보내진다.

　그날 아침에 나는 사무총장실이 있는 유엔 본부 39층으로 올라갔다. 5년 동안이나 코피 아난은 중국 영토에 유엔이 운영하는 북한 난민 수용 시설을 세우기 위해 협상을 진행해왔다. 하지만 모든 전선에서 협상은 실패로 귀착되었다. 그러므로 그날 아침 사무총장은 나에게 중국 측의 인간 사냥을 공격해도 좋다는 청신호를 주었다.

　2,400만 북한 주민 가운데 600만 명이 심각한 영양실조에 시달리고 있다. 1996년부터 2005년까지 반복적인 기아로 인해 200만 명가량이 목숨을 잃었다.[16]

　2011년 초 북한은 일촉즉발의 위기 상황에 직면했다. 홍수로 논이 물에 잠겼으며 가축 전염병인 구제역이 발생해 가축들이 궤멸되었다. 거기에다 테러리즘을 자행하는 김씨 왕조의 고질적인 부패와 기만, 굶주린 자들에 대한 경멸이 더해졌다. 세계식량계획이 몇몇 비정부단체들과 더불어(유감스럽게도 미국도 남한정부도 세계식량계획을 지원하지 않았다)[17] 긴급지원을 시도함으로써 재앙을 막고자 노력했다.

국제 앰네스티는 20만 명 이상이 재판도 받지 못하고, 그렇다고 석방될 희망도 품어보지 못한 채 북한의 수용소에 갇혀 있을 것으로 추산한다.[18] 이들 중에는 중국 당국에 의해 강제 이송된 난민들도 포함된다. 부모 자식이나 친척들의 구분 없이 기아 난민들의 상당수가 시베리아와 인접한 함경북도의 광대한 오지처럼 이른바 "완전 통제 지대"라고 불리는 지역에 위치한 몇몇 수용소에 분산 수용되어 있다.[19] 이들은 죽을 때까지 석방될 가능성이 전혀 없다.[20] 모든 나이의 어린아이들을 포함하여 여러 세대를 아우르는 가족 구성원 전체가 이른바 '연좌제'라는 명분으로 수감 생활을 하는 것이다.

국제 앰네스티에 따르면 수감자의 40퍼센트는 영양불량으로 수용소에서 죽음을 맞는다. 수감자들은 쥐를 잡아먹거나 짐승의 배설물에서 찾아낸 곡물들을 먹어가며 강제 노동(하루 10시간, 일주일에 7일)의 나날을 버텨낸다.

이처럼 처참한 참상에도 유엔은 무력하기만 하다.

세아라의 이름 없는 아이들의 묘지

브라질의 노르데스테 지방에 위치한 여러 주는 이 나라 전체 면적의 14퍼센트를 차지하며 전체 인구의 30퍼센트가 이곳에 산다. 무려 100만 평방킬로미터에 달하는 이곳 영토의 대부분은 세르탕의 반*건조 기후대, 그러니까 먼지 날리며 황폐하고 군데군데 가시덤불이 자라나며 이따금씩 늪지대가 보이고 몇 개의 강이 지나가는 사바나로 이루어져 있다. 태양은 늘 하얗게 작렬하며 1년 내내 열기로 헐떡인다.

가죽 옷을 입고 말에 올라 탄 바쿠에로스vaqueros, 즉 목동들은 각자 수천 마리의 소들을 감시한다. 이 소들은 대부분 브라질이 루시타니아 부왕국이던 시절부터 이곳에 정착한 집안의 후예들인 대농장주의 소유물이다.

세아라는 세아라 주의 세르탕에 속하는 한 지역이다. 면적은 2천 평방킬로미터 정도로 대부분이 도시 지역에 편입되어 있고 인구는 7만 2천 명이다. 대농장과 도시 빈민가의 경계를 이루는 곳에는 '보이아 프리우boia frio', 즉 땅 없는 농민들과 그들의 가족이 사는 초라한 오두막집들이 줄지어 서 있다.

일요일을 포함하여 매일 아침 보이아 프리우들은 세아라의 중앙 광장으로 모여든다. 대농장의 십장들이 뼈만 남은 사람들 사이를 헤집고 돌아다닌다. 그들은 그날 하루 또는 일주일 정도 농장에서 관개수로를 판다거나 울타리를 세우는 등 농장에 필요한 작업을 할 사람들을 선발하는 중이다.

남편이 광장 인력 시장으로 가기 위해 새벽에 오두막을 나설 때 부인은 약간의 쌀과 검은 콩, 감자 등을 도시락으로 싸준다. 운이 좋아 십장에게 선택되면 소(포르투갈어로 보이아는 소를 가리킨다)처럼 우직하게 일하게 될 것이고, 찬(프리우는 '차다'는 뜻이다) 음식을 먹게 될 것이다. 만일 일을 얻지 못하면 수치심에 집으로 돌아오지도 못하고 광장에서 배회할 것이다. 거대한 세쿼이아 나무 아래서 그는 기다리고 또 기다릴 것이다.

세아라의 보이아 프리우는 하루에 평균 2레알을 번다. 유로로 환산하면 1유로에 약간 못 미치는 액수다. 2003년 루이스 이냐시오 룰라 다 실바가 처음으로 대통령 자리에 오르면서 농촌 지역 최저임금을 하루 22레알로 못 박았다. 하지만 수도 브라질리아에서 정한 법을 지키는 세아라의 대농장주는 아주 드물다.

수십 년 동안 세아라는 돔 안토니오 바티스타 프라고소라는 매우 예외적인 주교의 주거지였다. 1980년대에 아내와 같이 처음으로 세아라를 방문할 때 우리는 거의 비밀작전에 가까운 기민함과 신중함을 동원해야 했다. 페르남부쿠에 거주하는 올린다와 헤시피의 주교 돔 헬더 카마라와 마찬가지로 돔 프라고소 역시 철저한 해방신학 동조자였기 때문이다. 그는 강론이나 실제 생활에서 한결같이 보이아 프리우들을 옹호했다. 세아라에 주둔 중이던 제3군 제1보병 연대 장교들과 주변 대농장 소유주들은 주교를 증오했다. 그를 암살하려는 시도도 여러 번 있었다. 두 번 씩이나 라티푼디움의 총잡이들pistoleros에게 저격당한 그는 아슬아슬하게 죽음을 모면했다.

돔 프라고소와 친분이 있는 스위스 출신의 사제 베르나르 바보와 클로드 필로넬이 나와 아내의 방문을 준비했다. 밤이 내려앉은 다음에 피르미노 로사 가 1064번지에 도착한 우리는 주교관으로 사용되는 허름한 주택 앞에 섰다.[1] 프라고소는 작고 단단한 체구에 피부는 검은 노르데스테 지방 출신으로 환하게 웃는 모습이 인상적이었다. 그는 완벽한 프랑스어로 우리를 맞이했다. 따뜻한 정이 느껴지는 소박함을 지닌 그를 보며 나는 빅토르 위고의 『레미제라블』에 등장하는 주교를 떠올렸다. 디뉴의 가난한 자들을 보듬어주는 '비엥브뉘 몬시뇰' 말이다.

다음 날 아침 프라고소 주교는 도시의 빈민가 끝자락에서도 3킬로미터쯤 더 떨어진 나대지 같은 곳으로 우리를 안내했다. "이름 없는 아이들의 묘지"라고 주교가 말했다.

가까이 다가가서 보니 하얀 색으로 칠한 작은 나무 십자가들이 열 줄 가량 늘어서 있었다. 주교의 설명이 시작되었다. 브라질 법에 의하면 아기가 태어날 때마다 반드시 관할 관청에 신고해야 한다. 하지만 신고하려면 돈이 드는데 보이아 프리우들에게는 돈이 없었다. 어차피 많은 아이들이 태중 영양실조의 후유증으로 또는 영양실조에 시달리는 산모가 모유를 제대로 먹일 수 없어 태어난 지 얼마 되지 않아 죽는다. 요컨대 프라고소 주교의 표현대로 "그 아이들은 죽기 위해 이 세상에 태어난다."

보이아 프리우의 아이들은 관할 관청에 출생신고가 되지 않았기 때문에 호적상에 나타나지도 않는다. 따라서 아이가 죽어도 매장 허가를 받을 수 없다. 서류가 없는 자는 교회 묘지에 매장할 수 없다. 그래서 프라고소 주교는 법망을 벗어난 해결책을 마련했다. 교구의 예산으로 그 땅을 사들인 것이다. 그는 매주 그곳에 "죽기 위해 이 세상에 태어난 아이들"을 묻어왔다.

그날 아침 베르나르 바보와 클로드 필로넬의 친구 한 명이 우리와 동행했다. 시세로라는 이름의 그 친구는 세르탕 한가운데에서 작은 땅뙈기를 경작하는 농부였다. 그는 주변 풍경만큼이나 메마르고 건조한 사람이었다. 다음날 우리가 만난 그의 아내와 여러 명의 아이들도 마찬가지였다. 시세로와 그의 가족은 나뭇가지들과 진흙을 섞어 엉성하게 지은 오두막에 모여 살았다. 시세로는 그가 소유한 1아르가 될까 말까 한 작은 땅을 구경시켜주었다. 옥수수 모종 몇 주가 자라는 가운데 돼지 한 마리가 어슬렁거리고 있었다. 그는 대농장주가 고용한 목동들이 정기적으로 소들을 자기 땅 울타리 안으로 들여보내 보잘것없는 농사마저도 망쳐놓는다는 이야기를 들려주었다. 시세로는 비록 글자는 읽을 줄 모르지만 '라디오 티라나'[2]를 들으며 혁명을 꿈꾼다고 고백했다.

태양은 벌써 하늘 높이 솟았다. 아내 에리카와 나는 작은 십자가들이 줄지어 서 있는 밭 가장자리에 말없이 가만히 서 있었다. 먹먹해진 가슴을 어쩌지 못하고 가만히 서 있는 우리의 마음을 알아차린 시세로가 오히려 우리를 위로했다. "여기는 세아라입니다. 우리는 아이들을 떠나보낼 때 눈을 감기지 않습니다. 눈을 뜨고 있어야 천국으로 가는 길을 좀 더 쉽게 찾을 테니까요."

그림 같은 흰 구름들이 동동 떠다니는 세아라의 하늘은 아름답기만 했다.

하느님은 농부가 아니다

거시경제지표, 다시 말해서 세계 경제 상황이 설상가상으로 기아와의 투쟁을 한층 더 어렵게 만든다.

2009년 세계은행은 금융위기의 여파로 "극한 상태의 빈곤" 속에서 사는 사람, 즉 하루 1.25달러 미만으로 생활하는 사람의 수가 8,900만 명 정도 증가할 것이라고 예측했다. 한편 하루 수입이 2달러 미만인 '빈곤층'의 수는 1억 2천만 명 늘어날 것으로 내다보았다. 이 예측은 사실로 확인되었다. 그러니까 기존의 통상적인 구조적 기아 피해자에 이 증가분만큼을 더해야 하는 것이다.

2009년 전 세계 국민총생산은 정체 상태를 보이거나 제2차 세계대전 이후 처음으로 후퇴하는 기미마저 보였다. 세계 제조업 생산은 20퍼센트 감소했다.

남반구 국가들 가운데 가장 열정적으로 세계시장 진출을 추구했던 나라들이 오늘날 가장 큰 피해를 입었다. 2010년에 전 세계 무역거래량이 지난 80년 이래 처음으로 감소하는 추세를 보였기 때문이다. 2009년 남반구 국가들(특히 이른바 신흥국가들)로 유입되는 민간자본은 82퍼센트나 줄어들었다. 세계은행은 2009년 개발도상국가들이 상실한 투자금을

6천억에서 7천억 달러가량으로 평가했다.

　세계 금융시장에 돈줄이 마르면서 민간자본을 구하기가 어려워진 것이 사실이다. 이 같은 어려움뿐만 아니라 민간 기업들, 그중에서도 특히 신흥국가 기업들이 서구 은행에서 끌어다 쓴 막대한 빚도 상황을 비관적으로 만드는 데 크게 한몫한다. 유엔무역개발회의(UNCTAD, United Nations Conference on Trade and Development)에 따르면 2010년에 만기가 돌아오는 대출이 1조 달러에 이르렀다. 이로 인해 남반구 국가에 위치한 적지 않은 기업들이 지불 불능 상태에 빠져 파산과 공장 폐쇄, 대량 실업 발생 등의 연쇄작용을 초래했다.

　엎친 데 덮친 격으로 이들 빈곤 국가들엔 또 하나의 무시무시한 재앙이 도사리고 있다. 이들 나라의 경우 북아메리카와 유럽으로 이민 간 자국 출신 노동자들이 보내는 외화가 국가총생산의 상당 부분을 구성한다. 아이티의 경우 2008년 이 비율이 거의 49퍼센트였으며 과테말라와 엘살바도르에서는 각각 39퍼센트와 61퍼센트였다. 그런데 북아메리카와 유럽에서 가장 먼저 일자리를 잃은 노동자들은 바로 이들 국가 출신 이민 노동자들이었다. 그러므로 이들이 보내는 외화는 급격하게 감소했다. 아예 없어졌다고 해도 과언이 아니다.

　세계화된 금융자본 포식자들이 벌이는 광적인 투기로 말미암아 2008년에서 2009년 사이에 서구 선진국들은 총 8조 9천억 달러의 손실을 입었다. 서구 국가들은 특히 거의 범죄자 수준으로 파렴치한 은행들을 구하기 위해 수조 달러를 투입했다.

　그러나 이들 국가들이 사용할 수 있는 재원은 무제한이 아니므로 결국 이들이 최빈국을 대상으로 개발 협조와 인도주의적 지원이라는 명목으로 남반구 국가들에 지급하던 자금이 현저하게 줄어들었다. 스위스의 비정부단체 베른 선언의 계산에 따르면 선진국들이 2008년에서 2009년 사이에 그들의 은행에 쏟아 부은 8조 9천억 달러는 75년치 개발도상국 지원금에 해당한다.[1]

세계식량농업기구는 5년 간 남반구 국가의 식량 생산 농업에 440억 달러만 투자하면 유엔이 제정한 새천년 발전 목표 제1항을 달성할 수 있다고 추정한다.[2] 앞에서도 말했지만 사하라 사막 이남 아프리카의 경작 가능한 면적 가운데 오직 3.8퍼센트만이 관개시설의 혜택을 받고 있다. 아프리카 농부들의 절대 다수는 오늘날에도 3천 년 전처럼 하늘에서 내리는 비를 비롯하여 자연에서 발생하는 모든 우연과 그에 따른 위협에 고스란히 노출된 채 농사를 짓는다.

세계기상기구(WMO, World Meteorological Organization)는 2006년에 실시된 한 연구에서 브라질 노르데스테 지역의 검은 콩 생산성을 조사했다. 연구는 관개가 제대로 이루어지는 1헥타르의 농지와 관개시설의 혜택을 받지 못하는 같은 면적의 농지의 생산성을 비교하는 식으로 진행되었다. 이 연구의 결론은 아프리카에도 그대로 적용할 수 있다. "강수량에만 의존할 경우 1헥타르당 50킬로그램을 수확했다. 반면 관개시설이 작동하는 농지의 경우엔 헥타르 당 수확량이 1,500킬로그램에 달했다."[3] 더 이상 말이 필요 없는 명백한 결론이 아니겠는가.

아프리카뿐만 아니라 남아시아와 중앙아메리카, 안데스 지역 등은 모두 조상 대대로 이어져 내려온 농업 전통이 강한 곳이다. 이 지역의 농부들은 전통적으로 내려오는 지식을 풍부하게 지니고 있으며 특히 기후와 날씨 문제에 관한 이들의 지식은 감탄을 자아낸다. 이들은 하늘을 바라보기만 해도 비가 많이 내릴 것인지, 홍수가 나서 어린 모종들을 모두 휩쓸어 갈 것인지를 예측한다.

하지만 거듭 말하지만 이들이 사용하는 장비는 너무 허술하다. 이들에게 가장 중요한 연장은 여전히 손잡이가 짧은 괭이다. 밭 한가운데에서 반으로 접듯 몸을 깊이 숙인 채 손잡이 짧은 괭이를 들고 일하는 아낙네들의 모습이 말라위에서 말리에 이르는 광대한 지역의 풍경을 차지한다.

트랙터도 없다. 자국에서 트랙터를 생산하거나 이란이나 인도 등지에서 대량으로 이를 수입하려는 세네갈을 비롯한 몇몇 정부들의 노력에도 현재 트랙터라고는 아프리카 전역을 통틀어 8만 5천 대밖에 없다. 밭갈이용 가축들도 25만 마리에 지나지 않는다. 이렇듯 밭갈이용 가축이 드물다 보니 천연 비료의 사용 비율도 현저하게 낮을 수밖에 없다.

우수한 품종을 선별하여 파종하기, 메뚜기 떼나 다른 벌레들을 퇴치하기 위한 살충제 살포, 무기질 비료 사용, 관개시설 등 다른 지역에서 실행되는 거의 모든 작업이 이곳에는 전무하다. 그 결과 생산성은 매우 낮다. 정상적인 날씨에서 사하라 사막 이남 지역의 생산성이 헥타르당 조 600~700킬로그램에 그치는 데 비해서 유럽 평야에서는 같은 면적에서 10톤, 즉 1만 킬로그램의 밀을 수확한다!

그런데 이마저도 어디까지나 날씨가 '정상적일' 경우일 때에만 그렇다. 다시 말해서 6월에 비가 흠뻑 내려 토양이 젖어야 파종이 가능하다. 또 9월에 정기적으로, 안정적으로, 적어도 3주 동안 비가 내려야 한다. 그래야 물기를 흠뻑 머금은 조의 어린 모종들이 성숙기까지 탈 없이 잘 자랄 수 있다.

그런데 불행하게도 이 지역에서는 재앙에 가까운 악천후가 반복되고 있으며 반복되는 주기는 점차 짧아지고 있다. 소량의 비가 자주 내려주어야 함에도 실제로 그렇지 못해서 토양은 점점 시멘트 바닥처럼 굳어만 간다. 따라서 파종은 깊이 뿌리를 내리지 못하고 쩍쩍 갈라진 지표면에 머물기 일쑤다. 또 강수량이 많을 땐 대홍수를 연상할 정도로 엄청나게 많은 비가 내린다. 그러니 겨우 석 달가량 자란 어린 조 모종을 부드럽게 적셔주기는커녕, 밤바라족들의 표현대로 모종을 뿌리째 뽑아 어디론가 실어가버린다.

거두어들인 농작물을 보관하는 건 또 다른 난제다. 농가는 원칙적으로 추수한 농작물로 이듬해까지 먹고살 수 있어야 한다. 그런데 세계식량농업기구에 따르면 남반구에서는 해마다 수확 농작물의 25퍼센트 이상이 날씨나 해충, 쥐들로 인하여 피해를 입고 있다. 앞서도 지적했듯이 아프리카에는 저장고도 태부족이다.

마마두 시소코는 존경심을 자아내는 인물이다. 커다란 머리에 회색 털모자를 삐딱하게 쓴 그는 두뇌 회전이 빠르고 크게 소리 내어 잘 웃는 건장한 60대였다. 아마 서부 아프리카 지역을 통틀어 가장 많은 사람들이 경청하는 농민 지도자일 것이다.

교사로 사회생활을 시작한 그는 젊은 시절에 이미 아이들 가르치는 일을 포기하고 1974년 다카르에서 400킬로미터 떨어진 고향 마을 밤바티알렌느로 돌아가 농부가 되었으며, 그때부터 중급 규모의 농장을 일구어 대가족을 먹여 살린다.

1970년대 말 시소코는 주변 마을 농부들을 모두 불러 모아 그들과 함께 최초의 농작물 생산자 조합을 설립했다. 그 후 종자 협동조합이 탄생했다. 우선 가까운 지역 단위로 생겨난 조합은 차츰 세네갈 전역으로 퍼져나갔으며 마침내 이웃 나라들까지도 가담하기에 이르렀다. 이렇게 해서 서아프리카 농민과 농업생산자 단체 네트워크(ROPPA, Réseau des organisations paysannes et des producteurs d'Afrique de l'Ouest)가 만들어졌다. 서아프리카 농민과 농업생산자 단체 네트워크는 오늘날 아프리카 대륙 전체에서 가장 강력한 지역 농민 단체로 뿌리내렸다. 마마두 시소코가 이 단체를 이끈다.

2008년 남부, 동부, 중부 아프리카 지역의 조합원들과 협동조합 회원들이 그에게 범아프리카 농작물 생산자 단체Plateforme panafricaine des producteurs d'Afrique 결성을 도와달라고 요청했다. 농지 경작자, 목축업자, 어부 등을 모두 아우르는 대륙 단위의 이 조합은 오늘날 브뤼셀의 유럽연합 이사회, 아프리카 국가들을 비롯하여 세계은행, 국제통화기금, 국제농업개발기금, 세계식량농업기구, 유엔무역개발회의 등 농업 관련 주요 국제기구들과의 협상 창구 역할을 한다.

나는 이따금씩 뉴욕 케네디 공항에서 시소코와 마주치곤 한다. 그는 제네바에도 자주 온다. 제네바에서 그는 2005년부터 유럽 유엔청사 주재 룩셈부르크 공국 대사로 일하는 장 페데르와 주로 일한다.[4] 용기 있는 인물로 정평이 있는 장 페데르는 2007년 세계무역기구의 무역개발위원회 위원장에 임명되었다. 이 위원회는 전 세계 무역량의 81퍼센트를 차지하는 선진국들을 대상으로 50개 최빈국의 이해를 대변하는 기능을 수행한다. 2009년부터 장 페데르는 유엔무역개발회의 이사회 의장직도 맡고 있다. 세계 무역을 좌지우지하는 막강한 두 직책을 효과적으로 수행하기 위해 그는 밤바 티알렌느 출신의 소박한 농부 시소코를 자신의 비중 있는 자문으로 낙점했다.

농업계의 거물들에 맞서서 시소코는 단호함과 효율, 그리고 유머로 자신이 맡은 역할을 끈질기게 파고든다. 소수가 독점하는 세계화된 금융자본의 용병으로 전락한 아프리카 각국 정부들과 국제기구의 무기력함을 상대로 그가 벌이는 전투는 시지프스의 투쟁과 다를 바 없다. 1980년부터 2004년까지 개발을 위한 공적 지원금 가운데 농업 분야의 투자는 18퍼센트에서 4퍼센트로 급감하했다.

에릭 홉스봄은 "패배만큼 정신을 날카롭게 가다듬어 주는 건 없다"고 말한다. 그래서인지 내가 그를 만날 때마다 마마두 시소코의 정신은 나날이 날카롭게 정련되는 듯하다. 제네바, 브뤼셀, 뉴욕 등지에서 끝도 없이 이어지는 회의석상에서 농가공식품업계의 거물들과 이들을 위해 봉사하는 서구 선진국 정부들을 상대로 투쟁을 벌이다 보니 자연히 그렇게 되는 모양이었다. 하지만 시소코는 결코 낙관론자가 아니다.

최근 나는 그가 몹시 낙담하여 서글프고 불안한 기색을 감추지 않으며 멍하니 앉아 있는 모습을 보았다. 자신의 유일한 저서에 그가 붙인 제목이 그의 마음 상태를 잘 표현해준다. "하느님은 농부가 아니다."[5]

무관심과 냉소가 키우는 굶주림

레위니옹 출신 역사학자 장-샤를 앙그랑은 "백인은 이제까지 볼 수 없었을 정도로 찬란한 거짓말 문명을 이룩했다"[1] 고 말했다.

2009년 제3회 세계식량정상회담이 열리는 로마의 비알레 델레 테르메 디 카라칼라 가街 세계식량농업기구 본부에는 알제리의 압델라지즈 부테플리카, 나이지리아의 오바산조, 남아프리카 공화국의 타보 음베키, 브라질의 루이스 이냐시오 룰라 다 실바 등을 포함하는 남반구 여러 국가의 수반들이 모였다. 서방국가 정상들 중에는 주최국 수반인 실비오 베를루스코니와 유럽연합 의장을 제외하고는 아무도 눈에 띄지 않았다. 그나마 이들 두 사람도 잠깐 얼굴만 비치고는 이내 사라졌다.

지구상에서 가장 강력하다고 하는 국가의 정상들이 전 세계적으로 10억 명의 생명을 위협하는 식량 불안 문제를 해결하자는 취지에서 열린 회의를 이처럼 전적으로 무시한 것이다. 선진국 정상들이 보여준 이 같은 작태는 남반구 국가의 언론과 여론에 더할 나위 없는 충격이었다.

스위스는 기회가 있을 때마다 항상 세계 기아 종식 투쟁에 지대한 관심을 보인다고 말해왔다. 그런데 스위스 연방의 대통령 파스칼 쿠슈팽은 로마를 찾을 생각조차 하지 않았다. 베른 정부는 대통령 대신 연방 자문[2] 한 명이라도 파견할 필요조차 없다고 판단했다. 덕분에 로마 주재 스위스 대사만 달랑 토론장에 잠깐 모습을 드러냈다.

나에게는 베른에 위치한 연방정부 경제부의 농업국에서 일하는 친구가 한 명 있다. 원래는 내 제자였다. 참여정신이 투철하고 강인한 기질을 지닌 이 친구는 씁쓸하고 신랄한 태도로 세계를 바라보는 경향이 있다. 로마에서 단단히 화가 난 내가 씩씩거리며 전화를 걸자 그 친구의 대답이 걸작이었다. "아니, 왜 그렇게 화를 내세요? 아시다시피 스위스엔 굶어 죽는 사람이 한 명도 없잖아요."

어쨌거나 서방 선진국 국가수반들만 무관심과 냉소주의로 일관하는 건 아니다.

사하라 사막 이남 아프리카에서는 해마다 26만 5천 명의 여성과 수십만 명의 젖먹이 아기들이 적절한 출산 전 조치를 받지 못해 죽어간다. 출산 전 조치 부재로 인한 사망을 지역별로 살펴보면 아프리카 대륙의 인구가 세계 전체 인구의 12퍼센트에 불과한데도 사망자의 절반 이상이 아프리카 대륙에 밀집해 있음이 드러난다.

유럽연합의 경우 각국 정부는 기초적인 건강관리를 위해 국민 1인당 연간 1,250유로 정도를 지출한다. 반면 사하라 사막 이남 아프리카 지역 국가들은 15유로에서 18유로 정도를 지출한다.

아프리카 연합(UA, Union africaine) 정상들이 최근에 가진 회동 중 하나가 2010년 7월 우간다의 캄팔라에서 열렸다. 가봉 출신 아프리카 연합 집행위원회 의장 장 팽은 임산부와 아동의 영양실조 척결 문제를 회의의 주요 안건으로 올렸다.

완전한 판단 착오였다! 토론을 취재한 《쥔느 아프리크Jeune Afrique(젊은 아프리카라는 뜻의 프랑스어-옮긴이)》의 편집장 프랑수아 수당은 다음과 같은 소감을 전했다.

"임산부와 아동이라니? 우리가 유엔아동기금도 아닌데 이게 무슨 소리요?"라고 무아마르 카다피가 이의를 제기했다. 참석한 정상들은 반나절도 안 되는 짧은 시간에 이 안건에 관한 토론을 끝내버렸다. 대부분의 정상들은 토론 내내 어이없다는 표정을 짓거나 졸았다. 기자들의 관심을 환기시키려는 비정부단체 홍보 담당자들의 눈물겨운 노력에도 불구하고 취재 기자들은 짤막한 일단 기사만을 끄적거렸으며 그나마도 편집실 쓰레기통으로 직행했다……. "아프리카 연합 정상회담에서는, 잘 아시겠지만, 심각하고 중대한 사안만 다루기에도 바빠서……."[3]

G8 정상회담과 G20 정상회담은 글렌이글스에서 라킬라를 오가며 정기적으로 개최된다. 따라서 지구상의 부국들은 일정 기간을 주기로 기아라는 '스캔들'이 있어서는 안 된다고 목청껏 부르짖곤 한다. 그러면서 이들은 이 재앙을 뿌리 뽑기 위해 엄청난 액수의 자금을 풀겠노라고 약속한다.

2005년 7월 영국 수상 토니 블레어의 제안으로 스코틀랜드의 글렌이글스에 모인 G8에 5개국을 더한 13개국 정상들은 아프리카의 빈곤 퇴치를 위한 행동 계획 실천에 필요한 자금 500억 달러를 즉각적으로 제공하자고 결의했다. 그의 '회고록'에서 토니 블레어는 이 제안에 대해 여러 쪽을 할애하고 있다. 물론 그의 글에서는 상당한 자부심이 묻어난다. 그는 이것이 자신의 정치 경력에서 가장 중요한 세 가지 순간 중 하나라는 평가도 서슴지 않는다.[4]

이로부터 4년 후, G8 정상들은 실비오 베를루스코니 수상의 초청을 받아 2009년 7월 이탈리아 중부의 작은 도시 라킬라에 모인다. 3개월 전에 일어난 끔찍한 지진으로 초토화된 곳이었다. 회담에 참석한 정상들은 만장일치로 새로운 기아 방지 대책을 결의했다. 이번엔 식량 생산 농업에 대한 투자를 활성화시키자면서 지체 없이 200억 달러를 내놓겠다고 선언했다.

코피 아난은 2006년까지 유엔 사무총장으로 일했다. 가나 중부의 아샨티 밀림 지대에 위치한 판테 지역 농부의 아들로 태어난 그에게 기아와의 투쟁은 평생을 걸고서라도 기필코 달성해야 할 임무였다. 절대 언성을 높이는 법이 없으며 냉소적인 기질과 예민한 감수성의 소유자인 그는 요즘은 거의 대부분의 시간을 레만 호 근처에서 보낸다. 하지만 스위스 보 주의 푸넥스와 그가 주재하는 아프리카 녹색혁명 연합의 본부가 위치한 아크라엔 자주 간다.

서방 강대국들의 엄청난 위선에 대해서라면 오래전부터 잘 알고 있는 코피 아난은 2007년 비정부단체들이 글렌이글스 선언의 실천을 감시하기 위해 구성한 한 위원회의 의장직을 수락했다. 결론부터 말하자면 약속한 500억 달러 가운데 2010년 12월 31일 현재 120억 달러만 실제로 입금되어 아프리카 기아 퇴치를 위해 벌이는 여러 사업들을 지원하는 데 쓰였다.

한편 라킬라 G8 정상회담이 선언한 공약의 실천 상황은 이보다 훨씬 암담하다. 영국에서 발행되는 《이코노미스트》에 따르면[5] 약속된 200억 달러 중에서 실제로 걷힌 돈은 겨우 30억 달러에 불과하다고 한다.

《이코노미스트》의 결론은 간결하다. "말만으로 굶주린 인간들을 먹일 수 있다면 이 세상에 배를 곯는 사람이라고는 한 명도 없을 것이다."[6]

기아가 낳은 끔찍한 질병, 노마

앞에서 우리는 영양실조와 영양불량의 직접적인 폐해에 대해 살펴보았다. 우리 인간은 그 같은 상태가 지속되어 생긴 결과에 의해서도 파괴될 수 있다. 요컨대 '기아로 인한 질병들'이 존재한다는 말이다. 이러한 질병들은 콰시오커에서부터 비타민A의 결핍으로 인한 실명, 어린아이들의 얼굴을 처참하게 일그러뜨리는 노마에 이르기까지 그 종류가 매우 다양하다.

노마noma라는 병명은 '게걸스럽게 먹다'를 의미하는 그리스어 노메인nomein에서 파생되었다. 이 병명의 학명은 cancrum oris다. 구강에서 시작되어 얼굴 조직까지 파먹어가는 무서운 괴저의 한 형태다. 이 끔찍한 병의 첫째가는 원인은 영양불량이다. 노마는 영양불량 상태의 아이들을 공격하는데 특히 한 살부터 여섯 살 사이의 아이들이 주로 걸린다.

살아 있는 생명체인 인간의 입안에는 무수히 많은 미생물들이 살고 있으며 이로 인해 세균 감염의 위험성이 높아진다. 영양 상태가 좋고 기초적인 구강 위생을 유지하는 사람들이라면 이 정도의 세균은 자체적인 면역체계를 통해 충분히 무찌를 수 있다. 그런데 영양실조나 영양불량 상태가 장기간 지속되면 인체의 면역체계가 약화되면서 구강에 사는 세균들을 통제하기 어려워진다. 결국 이 세균들이 마지막 남은 면역력마저 와해시키면 인체는 병을 일으킨다.

노마는 세 단계를 거친다. 처음엔 단순한 치은염으로 시작한다. 입 안에서 하나 또는 여러 개의 아구창이 관찰되는 단계다. 이 단계, 또는 최초의 아구창이 나타난 지 3주 이내에 치료를 받으면 노마는 쉽게 정복된다. 정기적으로 소독제로 입안을 씻어낸 다음, 아이에게 충분한 영양을 공급하기만 하면 된다. 다시 말해서 나이에 따라 800에서 1,600칼로리 정도의 열량과 성장기 어린이에게 필요한 비타민이나 무기질 같은 부영양소를 섭취시키면 되는 것이다. 그렇게만 하면 어린이가 자체적으로 지닌 면역력이 치은염과 아구창을 사라지게 만들 수 있다.

그런데 치은염이나 아구창이 제때에 발견되지 않을 경우 입 안에 피를 머금은 상처가 생기게 된다. 회저 단계로 넘어가는 것이다. 아이는 고열에 시달린다. 그렇지만 이 단계에서도 여전히 희망은 있다. 치료 방법은 간단하다. 아이에게 항생제를 투입하고 적절한 영양분을 공급해주며 구강 청결 수칙을 엄격하게 준수하기만 하면 되기 때문이다.

노마와 관련하여 풍부한 치료 경험을 보유하고 있는 필립 라틀은 2~3유로 정도만 투자해서 열흘 정도 치료하면 아이는 완치될 수 있다고 장담한다. 그는 스위스의 베르트랑 피카르가 설립한 희망의 바람 재단'에서 일한다.

그런데 아이 엄마의 수중에 3유로가 없거나, 필요한 약을 입수할 수 없거나, 상처를 적기에 발견하지 못했다거나, 발견했어도 하루 종일 울면서 칭얼거리기만 하는 아이가 창피해서 방 안에 가둬두기만 한다면 이는 돌아올 수 없는 강을 건넌 것이다. 치료시기를 놓치고 나면 노마는 무찌를 수 없다.

이렇게 되면 아이의 얼굴이 부어오르고 회저로 인하여 차츰차츰 부드러운 피부 조직이 모두 붕괴된다. 입술과 뺨이 사라지고 그 대신 커다란 구멍이 뚫린다. 눈도 눈 주변을 받쳐주던 뼈 조직이 사라지면서 아래로 처지게 된다. 턱도 움직일 수 없게 된다. 근육이 축소되면서 얼굴이 일그러진다. 턱이 수축되어 아이는 입을 벌리지도 못한다.

어머니는 아이의 입속으로 미음이라도 떠먹이기 위해 한쪽 치아를 부숴야 한다. 어머니로서는 그 멀겋고 희끄무레한 액체가 굶주린 아이의 죽음을 막아주기를 희망하겠지만 소용없는 짓이다.

얼굴에 구멍이 뚫리고 턱을 움직이지 못하는 아이는 말도 하지 못한다. 아이는 일그러진 입술 때문에 똑똑하게 발음을 할 수 없다. 아이의 입에서는 그저 웅웅거리는 소리와 목구멍에서 나오는 바람소리만 새어 나온다.

이 병에 걸리면 얼굴이 일그러지고 음식 섭취, 언어 사용이 불가능하며 이로 인해서 사회적으로 낙인이 찍히고 80퍼센트 이상은 사망에 이른다.

심하게 일그러진 얼굴에 뼈마저 겉으로 드러난 아이는 가족 친지들에게 수치심을 안겨준다. 사회적으로 아이는 거부감의 대상이 된다. 따라서 가족들은 남의 눈이 미치지 않는 곳에 아이를 감추려 하므로 자연히 치료가 점점 더 어려워지는 악순환이 반복된다.

일반적으로 회저, 패혈증, 결핵 또는 피가 섞여 나오는 설사 등으로 면역체계가 와해되면 그로부터 몇 달 지나지 않아 아이는 사망에 이른다. 노마에 걸린 아이들 가운데 50퍼센트가량이 3주에서 5주 사이에 사망한다. 노마는 나이가 좀 더 많은 어린이들을 공격하기도 하며 예외적인 경우지만 성인들에게도 나타날 수 있다.

요행히 병을 앓았지만 죽지 않고 살아난 사람들에게는 지옥같이 힘든 삶이 기다린다. 사하라 사막 이남 아프리카, 동남아시아, 안데스 고원 등지에 남아있는 전통사회에서 노마를 앓고 난 사람들은 금기시된다. 이들은 천형을 받은 자들로 여겨져[2] 공동체에서 버림받으며 이웃들의 눈길이 미치지 않는 곳에서 고립된 삶을 살아야 한다. 사회에서 버림받은 어린아이는 모두에게서 격리되어 고독 속에 홀로 남겨진다.

아이는 가축들과 함께 잔다.

노마로 인해 수치심 또는 금기를 느끼는 것은 해당 국가의 수반이라고 해서 예외가 아니었다. 나는 그 사실을 2009년 5월 다카르의 대통령궁, 압둘라예 와데 대통령 집무실에서 내 눈으로 똑똑히 확인했다.

와데는 교양 있고 지적이며 자신이 통치하는 나라가 안고 있는 어려움에 대해서라면 누구보다 완벽하게 잘 알고 있는 대학 교수 출신 정치가다. 그는 당시 이슬람회의기구(OIC, Organization of the Islamic Conference)의 의장직을 맡고 있었다. 비동맹 그룹에 속하지 않은 53개국이 결속해서 만든 기구인 이슬람회의기구는 유엔 내부에서 가장 강력한 투표 집단을 형성하고 있다.

우리는 유엔인권위원회에서의 조직 전략에 대해 이야기를 나누었다. 와데 대통령의 분석은 여느 때와 마찬가지로 나무랄 데 없이 명쾌했으며 정통한 정보에 토대를 두고 있었다. 헤어지려고 할 무렵 나는 그에게 노마에 대해서 물었다. 그에게 책임의식을 상기시키고 국가 차원에서 이 질병을 정복할 수 있는 정책을 수립하라고 촉구하려는 의도에서였다.

압둘라예 와데는 나를 바라보았다. 그의 눈길은 나에게 묻고 있었다. "아니, 도대체 지금 무슨 소리를 하는 겁니까? 나는 그런 병은 알지 못합니다. 그런 병은 우리나라엔 없다고요."

하지만 나는 바로 그날 아침에 세네갈의 카올라크에서 스위스의 비정부 구호 단체인 상티넬[3]의 두 대표를 만난 터였다. 상티넬은 박해받는 어린이들을 찾아내어 그 아이들을 인근 진료소에 보내거나 심각한 경우라면 제네바나 로잔의 대학병원으로 보내 치료 받을 수 있도록 아이들의 어머니를 설득하는 일을 하고 있다. 두 대표는 이 질병이 세네갈의 프티 코트뿐만 아니라 농촌 지역으로도 확산되고 있다면서 그 상황에 관한 정확한 정보를 나에게 알려주었다.

희망의 바람 재단의 필립 라틀은 사하라 사막 이남 아프리카 지역에서 노마에 걸린 아이들 가운데 오직 20퍼센트 정도만이 수면 위로 드러나 있을 것이라고 추정한다.

이 아이들에게는 수술이라는 방법도 남아 있다. 파리, 베를린, 암스테르담, 런던, 제네바, 로잔 등지의 대학병원 소속 외과의사들, 또는 아주 드물긴 하지만 의료 시설도 열악한 그곳 진료소에 와서 봉사하는 의사들이 간혹 기적을 만들어내기도 한다. 이들은 대단히 까다롭고 복잡한 공정을 요하는 재건 성형 수술을 시도한다.

클라스 마르크와 쿠르트 보스는 아프리카에서 노마를 전문으로 취급하는 몇 안 되는 병원 가운데 한 곳에서 일한다. 나이지리아의 소코토에 세워진 노마 전문 어린이 병원이다.

두 사람은 자신들의 경험을 통해서 값진 교훈을 얻었다.[4] 교통사고 환자들을 위한 외과 의술은 최근 놀랄 만큼 발전했는데 노마에 걸린 어린아이들이, 이렇게 말하면 어떨지 모르겠으나 그 발전의 덕을 볼 수 있다는 것이다.

재건 성형을 위해서는 아무리 수술 부위가 작다고 해도 어린아이는 대여섯 차례의 수술을 감수해야 한다. 수술은 매번 너무 고통스럽다. 그래서 많은 경우에 일그러진 얼굴의 부분적인 수술만 가능하다.

이 글을 쓰는 나의 책상 위엔 서너 살짜리 혹은 일곱 살이나 여덟 살배기 어린 소년 소녀들의 사진이 놓여 있다. 모두 턱이 달라붙어버리고 얼굴엔 구멍이 뚫렸으며 눈은 축 처진 가슴 아픈 모습을 하고 있다. 솔직히 바라보기 끔찍한 사진들이다. 아이들 가운데 몇몇은 애써 웃음을 지어 보이려고 해서 오히려 더 눈물이 난다.

이 병은 오랜 역사를 지니고 있다. 네덜란드 출신 외과의사인 클라스 마르크가 그 병의 역사를 정리했다.[5]

노마의 증세는 고대 시대부터 알려져 내려왔다. 최초로 노마라는 병명을 붙인 의사는 네덜란드 미들부르크의 코르넬리우스 반 더 부르드로, 1685년에 발행된 안면 회저에 관한 논문에서 처음으로 이 명칭을 사용했다.

북유럽에서는 18세기 내내 이 질병에 관해 상대적으로 많은 논문이 쏟아져 나왔다. 노마에는 유년기, 빈곤 그리고 빈곤과 밀접한 상관관계에 있는 영양불량이 붙어 다녔다. 19세기 중반까지만 해도 노마는 유럽 전역과 북아프리카에 널리 확산되어 있었다. 그런데 주민들의 사회적 지위가 향상되고 극빈층과 기아가 퇴조하면서 이 지역에서는 노마가 서서히 자취를 감추었다. 하지만 1933년부터 1945년 사이의 기간 동안 나치 수용소, 특히 베르겐-벨젠과 아우슈비츠 수용소에서 다시금 노마가 대대적으로 기승을 부렸다.

해마다 14만 명 정도의 노마 환자가 발생한다. 이 중에서 사하라 사막 이남 아프리카에 거주하는 한 살부터 여섯 살까지의 유아가 10만 명

가량 된다. 생존자의 비율이 10퍼센트 안팎임을 감안할 때 해마다 12만 명 정도가 노마로 목숨을 잃는다고 추정할 수 있다.[6]

노마에 걸린 아이들에게는 저주가 따라다닌다. 이들은 대개 심각하게 영양불량인 어머니에게서 태어나므로 이 아이들은 태중에서 이미 영양불량으로 고통 받기 시작한다고 보아야 한다. 그러니 세상에 나오기도 전에 이미 발육 부진을 경험하는 것이다.

노마는 일반적으로 네 번째 자식에서 시작된다. 산모에게는 더 이상 모유가 남아 있지 않다. 산모의 몸은 거듭된 출산으로 허약해진 상태다. 식구 수가 많을수록 각자의 몫으로 돌아오는 식량은 줄어든다. 그러니 늦게 태어난 아이는 제대로 성장하기 어렵다.

말리에서는 25퍼센트 남짓한 산모들만이 정상적으로, 그러니까 필요한 기간 동안 줄곧 아기에게 젖을 먹일 수 있다. 나머지 산모들의 대다수는 너무 허기진 탓에 그렇게 하지 못한다. 이와 더불어 지나치게 빨리 젖을 떼는 관습도 수천 명의 아기들의 모유 수유를 저해하는 주요 원인으로 지적된다. 다시 말해서 이유에 적절한 시기가 되기 전에 급작스럽게 젖을 떼는 것이다. 여기에 대해서는 잦은 임신과 출산 때문이기도 하고, 여자들이 밭일을 도맡아 하는 전통 때문이기도 하다는 설명이 설득력을 얻는다.

아프리카 대륙에서는 대가족 제도가 여전히 유지되고 있다. 특히 농촌의 경우 여성의 지위는 그녀가 낳은 자식의 수와 밀접한 관계를 맺고 있다. 일방적인 이혼이나 쌍방 간의 합의 이혼, 별거가 빈번하며 이러한 가족 해체의 와중에서 강제로 엄마 품을 벗어나게 되는 아이들이 적지 않다. 아프리카의 대다수 사회에서 아이에 대한 친권은 아버지에게 있으므로 부모가 갈라서는 경우 아직 모유를 먹어야 할 어린 나이의 아이일

지라도 엄마 품을 떠나게 되는 것이다.

불행 중 다행이랄까, 아부바카르, 바아라투, 살레이에 라마투, 수피라누, 마라임은 운이 좋은 편이었다. 이 아이들은 니제르 출신으로 나이는 열네 살에서 열여섯 살이며 노마에 걸려 얼굴이 일그러진 탓에 진데르의 카라카카라와 자군디 지역의 숙소에서 칩거한다. 뼈가 드러날 정도로 코가 녹아내리고 뺨에는 구멍이 뚫리고 입술이 뭉개지는 등 끔찍할 정도로 얼굴이 문드러진 자식들을 수치스럽게 여긴 가족들은 아이들을 남의 눈이 닿지 않는 곳에 숨겼다.

비정부단체 상티넬은 진데르에서 규모는 작지만 매우 적극적으로 활동하는 대표단을 운영하고 있다. 이 아이들의 이야기를 들은 상티넬의 두 여자 회원은 아이들의 가정을 방문했다. 가족들에게 아이들의 얼굴은 저주 때문이 아니라 질병으로 인해 일그러졌으며 외과 수술을 통해 적어도 부분적으로는 바로잡을 수 있음을 설명했다. 가족들은 아이들을 니아메 병원으로 후송하는 것에 동의했다. 미니버스가 와서 아이들을 950킬로미터 떨어진 니아메 국립병원으로 데려갔다. 그곳에서 세르방 교수와 그가 이끄는 파리 생루이 병원 팀은 아이들에게 사람의 얼굴을 되찾아주었다.

시민단체인 세계의 의사들을 구심점 삼아 조직된 프랑스, 스위스, 네덜란드, 독일을 비롯한 여러 나라의 의료팀들이 해마다 서너 차례에 걸쳐 1주일에서 2주일가량을 니아메 병원에서 체류하며 환자들을 돌본다. 에티오피아, 베냉, 부르키나파소, 세네갈, 나이지리아 등 다른 아프리카 국가들은 물론 라오스[7] 같은 아시아 국가에서도 유럽이나 아메리카에서 온 의료진들이 무료로 노마 환자들에게 수술을 해주고 있다.

희망의 바람 재단과 국제 노-노마 No-Noma 재단[8]은 노마 피해자들을 찾아내어 치료는 물론 재건 수술과 수술 후 치료 등을 제공하고 있으며 이를 위해 활발하게 기금 모금 활동을 펼친다. 이외에 다비드 모르가 설립한 SOS-어린이, 미소 작전, 페이싱 아프리카, 힐프삭티온 노마 Hilfsaktion Noma 등의 비정부단체들도 노마 퇴치를 위해 노력을 아끼지 않는다.

이러한 비정부단체들, 그들과 협력하는 의료진의 헌신적인 노고는 분명 값지지만 이와 같은 활동의 혜택을 받는 아이들은 아직 극소수에 불과한 현실이다.

많은 비정부단체들이 효율적으로 피해자들을 찾아내는 방법을 구상하며 가능한 경우 재건 수술을 주선해주고 필요한 경비도 조달한다. 세네갈 출신 음악인 유쑤두를 비롯한 영향력 있는 인사들이 경비를 지원하는 방식으로 이 운동에 동참하고 있다. 하지만 소규모 민간단체가 아닌 세계보건기구와 노마 피해자들이 양산되는 나라의 정부만이 결정적으로 이 끔찍한 질병의 재앙에서 어린아이들을 구할 수 있다.

그러나 세계보건기구와 이들 국가들은 끝 모를 무관심만 표명할 뿐이다. 세계보건기구는 이해할 수 없는 결정에 따라 노마와의 투쟁을 아프리카 지역 사무소에 일임했다. 이 결정은 두 가지 이유에서 이해하기 어렵다. 첫째, 노마는 남아시아[9]와 라틴 아메리카에서도 관찰된다. 둘째, 아프리카 지역 사무소는 지금까지 수십만 명에 달하는 노마 피해자들의 고통에 대해 믿을 수 없을 정도로 소극적인 태도만 보여왔다.[10]

본질적으로 극단적인 빈곤과 그로 인한 부정적인 결과를 타파할 사명을 가지고 탄생한 세계은행 역시 이에 못지않은 무관심으로 일관하고 있다. "노마는 극빈 상황의 가장 명백한 지표가 된다. 그럼에도 세계은행은 노마에 대해 아무런 주의도 기울이지 않는다"[11]고 알렉산더 피거는 지적했다. 세계은행과 세계보건기구가 공동으로 작성한「질병의 멍에」라는 제목의 보고서는 노마에 대해서 일체 함구하고 있다.

세계보건기구는 두 부류의 질병만을 공격 대상으로 삼는다. 전염성이 강해서 대규모 전염병으로 확산될 위험이 높은 질병, 회원국이 도움을 요청하는 질병 이렇게 두 가지다. 노마는 전염성이 없으며 세계보건기구 회원국 가운데 어느 나라도 현재까지 이 질병을 타파하기 위한 도움을 요청하지 않았다.

회원국 각각의 수도에서 세계보건기구는 한 명의 대표와 여러 명의 현지 직원으로 구성된 대표단을 꾸린다. 대표단은 항상 해당국의 위생 상태를 점검해야 한다. 따라서 도시 지역, 대소규모 촌락, 유목민 촌 등을 누비고 다닌다. 이들은 늘 감시해야 할 모든 질병이 적힌 상세한 점검 목록을 소지한다. 환자가 한 명 발견되면 이 사실은 즉각적으로 지역 관할 관청에 보고되고 환자는 가장 가까운 진료소로 옮겨져야 한다.

하지만 노마는 세계보건기구의 점검 목록에 올라 있지 않다.

나는 필립 라틀, 인권위원회 자문위원회에서 일하는 나의 동료 요아나 시스마스와 함께 베른의 스위스 연방 보건청을 방문했다. 이 질병에 대한 경각심을 고취시키기 위해서였다. 그런데 보건청의 고위 관리는 세계보건기구 총회에서 어떠한 결의안도 제출하기를 거부했다. 그는 "점검 목록에 이미 너무 많은 질병이 올라 있다"는 이유를 내세웠다.

현장에 나가 있는 세계보건기구 대표단은 너무도 많은 민원에 시달리기 때문에 누구 말을 먼저 들어줘야 할지 머리가 아플 지경이라는 것이었다. 그런 상황에서 또 한 가지 질병을 더해야 한다니, 그 사람들 입장도 좀 생각해줘야 할 거 아니겠습니까?

희망의 바람이 대표 격으로 있는 비정부단체 연합은 노마와의 투쟁을 위한 행동 백서를 작성했다. 보건 담당자와 이 병의 초기 증상을 아는 어머니들을 육성하고 노마를 국가적, 국제적 차원의 전염병 관리 체계 속에 편입시키며, 행동 생태학 연구를 시작하자는 취지의 이 계획서는 한 마디로 예방을 강화하자는 요지를 담고 있다. 이들의 행동 백서는 항생제와 혈관을 통해 주입할 수 있는 치료용 영양제 앰풀을 지역 진료소에서 최대한 싼 값으로 구입할 수 있어야 한다는 점도 명시하고 있다.

이 계획을 실행에 옮기려면 돈이 필요한데 비정부 민간단체들은 돈이 없다.[12] 그러니 노마를 상대로 투쟁을 벌이는 전사들은 악순환의 굴레를 벗어나지 못한다.

어떻게 생각하면 세계보건기구의 각종 보고서에 노마가 누락되어 있으며 여론의 관심이 부족한 현실은 이 질병의 분포와 특성에 관한 과학적 정보가 부족한 탓이라고 할 수 있다. 하지만 다른 한편으로 보자면 세계보건기구와 회원국 보건 담당 장관들이 가장 빈곤한 가정의 막내들을 극심한 고통으로 몰아가는 이 질병에 관심을 기울이기를 거부하는 한 언제까지고 깊이 있고 광범위한 연구는 불가능할 것이며, 이 질병을 타파하기 위한 국제적인 공조 체제는 기대하기 어려울 것이다.

세계보건기구 내에서 막강한 영향력을 행사하는 다국적 제약 기업들 또한 당연한 말이지만 노마 따위에는 관심도 없다. 이 질병을 고쳐주는 치료제는 아주 저렴하며 그 치료제를 필요로 하는 사람들은 얼마 되지 않는 그만큼의 약값도 지불할 능력이 없기 때문이다.

남반구 국가들에서 노마는 유럽에서 그랬던 것처럼 병의 원인, 즉 영양실조와 영양불량이 결정적으로 자취를 감추지 않는 한 언제까지고 완전히 뿌리 뽑히지 않을 것이다.

2.
의식의 각성

기아가 숙명이라고!

지난 세기 중반까지도 기아는 금기시되었다. 말하자면 시체 더미 위에는 침묵만이 감돌았던 것이다. 대규모로 사람들이 죽는 건 어쩔 수 없는 운명이었다. 중세에 기승을 부렸던 흑사병처럼 기아 또한 도저히 손을 쓸 수 없는, 무찌를 수 없는, 인간의 의지만으로는 절대 제어할 수 없는 재앙이었다.

다른 어느 누구보다도 특히 토마스 맬서스는 인류 역사에 대해 운명론적 비전을 제시했던 사상가라고 평가할 수 있다. 근대가 밝아오던 무렵, 유럽의 집단의식이 기아로 인한 수백만 명의 떼죽음이라는 스캔들 앞에서 귀를 막고 눈을 감아버리던 시절, 아니 일상에서 마주하게 되는 이 같은 참상이 어떤 면에서는 인구의 자동 조절 기재가 될 수도 있다고 믿게 된 데에는 부분적으로나마 그가 내세운 "자연도태설"의 영향이 작용했음을 부인할 수 없다.

토마스 맬서스는 1766년 2월 4일 영국 남동부 서리 주의 소박한 마을 루커리에서 태어났다. 아버지는 변호사였고 어머니는 돈 많은 약사의 딸이었다.

1783년 9월 3일 파리 자콥 가의 한 작은 호텔에서 미국 의회가 파견한 대사 벤자민 프랭클린과 영국 왕 조지 3세가 파견한 특사가 미국의 독립을 인정하는 파리협약에 서명했다. 북아메리카라는 거대한 식민지의 상실은 영국 사회에 커다란 반향을 일으켰다.

지대를 받아 생활하던 귀족계급은 아메리카의 대규모 농장 경영과 식민지 무역으로 큰 수입을 얻었으나 식민지 종식과 더불어 경제권력의 상당 부분을 상실하게 되었고 이로 인해 신흥 산업 부르주아 계급이 부상했다. 주로 섬유 산업 분야에서 거대한 공장들이 설립되었다. 석탄과 철의 결합을 통해 제철업이라는 막강한 산업이 태어났으며 이렇게 되자 수백만 명의 농민들과 그의 가족들은 일자리를 찾아 도시로 몰려들었다.

맬서스는 케임브리지 대학의 지저스 컬리지 재학생으로 두각을 나타냈으며 3년 동안 그곳에서 윤리학을 강의하기도 했다. 그런 다음 영국 성공회의 사제가 되어 앨버리에 거주하면서 고향마을 서리의 부주교로 일했다.

그는 런던에서 빈곤이 빚어내는 참담한 광경을 자주 목격했다. 농촌을 버리고 도시로 와서 제조 노동자가 된 하층민들은 배고픔에 시달렸다. 이들은 사회적 지표를 완전히 상실하게 되면서 알코올 중독에 빠지기 일쑤였다. 그는 영양실조로 얼굴마저 파리해진 어머니들과 배가 고파 먹을 것을 구걸하는 어린아이들을 결코 잊을 수 없었다. 매춘과 빈민가의 허름한 집들도 그의 뇌리를 떠나지 않았다.

하나의 의문이 집착처럼 끈질기게 그를 붙잡고 놓아주지 않았다. 어떻게 해야 사회 전체를 대상으로 하는 식량 공급을 위험에 빠뜨리지 않으면서 그 많은 노동자들과 그들의 식솔들을 먹일 수 있는가?

유명한 『인구론』을 집필하기에 앞서 이미 그가 쓴 최초의 글에서 훗날 그의 저술의 근간을 이루게 될 조짐들이 뚜렷하게 드러난다. 그는 "인구와 식량은 […] 언제나 앞서거니 뒤서거니 하며 함께 간다"고 관찰했다. 또한 "인구와 그 인구의 생계 문제야말로 우리 시대의 가장 중요한 난제"이며 "사용 가능한 식량의 한계를 넘어서는 수준까지도 종족을 번식하려는 것이 인간의 공통적인 경향"[1]이라는 통찰력 있는 주장을 내세우기도 했다.

1798년 그를 유명하게 만들어준 『인구론』(정식 제목은 '미래에 있어서 사회 발전에 영향을 끼치는 인구에 관한 원칙론An Essay on the Principle of Population, as it Affects the Future Improvement of Society')이 발표된다.[2] 맬서스는 일생 동안 줄곧 이 대작을 수정하고 보완하는 작업을 게을리하지 않았다. 때로는 여러 장을 완전히 새로 쓰기도 했다. 따라서 이 책의 최종 버전은 그가 사망하기 1년 전인 1833년에 완성되었다.

이 책의 핵심 내용은 그에게는 도저히 극복하기 불가능해 보이던 모순을 주축으로 기술되고 있다.

식물계와 동물계를 놓고 볼 때 자연은 자유분방하고 헤플 정도로 생명의 싹을 퍼뜨렸다. 이에 비해서 자연은 공간과 양식을 제공하는 데에는 상당히 인색했다. 자유롭게 성장하는 데 필요한 충분한 양식과 공간을 확보할 수만 있었다면 이 작은 지구가 내포하는 생명의 싹은 불과 수천 년 만에 수백만 개의 세계를 채우고도 남았을 것이다. 하지만 필요라는 자연계의 거역할 수 없는 독재적 법칙으로 말미암아 이 생명의 싹들은 제한적 한계를 벗어나지 못한다. 식물계와 동물계는 이 한계를 넘어서지 않기 위하여 개체수를 제한해야만 한다. 인간 종족도 제아무리 이성에 힘입어 노력한다고 해도 이 법칙에서 벗어날 수 없다. 식물계와 동물계에서 이 법칙은 생명의 싹을 지나칠 정도로 풍성하게 퍼뜨리는 대신 각종 질병과 요절이라는 장치를 작동시킴으로써 균형을 맞춰나간다. 인간의 경우 이 법칙은 빈곤이라는 수단을 사용하여 같은 효과를 낸다.

맬서스 목사에게 "필요의 법칙"이란 신의 다른 이름이다.

비록 약간의 과장이 있는 것처럼 보일지언정 확신하건대 자연과 인간의 조건과 가장 밀접한 관계를 맺는 인구 법칙에 따르면 식량 및 생명 유지에 없어서는 안 될 몇몇 품목의 생산에는 분명 한계가 존재한다. 인간의 본성과 지구에 사는 인간의 조건에 전적인 변화가 일어나지 않는 한 생명 유지에 필요한 모든 것의 총체는 무한정 제공될 수 없다. 한정된 공간 안에서 식량을 무한정으로 생산할 수 있다고 믿는 손쉬운 방식보다 더 암울하고 인간을 도저히 회복할 수 없는 불행으로 몰아넣기에 더 적합한 기만은 생각하기 어렵다. […]

선한 창조주께서는 당신이 제정한 법칙에 복종하는 피조물의 욕구와 필요를 잘 아심에도 불구하고, 긍휼한 가운데에서도 우리에게 생명 유지에 필요한 모든 것을 풍족하게 주시고자 하지 않으셨다. 그런데 제한적 공간에 갇힌 인간이 자신의 밀 생산 능력에 한계가 있음을 인정한다면, 이 경우 인간이 실제로 소유한 양만큼의 토지의 가치는 그 땅이 먹여 살려야 할 사람의 수를 감안하여 그 땅을 경작하는 데 필요한 노동에 따라 결정된다.

그 후 이 이론은 그 가치를 인정받았으며 오늘날까지도 일부에서는 지지를 얻고 있다. 인구는 끊임없이 증가하는 데 비해 식량과 그 식량을 생산하는 토지에는 한계가 있다. 기아는 인구수를 줄인다. 따라서 기아는 제어할 수 없는 욕구와 사용 가능한 재화 사이에 균형을 맞춰준다. 말하자면 악을 통해 하느님인지 신의 섭리인지는(아니 소박하게 자연이라고 말해도 별 차이는 없다) 선을 구현한다는 것이다. 맬서스에게 기아로 인한 인구의 감소는 궁극적인 경제 파탄을 피할 수 있는 유일한 탈출구였다. 그러므로 그에게 기아는 필요의 법칙에 따른 당연한 결과였던 것이다.

『인구론』은 결과론적으로 볼 때 '사회적 법칙', 다시 말해서 (기초적인 사회복지를 통해) 도시 빈민 가족들이 처한 비참한 상황을 다소나마 개선해주려는 영국 정부의 소극적인 시도에 대한 거센 공격을 내포하고 있다. 맬서스의 말을 들어보자. "인간이 자신의 노동만으로 살 수가 없다면 그와 그의 가족에게는 안 된 일이지만 어쩔 수 없는 노릇이다." 그는 조금 더 뒤에서는 "목사는 약혼자들에게 경고해야 한다. 당신들이 결혼을 하고 자식을 낳게 될 때 그 자식들은 사회로부터 아무런 도움을 받을 수 없다고 말이다"라는 말도 서슴지 않는다.

그는 "전염병은 필요하다"고도 말한다. 책을 집필하면서 가난한 사람은 그의 가장 고약한 적이 되어간다.

사회적 법칙은 오히려 해가 된다. [...] 그런 법칙들 때문에 가난한 사람들도 자식을 낳는 것이다. [...] 가난한 사람은 신의 법칙에 해당되는 자연의 법칙이 그와 그의 가족에게 고통스러운 운명을 선고했음을 알아야만 한다.

그는 여기서 더 나아가서 "교구세가 [가난한 사람들의] 등골을 휘게 만든다고? 그래도 어쩔 수 없는 일"이라고도 말한다.

이러한 이론엔 당연히 인종차별적 요소가 개입된다. 사실 맬서스는 그의 책에서 이 세상의 여러 종족들에 대해 촌평을 늘어놓는다. 예를 들어 북아메리카 인디언에 대해서 그는 이렇게 말한다. "사냥을 일삼는 그

종족들은 자신들이 잡으러 다니는 짐승들과 닮았다."

『인구론』은 발표 직후 영국 제국의 지도 계급 내부에서 엄청난 성공을 거두었다. 의회는 그 책을 놓고 토론을 벌였으며 수상은 앞장서서 그 책을 읽어볼 것을 강력하게 권유했다.

덕분에 그의 주장은 유럽 전역으로 신속하게 퍼져나갔다. 맬서스의 저술에 담긴 이데올로기가 당시 지도자 계급과 그들의 착취 행태를 미화시키는 데 아주 유용했기 때문이었다. 뿐만 아니라 얼핏 보기에 도저히 극복할 수 없다고 여겨지던 갈등, 즉 앞선 문명을 전파한다는 부르주아의 '고귀한' 사명과 그들로 인하여 야기된 기아와 기아로 인한 대규모 인명 살상이라는 괴리마저 해결해주었다. 기아로 인한 고통이나 수천 명씩 죽어나가는 현실은 물론 처참하지만 그래도 인류 전체의 존속을 위해서는 필요한 일이라는 맬서스적 관점을 받아들임으로써, 당시 부르주아들은 자신들의 불안감, 양심의 가책을 잠재울 수 있었다.

진정한 위협은 인구의 폭발적인 팽창이었다. 기아를 통해 가장 취약한 계층을 제거하지 않는다면 지구상에서 제대로 먹고 마시고 숨을 쉴 수 있는 사람이라고는 아무도 살아남지 못할 것이라고 맬서스는 경고했다.

20세기 중반까지도 맬서스가 내세운 이데올로기는 서구 사회의 의식을 갉아먹었다. 대부분의 유럽인들은 기아 피해자들, 특히 식민지 출신들의 고통에 귀를 닫고 눈을 감아버렸다. 굶주린 자들은 인류학적 의미에서 금기가 되어버렸다.

정말 대단한 맬서스가 아닌가! 물론 그 자신이 드러내놓고 그렇게 되기를 바란 건 아닐 테지만 어쨌거나 그는 서양인들을 양심의 가책에서 해방시켜주었다.

심각한 정신이상자가 아니라면 기아로 인해서 한 인간이 파괴되는 광경을 손 놓고 가만히 지켜볼 만큼 모진 사람은 없을 것이다. 대량 살상을 자연스러운 일로 만들고, 그것이 필요에 따른 것이라고 강변함으로써 맬서스는 서양인들에게서 도덕적 책임이라는 멍에를 덜어주었다.

세계식량농업기구의 창시자, 조수에 데 카스트로

제2차 세계대전이 끝나면서 갑작스럽게 금기가 풀렸다. 침묵이 깨지고 맬서스는 역사의 쓰레기통에 던져졌다. 전쟁, 나치즘, 대량 학살이 자행되던 강제 수용소의 참화와 모두가 공유해야 했던 고통과 기아의 기억이 잠들었던 유럽의 의식을 불현듯 흔들어 깨웠다.

깨어난 집단의식은 항거했다. "더 이상은 절대 안 된다!" 이렇게 불이 붙은 항거는 사회의 심층적 변화를 야기하는 일련의 움직임, 즉 독립, 민주주의, 사회정의 등을 요구하는 운동 속으로 편입된다. 항거의 기운은 곳곳에서 빈번하게 솟아올랐으며 이는 긍정적인 결과를 낳았다. 특히 국가를 상대로 주민들을 위한 사회 안전망 정립, 국제적인 제도의 정비, 국제법 규정, 기아에 맞서는 공동 수단 강구 등을 요구했다는 점이 주목할 만하다.

루이 알튀세르가 프랑스어로 번역한 『철학 선언』에서 루드비히 포이어바흐는 다음과 같이 말했다.

가장 엄밀한 의미에서의 의식은 자신이 속한 고유한 종과 자신의 본질을 대상으로 삼는 하나의 존재를 위해서만 존재한다. 〔…〕 의식을 지녔다고 함은 학문을 할 수 있음을 의미한다. 학문이란 종에 관한 의식이다. 자신이 속한 고유한 종, 자신의 본질을 대상으로 삼는 존재만이 본질적인 의미에서 사물과 자기 자신이 아닌 존재를 대상으로 삼을 수 있다.[1]

모든 인간에게 통용되는 정체성에 관한 의식이야말로 식량권의 가장 기초적인 토대가 된다. 인간은 자신이 속한 인류, 인간으로서의 자신의 정체성을 위험으로 몰아가지 않고서는 자기와 동류인 존재가 기아로 죽어가는 것을 묵과할 수 없다.

1945년에 창설된 유엔의 44개 회원국은 이듬해 캐나다의 퀘벡에서 FAO, 즉 세계식량농업기구를 발족시켰다. 이는 유엔 산하 최초의 전문 기관이다. 세계식량농업기구는 그 후 로마에 본부를 설치했다. 식량 생산 농업을 발전시키고 인간들에게 공평하게 식량을 분배하는 것이 세계식량농업기구의 임무다.

1948년 12월 10일 유엔의 64개 회원국은 파리에서 열린 총회에서 인권선언을 만장일치로 통과시켰다. 인권선언의 제25조는 식량권을 명시하고 있다. 인권선언의 채택에도 불구하고 늘어만 가는 재앙에 대처하기 위해 회원국들은 1963년 한층 강도 높은 방침을 채택한다. 긴급 원조를 담당하는 세계식량계획을 창설한 것이다.

인권 존중을 강제적 사항으로 못 박기 위해 유엔 회원국들은 1966년 12월 16일 두 개의 국제협약(유감스럽게도 하나의 협약이 되지 못하고 두 개의 별개 협약이 되고 말았다)을 채택하는데 하나는 경제, 사회, 문화적 권리에 관한 협약으로 이 협약의 제11조에서 식량권에 관한 유권해석을 내렸으며 나머지는 시민으로서의 권리와 정치권에 관한 협약이다.

냉전과 회원국 간의 이념 차이(요컨대 자본주의와 공산주의의 대치 상황)가 지배하는 당시 국제사회의 맥락에서 두 번째 협약은 특히 소비에트연방 국가에서의 인권 침해를 고발하는 방편으로 널리 이용되었다.

어쨌거나 협약이 체결된 이후 경제, 사회, 문화적 권리에 관한 첫 번째 협약에 서명한 회원국들은 18명의 전문가들로 구성된 위원회로부터 협약 준수 여부를 감시받게끔 되었다. 각국은 서명 직후, 그리고 그 후로는 5년마다 식량권을 충족시키기 위해 각국의 영토 내에서 취해진 조치를 상세하게 기술하는 보고서를 제출해야 한다.

나치즘으로 인한 기나긴 암흑시대를 겪고 난 터라 기아를 뿌리 뽑는 것은 인간의 책임이며 이 문제에 관한 한 어떠한 운명론적 태도도 용납될 수 없다는 사실 하나만큼은 모두에게 분명했다. 하지만 이 점이 각국의 국민들과 지도자들에게 자명한 것으로 인식되기까지는 여러 해가 걸렸다. 기아라는 적은 확실히 정복될 수 있다. 구체적이고 집단적인 몇몇 조치를 실행에 옮기기만 한다면 식량권은 즉각적으로 강제적이 될 수 있고 따라서 효력을 발휘할 수 있을 터였다.

협약을 주도한 사람들에게 식량권의 구체적인 실현을 자유 시장 기재에 맡길 수 없다는 점은 두말할 필요도 없이 자명했다. 요컨대 규범을 통한 개입이 불가피하다는 말이다. 예를 들어 경작 가능한 땅의 불공정한 배분이 판을 치는 곳에서는 농지개혁이 필요하며, 적절하고 충분한 양의 식량을 정기적으로 구입할 여력이 없는 사람들을 위해서는 공적 자금을 통해 기본 식량을 제공해야 한다. 또 식량 생산 농업 진작이라는 기치 하에 토양 보존과 생산성 향상(비료 사용, 관개시설, 농기구 개량, 우량종자 선별 등)을 위해 공적, 국가적, 국제적 자금 투자를 활성화하며, 식량 구입 기회의 공정성을 확보하고, 종자, 비료시장을 비롯하여 기초식품 거래에서 농가공식품 분야 다국적기업들의 독점적 위치를 배제하는 규제가 필요하다.

이렇듯 기아 문제에서 서구인들의 의식을 일깨우는 데 어느 누구보다 크게 공헌한 사람이 바로 브라질 출신 의사 조수에 아폴로니오 데 카스트로다. 독자들은 이 대목에서 내가 그의 딸을 만났을 때의 개인적인 추억을 잠시 떠올리는 걸 양해해주기 바란다.

가로타 다 이파네마 카페의 작은 테라스를 가려주는 차양에도 아랑곳없이 남부의 여름은 숨이 막힐 정도로 뜨거웠다. 프루덴테 데 모라이스 대로와 직각으로 만나는 좁은 통로 변으로 햇빛을 받은 대서양의 파도들이 반짝거렸다.

나와 마주보고 앉은 갈색 머리의 아름다운 중년 부인의 표정은 진지하고 심각했다. "군인들은 이제 내 아버지는 끝났다고 믿었지요. 그런데 그런 아버지가 돌아오신 겁니다. 그것도 수백만 명을 몰고 말이죠." 조수에 데 카스트로의 맏딸인 안나 마리아 데 카스트로는 말하자면 아버지의 지적 상속인이기도 했다.

그녀와의 만남은 2003년 2월 리우 데 자네이루의 한 카페에서 이루어졌다. MST, 즉 무농지 농업노동자 운동의 공동 창시자 가운데 한 명인 루이스 이냐시오 룰라 다 실바가 브라질리아의 대통령궁, 즉 프라날토에 입성한 직후였다. 알다시피 룰라는 브라질 내륙 페르남부쿠 지방의 가난한 집안에서 태어나 기아로 두 동생을 잃는 불우한 어린 시절을 보냈다. 룰라가 대통령이 되어 가장 먼저 내린 결정 중 하나가 범국가적인 "기아 제로" 캠페인이었음을 상기해보라.

조수에 데 카스트로의 운명은 한마디로 매우 특출했지만 동시에 비극적이었다. 학문적 업적, 예언자적 비전, 열성적 행동 등을 통해 그는 자신이 몸담았던 시대에 뚜렷한 족적을 남겼다.

그는 필연의 법칙을 타파했으며 기아는 인간이 결정한 정치적 행위의 결과임을, 따라서 인간에 의해 얼마든지 정복될 수 있음을 증명했다. 대규모 인명 살상이 이루어져야 할 어떠한 필연성도 없으며 원인을 찾아내서 이를 제거하기만 하면 되는 것이었다.

조수에 데 카스트로는 1908년 9월 5일 대서양에 면한 페르남부쿠 주의 주도州都이며 주민수로는 브라질에서 세 번째 도시인 헤시피에서 태어났다. 헤시피에서는 도심에서 몇 킬로미터만 벗어나면 사탕수수의 녹색 바다가 펼쳐진다. 아그레스테의 비옥한 붉은 땅에서는[2] 더 이상 완두콩, 카사바, 밀, 쌀 등이 자라지 않는다. 사탕수수 밭이 작은 촌락과 그보다 좀 규모가 큰 마을, 도시를 철책처럼 모조리 에워싸고 있다. 사탕수수는 이곳 주민들에게 내려진 저주나 마찬가지다. 사탕수수 농장들이 식량 재배를 방해하기 때문이다. 그런 까닭에 오늘날에도 페르남부쿠에서 소비되는 식품의 85퍼센트는 수입에 의존하고 있으며 유아 사망률이 대륙 전체를 통틀어 아이티 다음으로 높다.

조수에 데 카스트로는 어느 모로 보나 이 땅에 깊이 뿌리 내린 인물이었으며 노르데스테 주민과 하나였다. 더구나 그 자신이 전형적인 카보클로caboclo, 즉 인디언과 포르투갈인, 아프리카인의 혼혈이었다.

브라질, 특히 그가 직접 경험한 노르데스테 지역의 기아 문제를 다룬 『기아의 지리학Geografia da fome』[3]을 1946년에 발표할 즈음, 그는 이미 오랜 경력을 쌓은 노련한 의사였다. 리우 데 자네이루 의과대학에서 생리학 박사 학위를 취득한 그는 헤시피 대학에서 생리학과 인문지리, 인류학을 강의하는 동시에 의사로도 일했다. 발파라이소에서 소아과 의사로 일했던 살바도르 아옌데처럼 그 역시 자신의 진료실이나 대학병원 또는 왕진 과정에서 어린이들에게 나타나는 영양실조와 영양불량의 모든 양상을 상세하게 살필 수 있었다.

그는 주로 국가의 의뢰를 받아 수천 가구의 카보클로, 다시 말해서 일용직 농업노동자나 사탕수수를 자르는 노동자, 소작인, 보이아 프리우들을 대상으로 체계적이며 정확하고 방대한 역학 조사를 실시했다. 이를 통해서 그는 영양실조와 기아의 원인이 라티푼디움임을 밝혀냈다.

또한 그는 기아가 확산되는 것은 농촌이나 도시의 인구 과잉 때문이 아니라 오히려 그 역 때문이라는 사실도 입증했다. 극빈자들이 아기를 많이 낳는 것은 미래가 불확실하기 때문이라는 것이다. 이들은 가능한 한 자녀를 많이 낳고자 한다. 이는 자식을 일종의 보험으로 생각하는 그들의 사고방식을 보여준다. 자녀들은 살아남기만 한다면 부모를 도울 수 있으며 따라서 기아로 죽을 걱정 없이 나이 먹을 수 있다고 믿는다는 것이었다. 조수에 데 카스트로는 노르데스테 지역에 전해 내려오는 속담을 즐겨 인용한다. "가난한 집안의 식탁은 불모지처럼 보잘것없으나 침대만은 비옥하다."

1937년에 발표되었으나 프랑스어로는 번역되지 않은 그의 또 다른 저서 『노르데스테 관련 자료Documentario do Nordeste』에는 다음과 같은 구절이 나온다.

혼혈인들의 일부가 신체적 장애를 겪고 지적 발달 부족이나 지능 결핍으로 신음하는 것은 이들 종족에게 고유한 특정 사회적 결함이 있어서가 아니라 이들이 못 먹어서 위가 비었기 때문이다. 이들은 충분한 음식을 섭취하지 못한 탓에 발육이 더디고 능력을 온전하게 발휘할 수 없다. 기계 자체가 불량이 아니라는 말이다. (…) 허나 이 기계는 일을 해도 효율이 떨어진다. 한 발작씩 내딛을 때마다 고통스러워한다. 그리고 다른 기계보다 일찍 멈춰 선다. (…) 그런데 이 모든 건 적절하고 충분한 양의 연료를 주입하지 않았기 때문이다.[4]

『노르데스테 관련 자료』는 그보다 앞서 1935년에 발표되었던 짧은 글 「섭생과 인종Alimentacao e raca」에서 개진했던 논리를 이어가면서 이를 한층 보강했다. 「섭생과 인종」에서 그는 당시 브라질 정치계와 지식인 사회에서 지배적이던 이론, 즉 아프리카 출신 브라질인, 인디언, 카보클로들은 게으르고 지능이 떨어지며 근면하지 못하다, 그렇기 때문에 이들은 영양실조에 걸릴 수밖에 없다, 곧 인종적인 특성 때문에 이들에게서는 영양실조가 자주 나타난다는 식의 편견을 뒤집는다.[5] 요컨대 브라질의 지도층을 구성하는 백인들은 인종에 대해 가졌던 편견 때문에 눈이 멀었던 것이다.

1937년은 바르가스가 쿠데타를 일으켜 독재 체제를 수립하면서 "새로운 국가Estado Novo"라는 기치를 내건 해다. 젊은 의사 조수에 데 카스트로가 추구하는 보편주의는 새로운 지도층이 선언한 파시스트적 지배 이데올로기, 인종차별주의와 정면으로 충돌할 수밖에 없었다. 그러나 1945년 추축국들의 패배와 더불어 바르가스와 그가 주장한 "새로운 국가"도 몰락의 길로 접어들었다.[6]

이 기간 내내 조수에 데 카스트로는 식량과 영양 문제에 관심을 보인 여러 나라의 초청을 받아 아르헨티나(1942), 미국(1943), 도미니카 공화국(1945), 멕시코(1945), 프랑스(1947) 등을 방문했다. 지역을 기반으로 하면서 동시에 이와 같은 글로벌한 경험 덕분에 오늘날 우리가 흔히 말하듯이 50여 권에 달하는 그의 학문적 저술[7]은 대번에 남달리 폭넓은 관점과 복합성, 시사성을 획득하게 되었다.

알랭 뷔에는 그의 탄생 100주년을 기념하여 자신의 스승이자 친구에게 경의를 표하는 자리에서 "카스트로 저작의 중심 되는 테마는 '돈이 있는 사람은 먹고 돈이 없는 사람은 먹지 못해 죽거나 불구자가 된다'는 말로 요약할 수 있다"[8]고 말했다.

『기아의 지리학』은 그의 가장 대표적인 저작 『기아의 지정학』의 출발점이 되었다. 저자는 서문에서 그가 브라질을 대상으로 진행했으며 1946년 『기아의 지리학』이라는 제목으로 발표한 연구의 방법론을 전 세계에 확대 적용해보자는 아이디어는 미국 출판사 리틀 브라운 앤 컴퍼니에서 나왔다고 설명한다. 『기아의 지정학』은 전후에 발표된 가장 중요한 학문적 업적 가운데 하나로 꼽을 수 있다. 이 책은 엄청난 성공을 거두었고 전 세계로 퍼져나갔다. 새로 창설된 세계식량농업기구가 이 책을 추천도서로 지정함에 따라 『기아의 지정학』은 26개 언어로 번역되었고 여러 쇄를 거듭해 찍음으로써 전 세계 시민들의 의식에 깊은 인상을 남겼다.

19세기에 유행하던 기술記述 위주의 인문학 전통을 충실하게 반영하는 『기아의 지리학』이라는 초기 제목이 『기아의 지정학』[9]으로 바뀌면서, 저자는 제일 첫째 장에서부터 기아 현상이 적어도 일부는 지리적 조건에 영향을 받는 것이 사실이나 그럼에도 기아는 다른 무엇보다도 정치 문제라고 강조한다. 기아가 집요하게 지속되는 것은 토양이나 지형이 아닌 인간의 습성 때문이라는 것이다. 내가 이 책의 부제를 기아의 지정학이라고 정한 것은 나 나름대로 조수아 데 카스트로에게 경의를 표하기 위함이었다. 그의 설명을 들어보자.

나치 방식의 변증법에 의해 변질되었다고는 해도 지정학이라는 단어가 지니는 학술적 의미는 여전히 유용하다. [⋯] 지리적 요인과 정치적 현상 사이에 존재하는 상관관계를 정립하고자 한다. 식량 관련 현상과 먹어야 한다는 비극적인 필연성만큼 밀도 높게 인간들의 정치적 행태에 영향을 끼치는 요인은 거의 없다.[10]

프랑스에서는 1952년 당시 정치경제와 교회의 사회노동을 화해시키기 위해 노력을 기울여온 기독교 운동이 주축이 된 레제디시옹 우브리에 출판사[11]가 경제와 인본주의 총서[12]를 발행하면서 『기아의 지정학』을 소개했다.

기아의 폐해를 자연스러운 것으로 받아들임으로써, 기아로 인한 대량 사망을 정당화하기 위한 방편으로 "필연의 법칙"을 내세움으로써, 맬서스는 자신과 당시 지배층의 의식을 양심의 가책에서 피신시킬 수 있다고 믿었다. 반면 카스트로는 끈질기게 지속되는 영양실조와 영양불량이 굶주린 자와 배부른 자의 구별 없이 사회 전체를 심각하게 동요시킨다는 사실을 일깨웠다.

"브라질 인구의 절반은 배가 고파서 잠을 이루지 못한다. 나머지 절반은 배고픈 사람들이 두려워 잠을 이루지 못한다"[13]고 카스트로는 말했다. 기아가 지속되는 한 평화로운 사회의 건설은 불가능하다. 주민의 상당수가 내일을 걱정해야 하는 나라에서는 억압이 사회적 평화를 보장해주는 유일한 수단이다. 라티푼디움이라는 제도는 폭력을 상징한다. 기아는 항시적이고 잠재적인 전쟁 상황을 야기한다.

카스트로는 "인위적"이라는 단어를 자주 사용했다. 영양실조와 영양불량은 "가공물"이라는 의미에서, 다시 말해서 경험적인 조건, 인간의 활동에 의해 만들어진 현상이라는 뜻에서 "인위적"이라고 주장했다. 기아의 가장 본질적인 원인으로는 식민지 개척, 토지의 독점, 단일작물 경작 등을 꼽을 수 있다. 이러한 원인들은 낮은 생산성과 수확의 불공정한 분배 등으로 이어진다.

카스트로는 후에 발표한 저작들에서 자신이 페르남부쿠에서 진행한 최초의 조사들 가운데 일부의 결과를 재해석하기도 했다. 가령 명저로 꼽히는 『기아 흑서黑書』[14]의 경우도 그 예에 해당된다. 그는 기아로 인하여 치아가 모두 빠져버린 여성들, 기생충 때문에 배만 볼록 튀어나온 어린이들, 초점 잃은 눈동자에 삶의 의지마저 몰수당한 페르남부쿠 지역 사탕수수 농장 노동자들에게 평생을 바쳤다.

"새로운 국가"가 종말을 고하면서 공공의 자유가 최소한이나마 보장되자 조수에 데 카스트로는 카피타네리아capitaneria[15], 즉 원주민에게서 강제로 토지를 몰수하고 브라질 농업생산의 대부분을 쥐락펴락하는 외국계 다국적기업들에 대항하는 정치 행동에 나섰다. 이들 외국계 다국적기업들이 생산하는 농작물들은 기아로 허덕이는 국내 사정에는 아랑곳없이 대부분이 수출용이었으며 땅덩어리가 좁은 유럽에 비해 가파른 성장세를 보였다. 1945년 이후 브라질은 주민의 상당수가 기아로 신음하고 있음에도 세계에서 농작물을 가장 많이 수출하는 나라 가운데 하나로 부상했다.

프란시스코 줄리앙, 미구엘 아라에스 데 알렌카르와 더불어 브라질 최초의 농민조합인 농민연맹을 조직한 카스트로는 제당계의 거물들에 맞서서 투쟁하고 농지개혁을 요구했으며, 사탕수수를 자르는 노동자들과 그들의 가족들에게 규칙적으로 적절하고 충분한 식량을 제공해줄 것을 주장했다.

카스트로와 그의 동지들에게는 위험한 나날의 연속이었다. 농장주들이 고용한 피스톨레루pistoleros, 즉 총잡이들, 심지어는 군인 경찰대[16]까지 지도 상 프란시스쿠나 카피바리베의 복잡한 협곡에서 매복하면서 호시탐탐 이들을 노렸다. 카스트로는 용케도 여러 번씩 그의 목숨을 노리는 괴한들의 손길을 벗어나 투쟁을 계속했다.

카스트로가 이들 조직을 인도하는 이론가이며 지식인이었다면 줄리앙은 조직 담당, 아라에스는 민중 지도자였다.[17] 1954년 카스트로는 브라질 노동당(사회민주주의 성향)의 연방 의원, 줄리앙은 페르남부쿠 주의회 의원, 아라에스는 주지사에 각각 선출되었다. 주민들은 아라에스에게 "희망의 주지사"라는 애칭을 붙여주었다.

국내 차원에서의 임무와 더불어 카스트로는 1946년 세계식량농업기구의 창설에 적극적으로 참여함으로써 국제적으로도 결정적인 역할을 수행했다. 그는 유엔총회로부터 세계식량농업기구의 창설을 준비하는 임무를 부여받은 소규모 전문가 집단의 일원으로 활약했으며 1947년에 제네바에서 열린 세계식량농업기구 회의에는 브라질 대표로 참석했다. 그는 같은 해 세계식량농업기구의 상설 자문위원회 위원이 되었고 1952년부터 1955년까지는 세계식량농업기구의 집행위원회 위원장직을 역임했다.[18]

민주화와 평화에 대한 열망으로 가득했던 이 기간 동안 조수에 데 카스트로는 각종 상을 수상하는 영예를 얻었다. 1954년 당시 헬싱키에 본부를 두고 있던 세계평화협의회는 그에게 국제평화상을 수여했다. 그날 핀란드는 매우 추웠다. 카스트로는 식이 거행되기 얼마 전에 목이 잠겨버렸다. 미구엘 아라에스가 그날을 회상했다. 카메라와 마이크가 도열하고 사회주의 유명 인사들과 핀란드 당국자들이 빼곡하게 식장을 메운 가운데, 카스트로는 갑자기 식장을 뒤흔들 정도로 심한 기침을 해대기 시작했다. 결국 단 한 마디의 말이 그의 소감을 대신했다. "인간의 첫째가는 권리는 기아로 고통 받지 않을 권리입니다." 어렵사리 이 말을 마친 그는 기진맥진해서 자리에 앉았다.[19]

카스트로는 한 번은 의학상 부문, 나머지 두 번은 평화상 부문, 이렇게 세 차례에 걸쳐서 노벨상 후보에 올랐다. 냉전이 한창이던 시기에 그는 워싱턴에서 미국 정치 아카데미가 수여하는 프랭클린 루스벨트상을 받았으며 모스크바에서 국제평화상을 받았다. 1957년에는 파리 시가 수여하는 그랑드 메다이도 받았다. 그에 앞서서 파스퇴르와 아인슈타인도 이 상을 받았다.

오랜 경험을 통해서 그는 독점적 시장 지배력을 가진 농가공식품업계의 대기업들이 각국 정부에 행사하는 지대한 영향력을 너무도 잘 알고 있었다. 그에게 각종 상과 훈장을 수여한다한들 각국 정부는 기아를 타파하기 위한 결정적 조치 따위는 결코 실행하지 않으리라는 사실도 누구보다 확실하게 내다보고 있었다. 따라서 카스트로는 시민사회에 모든 희망을 걸었다. 브라질 국내에서는 농민연맹과 브라질 노동당(PTB, Partido Trabalhista Brasileiro), 무농지 노동자들의 노동조합이 변화의 주역이 되어야 했다. 한편 그는 국제적 차원에서 1957년 세계기아투쟁협회(ASCOFAM)를 발족시켰다.

1950년부터 그는 쉬지 않고 세계를 돌아다녔다. 인도, 중국, 안데스 산맥과 카리브 해 연안에 자리한 국가들을 비롯하여 아프리카, 유럽 등의 정부나 대학, 노동조합 등 그를 원하는 곳이라면 어디든 달려갔다.

세계기아투쟁협회의 창립 회원은 누구인가? 창립 회원 명단엔 카스트로가 죽은 후 그의 뒤를 이어 기아와의 투쟁을 계속해온 인사들의 이름이 거의 모두 올라 있다. 피에르 신부, 조르주 페르 신부(훗날 노벨 평화상 수상), 르네 뒤몽, 티보르 망드, 루이-조제프 르브레 신부 등이 대표적인 인물들이다. 1960년 이들 세계기아투쟁협회 창립 회원들의 노력 덕분에 유엔총회는 범세계적 차원에서 기아와의 투쟁을 벌이기 위한 캠페인을 선포한다. 학교, 교회, 의회, 노동조합, 언론매체 등을 통한 정보 제공과 결집 운동은 특히 유럽에서 엄청난 반향을 일으켰다.

티보르 망드는 특히 중국과 인도에서 기아 퇴치를 위해 힘썼다. 그의 저작 중에서는 『폭풍우 앞의 인도』(1955), 『중국과 그의 그림자』(1960), 『개미와 물고기』(1979) 등이 널리 알려져 있다.[20]

르네 뒤몽의 기념비적 저작 가운데 몇몇은 카스트로 생전에 집필되었다. 카스트로가 그 책들에 직접적인 영감을 주었음은 두말할 필요도 없다. 『아프리카 농업 개발』(1965)[21], 『개발과 사회주의』(마르셀 마주아이예와 공저, 1969)[22], 『곤경에 처한 농민운동』(1972)[23] 등이 대표적이다.

피에르 신부로 말하자면 1949년에 세운 엠마오 운동을 통해 카스트로의 사상을 계승 발전시켜 나갔다.

도미니카 공화국의 사제 출신인 루이-조제프 르브레에 대해서는 특별한 언급이 필요하다. 세계기아투쟁협회 창립 회원들 중에서는 아마도 루이-조제프 르브레가 카스트로와 가장 가까운 사이였던 것으로 알려져 있다. 게다가 그는 카스트로의 선배였다. 카스트로의 초창기 저술을 프랑스에 소개한 장본인이기도 하다. 그는 1958년에 세워진 국제교육개발연구소(IRFED)로 그를 초청함으로써 누구보다도 먼저 카스트로에게 브라질을 벗어난 학문적 근거지를 제공했다. 뿐만 아니라 그가 주도하는 잡지

《개발과 문명Développement et Civilisation》은 카스트로에게 지면을 제공했다.

르브레는 교황 바오로 6세와 친분이 두터웠다. 제2차 바티칸 공의회에 전문가 자격으로 참가한 그는 「민족들의 발전Populorum progressio」이라는 제목이 붙은 교황의 회칙에서 기아 퇴치 문제가 비중 있게 다루어지도록 하는 데 성공했다. 죽기 1년 전 교황 특사 자격으로 제네바에 파견된 그는 그곳에서 열린 최초의 유엔무역개발회의 회합에서 교황을 대리했다. 르브레는 카스트로가 이끈 기아 퇴치 운동에 지지를 보내는 진보적 가톨릭 세력을 결집시키는 구심점이 되었다.[24]

오늘날 헤시피 주민의 40퍼센트 이상이 카피바리베 해안을 따라 늘어선 처참한 빈민가에 산다. 100만 명이 넘는 주민들이 분뇨 정화조나 하수시설, 상수도, 전기도 없으며 치안이라고는 전무한 그 지역에서 힘들게 살아가고 있다. 양철 조각이나 나무판자, 종이 상자 등을 얼기설기 엮어 만든 그 초라한 집 안에는 굶주린 들쥐들이 갓 태어난 아기들을 물어뜯는가 하면 심지어 죽이기도 한다.

헤시피 광역 지대는 인구 10만 명당 살인 사건 61.2건으로 브라질에서 가장 살인 사건이 빈번하게 일어나는 우범지대 목록에 올라 있다. 살인 사건 중에서도 어린이와 청소년이 살해당하는 비율이 전 세계에서 가장 높은 편에 속한다.[25] 버림받은 아이들은 수천 명에 이른다. 살인 중대가 제일 먼저 표적으로 삼는 대상이 바로 가족에게서 버림받아 거리에서 사는 이런 아이들이다.

나는 헤시피를 방문할 때마다 자주 밤이면 데메트리우스 데메트리오를 따라 나섰다. 그는 작은 예언자 공동체의 책임자다. 그가 이끄는 공동체는 돔 헬더 카마라가 가정이 파괴되어 길거리로 나앉은 어린아이들을 데려다 먹이고 치료해주기 위해 설립했다. 매일 수십 명의 소년 소녀들이 이 공동체를 찾는다. 내가 만난 아이들 중에는 세 살도 채 안 된 어린아이들도 더러 끼어 있었다. 이 아이들은 거리에서 마주치는 모든 위험과 모든 악습, 모든 종류의 폭력과 질병, 그리고 견디기 어려운 굶주림에 고스란히 노출되어 있다. 내가 만나보았던 아이들은 아마 모두 성인이 되기 전에 죽었을 것이다.[26]

일거리가 없는 어른이나 청소년들은 비스카테biscate로 몇 푼 안 되는 레알이나마 벌어보고자 대서양 해안을 따라 뻗어 있는 보아 비스타 대로변으로 모여든다. 관광객들을 위한 식당과 선술집들이 밀집해 있는 곳이다. 비스카테는 말하자면 지하 경제와 관련된 모든 종류의 경제 활동을 일컫는다. 아이스크림이나 음료수, 볶은 땅콩, 사탕수수에서 추출한 술인 카샤카, 파인애플 술의 일종인 아바카시 등을 파는 노점상, 자동차 감시원이나 세차원, 구두닦이 등이 모두 비스카테에 해당된다.

보아 비스타에서는 해가 질 무렵이면 나무 등걸에 달랑 돛 하나를 달고 먼 바다로 나갔던 전통적인 고기잡이배들이 부두로 들어온다. 트럭을 타고 온 생선장수들은 이들이 도착하기를 기다린다. 누더기를 걸치고 퀭한 눈을 한 아기 엄마들과 자식들은 가로등 불빛이 미치지 못하는 어둠 속에서 잠자코 기다린다. 생선장수 트럭이 떠나고 나면 이 가엾은 사람들은 그들이 버리고 간 찌꺼기에 달려든다. 생선 대가리, 아직 약간의 살점이 붙어 있는 가시 등 무엇이든 이들에게는 더할 수 없이 요긴하다. 생선 뼈가 이들의 입안에서 부러지는 소리가 들린다. 나는 가슴 한구석이 먹먹해 지는 것을 느끼며 이 같은 광경을 여러 차례 지켜보았다.

조수에 데 카스트로가 빈민가를 부지런히 돌아다니던 시절, 20만 명

가량의 주민이 카피바리베 주변 습지에 살았다. 시간이 지남에 따라 농촌을 떠나 도시로 온 이주자들이 물속에 초라한 말뚝을 박고 엉성한 집을 짓고 살게 되자 이제는 물길마저 점령당했다.

카스트로는 이들이 먹고사는 놀라운 방식을 관찰했다. 카피바리베는 해안을 달리는 산맥에서 발원하여 흘러내리는 긴 강이다. 겨울이면, 그러니까 7월과 8월 동안 내륙에서 폭풍우와 태풍이 몰아치게 되면 강물은 갈색 흙탕물이 되어 요동친다. 대부분의 경우 빈민가 주민들은 강물에 바로 용변을 보므로 물은 시궁창 버금가게 불결하다. 거의 흐르지 않고 고여 있는 이 거대한 늪지대 같은 강에 게들이 산다.

그가 쓴 『인간과 게』(1966)[27]라는 제목의 소설에서 카스트로는 "게의 순환"을 묘사했다. 제일 먼저 인간이 오두막집이나 늪지대에서 용변을 본다. 썩은 것을 먹고 사는 게들은 강바닥에 가라앉은 오물들은 물론 인간의 배설물에서도 양분을 취한다. 강가에 사는 사람들은 무릎까지 올라오는 진흙탕 속에서 개흙을 흔들어 게를 잡는다. 잡은 게를 먹고 소화시킨 인간은 다시 배설한다. 게들은 인간이 버린 것을 먹고, 인간은 그걸 먹고 자란 게를 잡아먹는다.

순환이란 원래 그런 것이다.

히틀러가 세운 기아 계획

조수에 데 카스트로가 맬서스에게 거둔 승리는 어쩌면 어느 정도 아돌프 히틀러 덕분이기도 하다. 『기아의 지정학』에서 가장 인상적인 대목 중의 하나에는 「유럽과 강제 수용소」라는 제목이 붙어 있다. 그 내용을 부분적으로 인용해보겠다.

나치라는 메뚜기들의 공격과 폭탄 세례로 황폐해지고 공포로 마비되었으며, 이른바 제5열의 활약으로 분열되고 행정 공백과 부패로 만신창이 된 유럽에서 기아는 손쉽게 뿌리내렸다. 유럽 주민 거의 전체는 마치 강제수용소에서처럼 기아가 일상화된 가운데 살았다.

조금 더 뒤에서는 이렇게도 말한다. "유럽 전역은 거대하고 암울한 강제수용소와 다를 바 없었다."[1]

「기아, 나치즘의 유산」이라는 제목의 다른 장에서 카스트로는 "독일은 유럽의 여러 나라를 침공할 때마다 그곳에서 조직적으로 기아를 확산시키는 정책을 실행에 옮겼다. [⋯] 이와 같은 정책은 독일제국이 우선적으로 식량을 확보한 다음, 독일의 정계와 군대가 정한 목표를 고려하여 얼마 남지 않은 처분 가용 식량을 유럽 주민들 전체에게 배분하기 위해 어느 수준까지 식량을 제한하느냐에 초점이 맞추어졌다"고 지적한다.

잘 알다시피 나치는 매우 엄격한 관료 체제의 지원을 받았다. 인종 차별과 병행하여 나치는 식량 정책에서도 매우 주도면밀한 차별 정책을 실시했다.

"잘 먹여야 할" 주민 집단. 이들은 독일의 전쟁을 지원하기 위해 보조적인 기능을 수행하는 주민들로 구성된다.

"불충분하게 먹여도 되는" 주민 집단. 점령국 주민들이 대개 이 집단에 속한다. 이들은 식량 징발로 인하여 성인 한 사람당 하루 최대 1,000칼로리를 넘지 않는 정도의 식량 배급으로 만족해야 했다.

"굶주리게 해야 할" 주민 집단. 이는 나치가 생존을 위해 필요한 최소한의 열량을 밑도는 식량만 제공함으로써 수를 줄이기로 결정한 집단을 모두 포함하는 부류다. 폴란드, 리투아니아, 우크라이나 등지의 유대인 거주 지역은 물론 루마니아의 집시 부락이나 발칸 지역이 여기에 해당되었다.

"기아를 통해 말살시켜야 할" 주민 집단. 몇몇 수용소에서는 이른바 "검은 다이어트"가 대량 살상의 수단으로 이용되었다.

아돌프 히틀러는 독일인의 인종적 우월성을 입증하는 일뿐만 아니라 유럽 주민들을 굶기는 범죄적 행위에도 그에 못지않은 정력을 쏟았다. 그가 세운 기아 전략은 독일의 식량 자급을 확보하며 독일제국의 법에 나머지 국민들을 복종시킨다는 두 가지 목표를 지향했다고 볼 수 있다.

히틀러에게는 영국이 제1차 세계대전 기간 동안 독일에 가한 식량 봉쇄 작전이 일종의 강박관념처럼 작용했다. 1933년 정권을 잡자마자 그는 식량을 확보하기 위한 전투를 담당하는 조직인 라이히스네르슈탄트Reichsnährstand를 만들었다. 그는 특별법을 제정하여 모든 농민들과 식품 제조업자들, 목축업자와 어부들, 곡물상인들을 그의 통제 하에 두었다.

히틀러는 전쟁을 원했다. 그는 엄청난 양의 식량을 비축해가면서 전쟁을 준비했다. 폴란드를 침공하기 몇 년 전부터 이미 증서를 만들어 독일 주민들을 대상으로 하는 배급 제도도 정착시켰다.

1933년부터 1939년까지 제3제국은 유고슬라비아, 그리스, 불가리아, 터키, 루마니아, 헝가리 등이 수출하는 농산물의 40퍼센트를 사들였다. 1933년 이전에 이 비율이 15퍼센트에 불과했음을 감안하면 엄청난 차이가 아닐 수 없다.

최초의 강도짓은 1937년에 일어났다. 9월 29일과 30일 양일간 뮌헨에서는 챔벌린과 달라디에, 베네슈, 히틀러 이렇게 네 명이 모여 회합을 가졌다. 이 모임에서 히틀러는 주민 대부분이 독일 출신이라는 이유를 들어 회합 참석자들을 협박함으로써 수데텐란트를 독일에 합병한다는 양보를 얻어냈다. 이렇게 서구 열강에서 버림받은 체코슬로바키아는 결국 히틀러의 처분만 기다리는 딱한 처지에 놓이고 말았다. 히틀러는 프라하 정부에 (정식으로 서명한 무역협정서를 통해) 75만 톤의 곡물을 팔라고 요구했으며 결국 돈은 한 푼도 지불하지 않았다!

전쟁을 선포한 후 히틀러는 점령국에서 체계적이고 조직적으로 식량을 탈취했다. 이렇게 해서 정복당한 국가는 식량을 모두 빼앗겼다. 곡물 저장고는 비었으며 각국의 농업, 목축업, 어업 등은 예외 없이 오직 제3제국만을 위해 봉사하는 모양새가 되고 말았다. 지난 7년 동안 라이히스네르슈탄트에서 축적한 경험이 유용하게 작용했다. 기차 수천 량과 수천 명의 농학자를 거느린 이 기관은 프랑스, 폴란드, 체코슬로바키아, 노르웨이, 네덜란드, 리투아니아 등의 식량 수급을 정기적으로 끊곤 했다.

로베르트 라이는 제3제국의 노동부 장관이었다. 라이히스네르슈탄트는 그의 관할이었다. 라이는 "열등한 인종은 독일 인종에 비해서 공간이나 의복, 식량 등이 덜 필요하다"[2]고 주장했다. 나치는 점령국 약탈을 "전시 징발"이라고 불렀다.

폴란드는 1939년 9월에 침공 당했다. 공격을 감행함과 거의 동시에 히틀러는 서부 곡창지대를 병합하였으며 이로써 이 지역은 라이히스네르슈탄트의 관리 하에 놓이게 되었다. 이 지역은 독일이 점령하여 바르테란트라는 이름[3]으로 합병한 폴란드의 여타 지역과는 별도로 통치를 받았다. 1939년 겨울 문턱에서 바르테란트의 농민들과 목축업자들은 새 주인에게 밀 48만 톤, 보리 5만 톤, 호밀 16만 톤, 귀리 10만 톤을 비롯하여 수천 두의 가축(암소, 돼지, 양, 염소, 닭 등)을 바쳐야 했다.

약탈은 사실상 폴란드 전역에서 이루어졌다. 이 약탈을 조직한 장본인은 함부르크 하층민 사회의 두목 격이었던 프랑크라는 자였다. 프랑크에 대해서는 쿠르지오 말라파르테가 『카푸트』[4]에서 생생하게 묘사하고 있다. 1940년 한 해에만도 그는 식민지가 된 폴란드에서 10만 톤의 밀과 1억 개의 계란, 버터 1,000만 킬로그램, 돼지 10만 마리를 빼돌렸다. 물론 제3제국으로 보내기 위해서였다. 이렇게 되니 당연히 바르테란트는 물론 폴란드 전역에 기아가 몰아쳤다.

기아 문제에 관해서라면 노르웨이와 네덜란드, 이렇게 두 나라의 선견지명이 특별히 빛을 발했다. 노르웨이는 나폴레옹 시대에 이미 대륙봉쇄령 때문에 끔찍한 기아를 경험한 적이 있다. 노르웨이는 세계 3위의 상선 함대를 가진 나라였다. 오슬로 정부는 전 세계를 상대로 식량을 사들였다. 최북단 피요르드 해안을 따라가면서 마련해둔 창고에는 수만 톤의 건어물, 쌀, 밀, 커피, 차, 설탕을 비롯하여 수십만 리터의 기름이 비축되어 있었다.

네덜란드도 마찬가지였다. 나치가 폴란드를 침공하자 헤이그 정부는 전 세계를 대상으로 긴급히 식량을 사들였다. 3,300만 마리의 닭을 비축했으며, 돼지 180만 마리를 보충함으로써 가축 보유량을 대폭 늘렸다.

성난 파도처럼 노르웨이와 네덜란드로 쳐들어갔을 때 군대와 함께 이동하던 라이히스네르슈탄트 소속 관리들은 자신들의 눈을 의심하지 않을 수 없었다. 이들은 예전 자료에 입각해서 약탈 계획을 세웠는데 현장에 나가보니 그보다 어마어마하게 많은 양의 식량이 비축되어 있었던 것이다. 뜻밖의 보물을 만나 신이 난 이들은 그 비축분을 모조리 훔쳐갔다.

나치는 1940년에 노르웨이를 침공했다. 그로부터 3년 후 노르웨이 출신 경제학자 엘제 마르그레테 로에드가 1차적인 집계를 제시했다.

> 독일인들은 메뚜기 떼처럼 이 나라에 내려앉아 눈에 보이는 모든 것을 먹어치웠다. 우리는 먹성 좋은 수십만 명의 독일인들을 먹여 살려야 했을 뿐 아니라 이들을 실어온 독일 군함들은 돌아갈 때에도 노르웨이가 생산한 식량들을 꽉꽉 채워 싣고 갔다. 이때부터 시장에서는 물건들이 하나둘씩 자취를 감추기 시작했다. 우선 계란이 사라지더니 고기며 밀가루, 커피, 우유, 초콜릿, 차, 생선 통조림, 과일, 채소 등이 차례로 그 뒤를 이었다. 그리고 마지막으로 치즈와 신선한 우유마저 독일인들의 뱃속으로 자취를 감춰버렸다.[5]

그 결과 네덜란드와 노르웨이에서는 수만 명이 기아 또는 기아로 인한 후유증으로 목숨을 잃었다. 수많은 어린아이들이 콰시오커, 빈혈, 결핵, 노마 등에 시달렸다.

사실상 점령국의 모든 주민들이 유사한 고통을 겪어야 했다. 여러 나라에서 동물성 단백질 결핍 현상이 현기증 날 정도로 급속하게 확산되었다. 점령자의 계산에 따르면 성인 한 사람당 하루에 필요한 단백질의 양은 나라별, 주민이 속한 집단별, 가울라이터Gauleiter(독일 나치 정권의 지역 정부 지도자—옮긴이)의 판정에 따라 다른데 대략 10~15그램 정도였다. 지방의 소비 또한 급격하게 감소했다. 벨기에에서는 성인 한 사람당 하루 30그램이던 것이 2.5그램까지 떨어졌다.

베를린에서 작성한 인종에 따른 서열표에서 슬라브족은 가장 하위에 속한다. 이들은 유대인과 집시, 흑인 바로 위에 위치한다. 따라서 동유럽에서는 식량 배급이 훨씬 가혹하게 진행되었다. 동유럽 점령국에서 성인의 하루 배급량은 급작스럽게 1,000칼로리 미만으로 떨어졌다. 참고로 현재 권장량은 2,200칼로리다. 그러고는 이내 강제 수용소에 갇힌 사람들과 같은 양의 식량을 배급받기에 이르렀다. 더구나 나눠주는 식량이라는 것도 썩은 감자와 변질된 빵이 거의 전부였다.

마리아 바비카는 1943년 폴란드의 상황을 외부로 유출하는 데 성공했다. 그녀가 빼낸 자료는 《미국영양협회저널》에 발표되었다. 바비카는 "폴란드인들은 개와 고양이, 들쥐를 잡아먹으며 시체의 가죽이나 나무껍질로 수프를 만들어 먹으며 연명한다"[6]고 알렸다. 1942년 겨울 동안 폴란드 성인의 평균 배급량은 하루 800칼로리 밑으로 떨어졌다. 기아로 인한 부종, 결핵, 정상적으로 작업을 수행할 수 있는 능력 결여, 빈혈로 인한 점진적인 가사 상태 등이 주민들을 괴롭혔다.[7]

기아를 통해 특정 국가의 국민 혹은 특정 집단에 속하는 주민들을 약화시키거나 아예 파괴시키려는 나치의 전략은 여러 형태로 나타났다. 예를 들어 하인리히 힘러는 기아를 이용하여 "살 가치가 없는" 일부 주민들을 과학적으로 무력화시키는 계획을 세웠다. 이른바 기아 계획 Hungerplan[8]이다.

이 계획의 실행을 책임진 집행자들은 유대인과 집시를 표적으로 삼았다. 이를 위해서는 가스실, 대량 처형, 기아 확산 등 어떤 수단을 동원해도 좋았다. 담장으로 완전히 격리되고 SS(Sohutzstaffel, 히틀러 친위대-옮긴이)가 친 금줄에 의해 '보호되며' 경우에 따라서는 수십만 명씩 밀집해서 살기도 하는, 발트 해에서 흑해에 이르는 지역에 마련된 유대인 거주 지역에서는 이렇게 해서 강제적으로 "검은 다이어트"가 실시되었으며 이 지역 주민의 상당수는 결국 기아로 목숨을 잃었다.[9]

튀링겐 주의 부헨발트 수용소를 방문했을 때의 기억이 떠오른다. 포로들의 숙소와 검역소, 처형실(SS가 손목에 수갑을 차고 의자에 앉아 있는 포로의 목덜미에 총을 쏘는 처형), 그리고 SS 병영, 두 개의 화장용 가마, 소환 포로 지정석이라고 불리던 자리(그날그날 선택된 포로들이 불려와 교수형에 처해지던 자리), 수용소 사령관과 그의 가족이 살던 벽돌 빌라, 높이 솟은 여러 개의 굴뚝, 주방, 공동묘지 등이 지극히 목가적으로 보이는 언덕 위에 앞서거니 뒤서거니 자리 잡고 있었다. 예전에 요한 볼프강 괴테가 1832년 숨을 거둘 때까지 살았던 계곡 안쪽의 자그마한 바이마르 시를 벗어나 너도밤나무 숲을 지나서 천천히 걸어 올라가는 언덕이었다.

오늘날엔 녹이 슬어 빛이 바랜 회색 철책을 밀고 들어가면 바로 큼지막한 터가 나온다. 웬만한 축구장만 하다. 이 공터 주위로는 높이 3미터 정도 되는 철조망이 세워져 있다. 안내를 맡은 동독 출신 젊은 독일 안내인은 지극히 중립적인 투로 설명한다. "관계당국(그는 분명 나치가 아니라 관계당국이라고 말했다)은 바로 이곳에서 포로들을 굶겨 죽였습니다. [...] 이 터는 1940년 폴란드 장교들이 도착하면서 처음으로 사용되었습니다."

폴란드 포로 수백 명이 이곳에 감금되었다. 많은 인원이 똑바로 서 있으려고만 해도 터가 비좁았으므로 이들은 밤이 되면 번갈아서 잠을 자야 했다. 포로들은 서로에게 부대껴 가며 밤이나 낮이나 두 다리로 버티고 서 있어야 했다. 이들에게는 아무런 음식도 제공되지 않았으며 두 개의 파이프를 통해 방울방울 떨어지는 약간의 소금물만 마실 수 있었다. 피신처나 덮개 등 변덕스러운 날씨로부터 몸을 보호할 수 있는 수단도 전혀 없었다. 11월에 부헨발트로 끌려온 이들에게는 입고 있던 외투만이 유일한 방패였다.

포로들의 머리 위로 눈발이 휘날렸다. 고통은 2~3주가량 계속되었다. 그런 다음 2차 폴란드 포로들이 이송되어 왔다. 용의주도한 SS는 철조망 주변에 기관총 진지를 설치해두었다. 그러므로 그 지옥에서 도망친다는 것은 애초부터 불가능했다.

역사학자 티모시 스나이더는 1991년 소련이 해체되자 동유럽 국가들의 문서보관소를 샅샅이 뒤졌다. 그는 나치가 기아라는 수단을 동원해서 파괴시키려한 소련 전쟁 포로들의 참상을 기술했다.[10]

나치는 잔인한 형리이면서 동시에 가혹한 경리이기도 했다. 각각의 수용소는 강제 노역, 가스실, 기아 등 어떤 수단을 동원하든 그때마다 수용소 일지를 반드시 기록해야 했다. 여러 권의 수용소 일지에서 SS는 자신들이 열광적으로 수행한 반복적인 잔혹 행위에 대해 아주 상세한 기록을 남기고 있다. 그들은 굶주림으로 죽어가던 젊은 소련군들이 인육을 허겁지겁 먹는 광경을 지켜보며 그것이 바로 슬라브족의 야만성을 보여주는 결정적이고 확실한 증거라고 주장한다.

기아를 통한 대량 살상이 자행되던 수용소들 가운데 한 곳에서 수천 명의 우크라이나, 러시아, 리투아니아, 폴란드 출신 포로들이 SS 사령관 앞으로 탄원서를 제출했다는 사실이 문헌 조사에서 밝혀졌다. 자신들을 총살시켜 달라는 내용의 탄원서였다.

전쟁이 지속되는 동안 내내 연합군 최고 사령부가 기아를 통해 일부 점령 지역 주민들을 통제하고 더 나아가 살상하려 한 나치의 이 같은 전략을 전혀 몰랐다는 사실 앞에서 나는 그저 기가 막힐 따름이다.

부헨발트에서 나를 가장 놀라게 한 건 다름 아닌 쭉 뻗어 있는 기찻길이었다. 잡초와 들꽃들로 뒤덮인 이 철길은 거의 목가적이라고 할 정도로 다정하고 온화한 튀링겐의 풍경 속에 녹아들고 있었다. 아니, 미국이나 영국 또는 프랑스의 그 어떤 폭격기도 이 철길을 폭파시킬 생각을 하지 않았다니! 포로들을 가득 실은 기차는 지극히 정상적으로 이 평온한 언덕 아래까지 달려왔다.

나의 몇몇 친구들은 아우슈비츠 수용소를 방문했다. 그들 역시 가슴에 나와 똑같은 분개심, 도저히 이해할 수 없는 무력감을 안고 돌아왔다. 1945년 초까지 하루가 멀다 하고 이 죽음의 공장에 포로들을 실어 나른 유일한 철로가 그곳에도 온전하게 뻗어 있었던 것이다.

1944년 가을 연합군은 먼저 네덜란드 남부에 해방을 안겨주었다. 그런 다음 동부로 전진한 연합군은 게슈타포의 만행이 여전한 네덜란드 북부, 특히 로테르담과 헤이그, 암스테르담 같은 대도시들을 그대로 지나쳐 바로 독일로 입성했다. 그곳에서는 레지스탕스 가담자들이 수천 명씩 연행되었다. 수많은 가정이 기아로 허덕였으며 국영 철도는 마비 상태였다. 겨울은 다가오는데 농촌에서 도시로 식량이 운반되지 못했다.

막스 노르트는 『겨울과 기아 속의 암스테르담』이라는 사진 전시회 도록에서 이렇게 말한다.

네덜란드의 서부 지역은 매서운 절망 속에서 신음했다. 물자는 턱없이 부족했다. 식량도 석탄도 없었다. 〔…〕 관을 짤 나무도 부족한데 교회당 안에는 시체가 여러 줄씩 쌓여만 갔다. 〔…〕 연합군은 우리를 돌보지 않고 독일로 바로 진군했다.[11]

스탈린 또한 제2차 세계대전 기간 동안 기아로 인명을 대량 살상한 원흉으로 손꼽힌다.

아담 호크쉴드는 혹한이 몰아친 1940년 2월 어느 날을 예로 든다. 그날 소련 비밀경찰은 139,794명의 폴란드인을 체포했다. 다음과 같은 교활한 방식으로 온 가족을 모두 체포한 것이었다. 폴란드 동부를 점령한 소련군은 포로로 잡힌 폴란드 병사들과 장교들에게 가족들 앞으로 편지를 쓰게 했다. 이렇게 해서 장병 가족들의 주소를 손에 넣을 수 있었다. 1940년 2월의 이날, NKVD(Narodnyy Komissariat Vnutrennikh Del 소비에트 연방의 비밀경찰-옮긴이)의 살인마들은 포로들의 아내와 아이들까지 모두 잡아갔다. 이들은 가축을 실어 나르는 짐칸에 태워져 시베리아로 끌려갔다. 수용소는 이미 초만원이었으므로 비밀경찰은 수천 가구를 "풀어주기"로 결정한 뒤 이들을 철로 변에 방치했다. 먹을 것도 덮을 것도 마실 것도 없었다. "소비에트 극동 지방 철도를 따라 태평양 연안에 이르기까지 굶어 죽어가는 인간들이 무리지어 떠돌았다"[12]고 호크쉴드는 증언한다.

암흑 속의 한줄기 빛, 유엔과 식량권

불행하게도 유럽에서 기아의 고행은 1945년 5월 8일 제3제국이 멸망했음에도 그와 더불어 즉각적으로 끝나지 않았다. 농업은 만신창이가 되었으며 경제는 파탄 지경에 이르렀고 각종 하부구조는 엉망으로 파괴되었다. 많은 나라에서 기아와 영양불량, 영양실조 또는 면역체계의 와해로 인한 질병이 만연했다.

조수에 데 카스트로는 이러한 현상에 대해 다음과 같은 진단을 내놓았다.

전후 세계에서 가장 큰 난제는 6년간의 갈등으로 갈기갈기 찢긴 유럽에 식량을 공급하는 일이었다. 다양한 요인들이 급격하게 식량 생산을 감소시켰으며 이들 요인들은 원상회복을 하는 데에도 심각한 장애가 되었다. 유럽에서 식량 생산 감소를 초래한 주요 원인들로는 우선 비료 부족으로 인한 토양의 생산성 저하, 경작 면적 감소, 상대적인 농업 노동력 부족, 농기구와 기계 부족 등을 꼽을 수 있다. 이 같은 요인들이 복합적으로 엉킨 나머지 농업생산은 전쟁 전에 비해 40퍼센트나 감소했다. 이러한 감소는 전쟁으로 인한 대규모 인명 손실에도 불구하고 같은 기간 유럽 대륙의 전체 인구가 증

가했음을 고려할 때, 유럽 식량 경제의 균형이라는 관점에서 매우 심각한 현상이 아닐 수 없었다.[1]

프랑스에 대한 카스트로의 평가를 들어보자.

프랑스의 경우가 아주 전형적인 예다. 전쟁, 점령, 해방으로 이어지는 과정은 식량 공급에 아주 불리한 환경을 조성했다. 그 때문에 프랑스는 해방을 맞이하고도 오랜 기간 기아로 고생해야 했으며 암시장의 활성화라는 수치스러운 관행으로 인한 출혈도 감내해야 했다. […] 정상적인 농업 활동이 재개되기까지는 뛰어넘어야 할 많은 장애가 있었다. 가령 한숨이 절로 나오는 토양 상태와 못 쓸 지경으로 버려진 농기구 등을 대표적인 장애로 꼽을 수 있다.[2]

가장 해결하기 어려우며 농업생산에 직접적인 영향을 끼치는 난제 가운데 하나가 비료 부족이었다. 프랑스의 경우 사용가능한 비료의 양이 1939년에 400만 톤이던 것이 1945년에는 25만 톤으로 급격하게 줄어들었다.

또 다른 난제는 농업에 종사하는 노동력 감소 문제였다. 10만 명이 넘는 프랑스 농부들이 1939년부터 1945년 사이에 농토를 포기했다. 농장이 황폐화되었기 때문이거나 점령군이 재정적으로 이들을 파산 상태로 몰아갔기 때문이었다. 전쟁 동안 40만 명의 프랑스 농부들이 포로가 되었고 사망자도 5만 명에 이른다. 그러니 농업 활동을 재개하는 데 고통이 수반될 수밖에 없었다.[3]

"생산량이 현저하게 감소한 반면 필요한 식량을 외부에서 구입하기 위해 필요한 재정적 여력은 절대적으로 결여된 상태였으므로, 프랑스는 전쟁이 끝나고도 여러 해 동안 식량 부족과 씨름해야 했다. 프랑스는 마셜플랜의 도움으로 비로소 서서히 경제적 질식 상태에서 벗어나기 시작했으며, 주민들의 식량 사정도 점차 견딜 만한 수준으로 향상되었다"[4]고 카스트로는 분석한다.

유럽인들은 나치 점령 치하라는 암울한 시기에 실제로 고통과 물자 부족, 영양실조, 기아 등을 겪은 만큼 카스트로의 분석을 별다른 이의 없이 수용할 수 있었다. 맬서스가 내세운 필연의 법칙 같은 이데올로기를 버린 유럽인들은 확신을 가지고 기아 퇴치 운동과 효율적으로 이 운동을 이끌어갈 수 있는 국제기구 창설에 발 벗고 나섰다.

조수에 데 카스트로라는 한 개인의 운명과 그가 기아 퇴치를 위해 벌인 투쟁은 유엔의 운명과 밀접하게 연결된다.

오늘날 유엔이라는 국제기구는 소극적이며 자신만의 색깔이 없는 한국 출신 사무총장이 이끄는 관료적인 공룡 조직이자 지구촌 주민들의 요구와 기대, 희망에 부응하지 못하는 덩치만 큰 조직에 지나지 않는다. 유엔은 더 이상 민중들에게 열정을 불러일으키지 못한다. 하지만 전쟁이 끝나면서 처음으로 유엔이 설립되던 시절엔 적어도 그렇지 않았다.

'국제연합'이라는 감격스러운 용어는 1941년에 처음으로 등장했다. 이는 기아와의 투쟁과 연관 있는 용어였다. 1941년 8월 14일 영국 수상 윈스턴 처칠과 미국 대통령 프랭클린 루스벨트는 대서양 연안의 테르 뇌브 인근을 항해 중이던 장갑함 USS-오거스타 호에서 만났다. 루스벨트가 먼저 이 같은 구상을 제안했다. 1941년 1월 6일에 그가 행한 "네 가지 자유에 관한 연설"에서 루스벨트 대통령은 표현의 자유, 신앙의 자유, 결핍으로부터의 자유, 공포로부터의 자유 이렇게 네 가지 자유의 실현을 추구한다고 공언했다.[5] 이 네 가지 자유는 대서양 헌장의 근간을 이룬다. 대서양 헌장의 4조와 6조를 보자.

> 그들은 [이 나라들은] 그들에게 부여된 의무를 존중하면서 규모가 크건 작건, 승전국이건 패전국이건, 모든 국가가 평등한 조건 하에서 세계시장과 경제적 번영을 위해 필요한 자원에 접근할 수 있도록 노력해야 한다. [⋯] 나치의 독재가 궁극적으로 무력화된 후 그들은 모든 나라가 각국의 국경 안에서 안전을 보장받는 가운데 발전을 도모하도록 해주며 모든 나라에서 국민들이 공포와 결핍으로부터 자유롭게 살 수 있도록 해주는 평화가 정착되기를 희망한다.

기아는 당시 점령당한 채 전쟁에 동원되어야 하는 영토에 거주하던 주민들을 괴롭혔다. 처칠과 루스벨트가 보기에 전쟁에서 승리를 확정짓는 대로 유엔이 기아를 뿌리 뽑기 위한 투쟁에 우선적으로 모든 힘과 노력을 경주해야 하리라는 건 너무도 자명했다.

USS-오거스타 호에 동승한 캐나다 출신 존 보이드 오어의 말을 들어보자.

> 추축국에 속한 대국들이 무력화되고 나면 유엔이 세계를 통제하게 될 것이다. 하지만 그 세계란 전쟁으로 폐허가 된 세계다. 많은 나라에서 정치, 경제, 사회 구조가 완전히 와해되었다. 전쟁의 피해를 가장 적게 입은 나라에서조차도 이러한 기반은 심각하게 훼손되었다. 따라서 두말할 필요도 없이 이 세계는 재건되어야 한다. [⋯] 이러한 임무는 나치에 의한 세계 지배

야욕 위험에 대면하여 단결했던 자유국가들이 단결을 유지하면서 보다 나은 새로운 세상을 건설하기 위해 협력하고자 노력할 때에만 제대로 수행될 수 있다.[6]

죽기 몇 달 전 프랭클린 루스벨트는 멋지게 USS-오거스타 호에서 정한 결정을 재확인시켰다.

우리는 진정한 개인적 자유란 경제적 안전과 독립 없이는 존재할 수 없음을 확실하게 깨달았다. 결핍에 시달리는 인간은 자유로울 수 없다. 배가 고프고 일거리가 없는 자들은 독재를 키우는 자양분이 된다.
오늘날 이러한 진실은 당연한 것으로 받아들여진다. 우리는 말하자면 두 번째 인권선언의 필요성을 시인하기에 이르렀다. 이 두 번째 인권선언이라는 토대 위에 계급이나 인종, 신앙과 상관없이 모든 인간을 위한 안전과 번영의 새로운 기초가 세워질 것이다.

조수에 데 카스트로와 그와 뜻을 같이하는 동지들이 이룩한 학문적 업적, 이들의 지칠 줄 모르는 헌신적 투쟁에서 비롯된 기아 퇴치를 위한 세계적 캠페인은 이와 같은 활력과 열망으로 지탱되었다.
그런데 이 멋진 구상에는 두 가지 태생적 한계가 있음을 지적해야 할 필요가 있다.
첫째, 당시 세계의 정치적 상황이다. 1940년대에 언급되던 유엔은 대체적으로 서구 중심적이며 백인 위주였다. 제2차 세계대전이 막을 내릴 즈음 지구의 3분의 2 정도는 식민 통치의 굴레에서 고통 받고 있었다. 오직 43개국만이 1945년 6월 샌프란시스코에서 개최된 유엔 창설 회의에 참가했다. 추축국을 상대로 1945년 5월 8일 이전에 전쟁을 선언한 나라만이 회의에 참가할 자격이 있었다. 1948년 12월 10일 인권선언을 채택한 파리 유엔총회에는 64개국이 참가했다.

두 번째 한계는 창립 당시부터 유엔이 안고 있는 모순에서 기인한다. 유엔의 정당성은 자유 의지에 따라 헌장이 정한 원칙을 수락하는 데에서 얻어진다. 그 수락이란 유엔 헌장 첫 머리에 표현되어 있다. "우리, 국제 연합의 국민들은…" 그런데 유엔이라는 조직 자체는 국민이 아닌 국가 단위의 조직이다. 집행기관은 (현재) 15개 회원국으로 이루어진 안전보장이사회이며 (현재) 193개국으로 구성된 총회는 유엔의 의회에 해당된다.

경제 사회 이사회가 전문기관들(세계식량농업기구, 세계보건기구, 국제노동기구, 세계기후기구 등)을 감독한다. 이 이사회는 각국의 대사들, 곧 각국 대표들로 구성된다. 회원국들이 인권선언을 제대로 준수하는지 감시 감독할 임무를 지닌 인권위원회는 47개국 대표로 구성된다.

그런데 잘 알다시피 도덕적 신념이나 열정, 정의감, 연대감 등은 국가의 전유물이 아니다. 국가를 움직이는 으뜸가는 동인은 국가의 실존이다. 이러한 한계는 오늘날에도 지속적으로 영향력을 행사한다.

그렇다고는 해도 전후 서구의 집단정신이 깨어나 기아라는 금기를 깼다는 사실은 대단히 고무적이다. 기아로 고통 받았던 국민들은 더 이상 운명이라는 속설 내지는 억견臆見을 믿지 않는다. 기아는 점령자가 피점령자들을 유린하고 파괴하기 위해 사용한 무기이자 수단이었음을 이들은 잘 알고 있다. 따라서 이들은 이제 기아라는 재앙을 타도하기 위해 결연한 태도로 조수에 데 카스트로와 그의 동지들의 뒤를 따른다.

처치 곤란한 관, 조수에 데 카스트로 그 이후

1961년 브라질에서는 노동당 후보 주앙 골라르트가 공화국 대통령에 당선되었다. 그는 당선 직후부터 일련의 개혁을 추진했으며 특히 농지개혁에 역점을 두었다. 그는 조수에 데 카스트로를 제네바에 자리 잡은 유엔 유럽 대표부의 대사로 임명했다.

나는 그곳에서 카스트로라는 인물과 알게 되었다. 첫인상으로 본 그는 눈에 띄지는 않지만 세심한 부분까지 신경 쓴 우아한 옷차림까지 모든 면에서 페르남부쿠 지방 출신 부르주아의 특징을 고스란히 간직하고 있었다. 가느다란 안경테 너머로 신랄한 미소가 언뜻언뜻 감지되었다. 부드러운 음성의 소유자로 누구보다도 마음이 따뜻했지만 늘 자제했으며, 매우 호의적이면서 도덕적으로 눈에 띄게 반듯한 인물이었다.

카스트로는 맡은 일에 대해서는 효율적이고 양심적인 책임자였지만 외교적인 사교 활동은 그다지 좋아하지 않았다. 그의 두 딸 안나 마리아와 소니아, 그리고 아들 조수에는 제네바의 공립학교에 다녔다.

어쩌면 제네바 주재 대사로 임명된 덕분에 그는 목숨을 구했을 수도 있다. 실제로 1964년 4월 9일 브라질 군부의 카스텔로 브랑코 장군은 미국 펜타곤의 사주를 받아 브라질 민주주의를 짓밟아버렸다. 쿠데타 주동자들이 작성한 "조국의 적" 명단의 첫머리엔 주앙 골라르트, 레오넬 브리졸라[1], 프란시스코 줄리앙, 미구엘 아라에스, 그리고 조수에 데 카스트로 등의 이름이 올라 있었던 것이다.

1964년 4월 10일 새벽 낙하산 부대원들이 헤시피 정부청사를 장악했다. 미구엘 아라에스는 벌써 근무 중이었다. 그는 납치되어 종적을 감추었다. 하지만 대대적인 국제적 연대의 물결에 떠밀려 쿠데타 주동 세력은 그를 석방하지 않을 수 없었다. 카스트로, 줄리앙과 마찬가지로 아라에스 역시 라틴 아메리카 전역에서 기아와의 투쟁을 상징하는 인물로 추앙받는다.

어쨌거나 아라에스는 그 후 10년 동안, 처음엔 프랑스에서 그 후엔 알제리에서 망명 생활을 했다. 나는 그를 1987년에 다시 만났다. 브라질에서 독재 정권이 종식되자 그는 곧 페르남부쿠 주의 주지사로 다시 선출되었다. 그는 20년 전 타의에 의해 중단할 수밖에 없었던 일을 다시 손에 잡았다. 알아듣기조차 힘든 걸걸한 목소리로 그가 나한테 이렇게 말했다. "예전 문제들을 고스란히 되찾았는데 말일세, 그 사이 문제들이 10배쯤 불어났더군."

프란시스코 줄리앙은 쿠데타가 일어난 바로 그날 새벽부터 잠행에 들어갔다. 그러나 시민의 고발로 페르남부쿠 주와 바이아 주 경계 부근의 페트롤리나에서 체포되었다. 모진 고문을 당하고 살아남은 그는 석방되었으나 망명지인 멕시코에서 사망했다.[2]

1964년부터 1985년까지 브라질에서는 야만적이고 냉소적이지만 무섭게 효율적이었던 군부독재가 계속되었다. 연이어 권력을 장악한 군 장성들은 하나같이 피에 굶주린 듯 숙청을 단행하는 어리석음으로 뛰어나고 반항적인 기질이 다분한 브라질 민족을 통치했다.

리우 데 자네이루에서 공군의 비밀 조직에 속한 고문 담당자들은 도시 한가운데에 위치한 산토스 뒤몽 공군 기지 창고에서 맹활약했다. 해군 측 비밀 조직은 그들대로 대학생들과 교수들, 노동조합원들을 납치해서 퀸스 광장과 칸디도 멘데스 대학에서 불과 몇백 미터밖에 떨어지지 않은 곳에 세워진 거대한 9층짜리 백색 건물인 해군 사령부 지하실에서 혹독한 고문을 가했다.

밤마다 의심스러운 인물의 명단을 소지한 군 소속 특공대가 민간인 복장으로 플라멩고, 보타포고, 코파카바나 등의 지역은 물론 노동자들의 거주지와 말뚝 위에 세워진 빈민가가 끝도 없이 이어지는 조나 노르테 지역을 샅샅이 뒤지고 다녔다.

하지만 아마존 강 하구부터 우루과이 국경으로 이어지는 지대에서는 저항이 활발했다. 농민연맹, 농업 제조업 노동자 조합, 좌파 정당과 시민 단체들은 비밀 조직이나 독재 유지용 특공대들에게 섬멸되었다. 오로지 VAR-팔마레스처럼 농촌 지역을 중심으로 활동하던 몇몇 무장 저항 세력만이 은밀하게 투쟁을 계속했다. 현재 브라질 대통령인 지우마 호세프[3]도 VAR-팔마레스 출신이다.

14개국이 조수에 데 카스트로의 망명을 받아주겠다고 나섰으며 그는 프랑스를 택했다.

그는 생 드니에 자리 잡고 있으며 오늘날 파리 8대학이라고 불리는 파리 뱅센 실험대학의 창립자 가운데 한 명으로 기억된다. 그곳에서 그는 1969년부터 학생들을 가르쳤다. 망명 생활 중에도 조수에 데 카스트로는 국제적 차원에서의 활동을 게을리하지 않았다. 브라질리아에서 무소불위의 정권을 휘두르는 장군들의 반대에도 불구하고 그에게 유엔의 연단은 늘 열려 있었다.

1972년 카스트로는 스톡홀름에서 열린 제1회 생태계에 관한 세계

총회 개막식에서 연설을 한다. 가족 단위의 식량 생산 농업, 오로지 주민의 필요에 부응하는 농사를 지지하는 그의 주장은 최종 결의안 작성이나 유엔 사상 최초로 결성된 환경을 주제로 하는 만남이 앞으로 추구해야 할 행동 지침 구상에 지대한 영향을 끼쳤다.

조수에 데 카스트로는 1973년 9월 24일 예순세 살의 나이로 파리 아파트에서 눈을 감았다. 심장마비였다.

영결식은 마들렌 성당에서 진행되었다. 그의 자녀들은 아버지의 유해가 조국으로 돌아갈 수 있도록 브라질 당국과 힘겨운 협상을 벌여야 했다. 마침내 그의 유해를 실은 비행기가 헤시피의 구아라라페스 공항에 착륙하자 어마어마한 인파가 그를 맞이했다. 하지만 그의 유해를 보관한 관 주변으로의 접근은 철저하게 금지되었다. 수천 명의 시위 진압 경찰, 낙하산 부대, 병사들이 관 주변을 에워쌌다. 고인이 브라질 국민들의 마음속에 어떤 존재였는지는 독재 정부 당국이 마치 흑사병이라도 되는 것처럼 그의 관을 두려워했다는 사실 하나만으로도 여실히 드러난다.

조수에 데 카스트로는 리우 데 자네이루의 상 주앙 바티스타 묘지에 안장되었다.

앙드레 브르통은 "모든 정황으로 미루어 삶과 죽음, 실재적인 것과 상상의 것, 과거와 미래, 소통 가능한 것과 소통 불가능한 것이 서로 대립하는 모순처럼 보이지 않는 정신의 한 지점이 반드시 존재한다고 믿게 된다"고 말했다.

조수에 데 카스트로의 삶은 그의 가설이 옳았음을 우리에게 확인시켜준다. 그는 가톨릭 신자 집안에서 태어났지만 미사에는 참석하지 않았다. 하지만 신앙심마저 저버리지는 않았다. 그는 교리를 넘어서는 것을

의식의 각성 143

믿었다.

조수에 데 카스트로와 『주인과 노예Casa-Grande e Senzala』[4]의 저자로 헤시피의 카사 아마렐라[5]에 살던 질베르토 프레이레는 소나기처럼 변덕스러운 가운데에서도 서로에 대한 존중만은 변함없는 독특한 관계를 유지했다. 보수적인 편이었던 질베르토 프레이레는 1968년 성탄절을 기해 브라질에 마지막 남은 민주주의적 자유마저 결정적으로 폐기 처분해버린 제도적 행위 제5조가 선포되기 전까지는 군부독재에 우호적인 태도를 보였다.

프레이레는 헤시피의 코크 지역 테레이루 데 시외 안토니오에서 움반다umbanda 전통을 이어가는 집들의 가장 명망 높은 보호자였다. 움반다는 일종의 혼합종교 의식이다. 움반다는 이를테면 나고-요루바 식 칸돔블레candomblé 신앙으로부터 이어받은 신화와 의식, 행렬 전통 등을 카르덱[6]에게서 영감을 받은 강신술 전통에 접목시킨 것이다.

열정을 간직한 사회학자로서 카스트로는 사회학자의 임무는 "인간이 인간으로 존재하는 모든 방식을 편견 없이 탐구하는 것"이라는 로제 바스티드의 주장에 전적으로 동의했다. 그런데 아프리카에서 건너와 노예제도 속에서 명맥을 이어가던 움반다나 칸돔블레 같은 종교 의식들은 인종차별이 몸에 밴 브라질 백인 지도층에 의해 완전히 무시되어왔다. 카스트로는 민간신앙과 그 신앙을 통해 전해 내려오는 우주생성론에 지대한 관심을 기울였다. 그는 프레이레의 안내를 받으며 코크 지역을 열심히 돌아다녔다.

나는 1970년대 초 로제 바스티드 덕분에 코크 지역을 처음으로 알게 되었다.[7] 지상의 모든 냄새를 품고 한없이 부풀어 오르는 것 같은 열대의 밤이었다. 멀리서 마치 하늘에서 천둥이 둔탁하게 울리는 것 같은 북소리가 들려왔다. 우리는 조명이라고는 찾아볼 수 없는 어둠 속에서 요동치는 거대한 코크 지역의 좁은 골목길들을 오래도록 걸었다.

경비원이 바스티드를 알아보았다. 그는 안토니오를 불렀다. 바스티드가 뭐라 뭐라 하자 나에게도 입장이 허용되었다.

제단 앞에서는 흰 옷을 차려입은 흑인 여인들과 소녀들이 끝없이 빙빙 돌고 있었다. 이들은 황홀경에 들어갈 때까지 이렇게 미친 듯이 돈다. 청중들이 모두 침묵하는 가운데 샹고(아프리카에서 들여온 원시종교 의식에서 부르고 연주하는 일종의 무곡 또는 기도 음악-옮긴이) 소리가 들렸다.

움반다의 세계는 신비와 희한한 우연, 동시에 일어나는 일들로 점철되어 있다. 혹시 그것이 후에 일어나게 될 일의 전조였을까?

2009년 1월 17일과 18일 양일간 파리 8대학은 개교 40주년을 축하하는 행사를 개최했다. 장담컨대 생 드니에 자리 잡은 뱅센 대학은 프랑스 대학 가운데 소르본에 이어 세계에 가장 널리 알려진 대학일 것이다. 남반구 지역 국가들에서는 가장 명망 높은 대학으로 인정받기도 한다. 이 대학의 파스칼 뱅자크 총장이 말했듯이 "세계의 대학"이다.

1968년 5월혁명 이후 학생운동이 보여준 개방정신과 급진적인 비판 정신을 기리는 상징으로 문을 연 파리 8대학은 개교 이후 2천 명 이상의 연구자들에게 박사 학위를 수여했는데, 이 중 절반은 라틴 아메리카, 아프리카, 아시아에서 온 인재들이 받았다.

현재 볼리비아의 부통령인 알바로 가르시아 리네라, 브라질 대통령 대외 정책 자문인 마르코 아우렐리오 가르시아, 브라질의 전 대통령 페르난두 엔히키 카르도주와 그의 부인 루스 카르도주 등은 모두 파리 8대학에서 수학했거나 교편을 잡았다.

파리 8대학은 조수에 데 카스트로를 주제로 하는 국제 학술대회를 개최하는 것으로 개교 40주년을 자축했다. 마침 카스트로 탄생 100주년이 되는 해이기도 했다. 나는 이 행사에 연사로 초청 받았고 같은 날, 알랭 뷔에와 그의 동료 프랑수아즈 플레의 추천으로 명예박사 학위도 받았다.

마지막으로 한 마디만 덧붙이겠다. 1980년대 초 카스트로가 쓴 『기아의 지리학』을 프랑스에서 재출간한 사람은 당시 쇠이유 출판사의 젊은 편집자였던 올리비에 베투르네였다. 그런데 오늘날 쇠이유 출판사의 회장이 된 바로 그 올리비에 베투르네가 나의 이번 책 기획 아이디어를 냈다. 전투 의지를 다시 불붙여야 할 필요가 있지 않겠느냐고, 그가 제안했다.

3.
식량권의 적

신자유주의를 수호하는 십자군 원정대

미국과 미국이 용병처럼 부리는 국제기구들(세계무역기구, 국제통화기금, 세계은행)에 있어 식량권이란 한낱 황당한 판단 착오에 불과하다. 그들에게 인간의 권리란 시민권과 정치권으로 압축된다.

세계무역기구와 국제통화기금, 세계은행, 미국 정부와 전통적인 미국 우방국들 뒤로는 물론 기라성 같은 거대 다국적기업들이 줄줄이 버티고 있다. 식량 생산과 무역이라는 광범위한 분야에서 점점 커지는 이들 거대 다국적기업들의 지배력은 식량권 행사에 직격탄이 되고 있다.

오늘날 농가공식품 분야에서는 세계 200위까지의 기업들이 전 세계 생산량의 4분의 1을 좌지우지하고 있다. 이들 기업들은 천문학적인 액수의 이익을 거두어들임으로써 이들이 진출한 대부분의 국가들보다 훨씬 막강한 자금을 보유하고 있는 실정이다.[1] 이들은 식량과 관련하여 생산에서부터 가공과 상품화, 소매 유통에 이르기까지 전 과정에서 사실상의 독점력을 행사하고 있다. 이는 농민들과 소비자들의 선택을 제한하는 결과를 초래한다.

이제는 고전의 반열에 오른 댄 모건의 『곡물상인Merchants of Grain』이 출간된 이후 미국 언론은 농가공 분야의 주요 거대 다국적기업들을 지칭하는 용어로 '곡물상인'이라는 표현을 자주 사용한다.[2] 하지만 이는 정확한 표현이라고 할 수 없다. 농가공 거래의 거인들은 식품의 가격과 거래만을 결정하는 것이 아니라 종자, 비료, 살충제, 저장, 운송 등의 분야까지도 장악했기 때문이다.

고작 10개의 기업(아벤티스, 몬산토, 파이오니어, 신젠타 등)이 종자 시장의 3분의 1을 장악하였으며 이들의 1년 매출 총액은 230억 달러에 이른다. 살충제 시장의 경우 시장점유율 8퍼센트에 매출액이 280억 달러에 달한다는 사실을 상기해보라.[3] 한편 카길을 포함한 다른 10개의 기업이 세계 30위권에 드는 소매업자들의 판매량의 57퍼센트를 장악하고 있으며 이는 세계 100위 식음료 부문 생산업자들의 매출총액 37퍼센트에 해당한다.[4] 비료 부문에서는 6개 기업(바이엘, 신젠타, 바스프, 카길, 뒤퐁, 몬산토)의 시장점유율이 77퍼센트에 달한다.

농가공업 및 농산품 판매와 관련한 일부 부문에서는 농업생산품의 80퍼센트 이상이 몇몇 독과점 기업에 의해 장악되고 있다. 데니스 호먼이 지적했듯이 "6개 기업이 전 세계 곡물 거래의 85퍼센트를 담당하고 있으며 8개 기업이 전 세계 커피 판매량의 60퍼센트를 차지한다. 3개 기업이 카카오 판매의 80퍼센트 이상을 차지하며 바나나 무역의 80퍼센트 이상이 3개 기업에 의해 좌지우지되고 있다."[5]

이들 극소수의 제왕 기업들은 운송과 보험, 식품 유통까지도 담당한다. 농업 관련 원료 거래소에서 트레이더들은 말하자면 주요 식품의 가격을 결정한다.

도안 부이의 말을 들어보자.

종자에서 비료, 창고 저장에서 가공, 최종 유통에 이르기까지 (…) 이들 독점적 위치의 기업들은 보스의 대규모 농장주나 편잡의 영세농 등 지구상의 수백만 농민들을 마음대로 주무른다. 요컨대 이 기업들은 세계의 먹을거리를 저들 마음대로 제어할 수 있다.[6]

지금으로부터 약 50년 전에 발표된 선구자적 저서 『현대의 상품인 선물거래Modern Commodity, Futures Trading』[7]에서 제럴드 골드는 검토의 대상이 되는 활동 영역별로 "카르텔" 또는 "독점"이라는 표현을 사용했다. 오늘날 유엔은 극소수(그리스어로 oligo)의 공급자(판매자)가 매우 많은 수의 수요자(구매자)들을 상대하는 이러한 시장을 가리키는 데 소수 독점이라는 용어를 사용한다.

농가공업계의 문어발 기업체들에 대하여 주앙 페드로는 이렇게 말한다. "그들은 식품을 생산하는 것이 아니라 돈을 벌기 위해 상품을 생산하는 것을 목표로 한다."[8]

여러 개의 계열사를 거느린 카길의 사례를 좀 더 상세하게 들여다보자. 카길은 66개국에 진출했으며 전 세계 1,100개의 지사를 통해서 13만 1천 명의 직원을 고용하고 있다. 2007년 카길의 총 매출은 880억 달러였으며, 이 중 순이익은 24억 달러였다. 전년도에 비해 55퍼센트 증가한 성과였다. 전 세계가 식량 위기를 겪었던 2008년의 경우 카길은 1,200억 달러의 매출에 36억 달러의 순이익을 기록했다.[9]

1865년 미니애폴리스에서 문을 연 카길은 오늘날 세계에서 가장 강력한 곡물업자로 우뚝 섰다. 저장고만 해도 수천 개이며, 수천 개의 항만용 설비와 이 설비들을 연결해주는 선단까지 보유하고 있다. 카길은 채유식물, 옥수수, 밀의 처리와 가공 분야에서는 단연 세계 최고다.

카길은 전 세계의 비정부단체, 특히 미국에 적을 둔 단체들이 가장 주시하는 기업이기도 하다. 나는 여러 개의 비정부단체들 중에서도 푸드 앤 워터 워치Food and Water Watch가 진행한 조사 보고서 「카길, 식품과 농민에 가해지는 위협」을 인용할까 한다.

카길은 특히 모자이크라는 자회사 덕분에 세계에서 가장 강력한 무기비료 생산자의 위치를 차지한다. 2009년 이 회사는 거의 독점적인 지위를 이용하여 눈에 띄게 비료 가격을 올렸다. 가령 니트로글리세린을 주성분으로 하는 비료는 34퍼센트 인상되었으며 인산과 칼륨 비료의 가격은 무려 두 배로 뛰었다.

2007년(입수 가능한 가장 최근 자료)에 카길은 세계 2위 육류업자, 세계 2위 집약적 소 목축업자[10], 세계 2위 돈육업자, 세계 3위 칠면조 고기 생산업자, 세계 2위 사료 생산업자였다.

브라질에서 미국을 지나 캐나다에 이르는 광대한 지역에 카길은 무수히 많은 도축장을 보유하고 있다. 이 부문에만 세 개의 기업을 세워 미국 도축장의 80퍼센트를 장악하고 있다.

육류 가공 처리에 관한 푸드 앤 워터 워치의 평가를 들어보자.

이 분야에 관한 카길의 기업 활동 중 의심스럽다고 여겨지는 관행으로 육류 포장 과정에 일산화탄소를 주입하는 문제가 거론된다. 이렇게 할 경우 유효 소비 기간이 경과한 후에도 육류의 붉은 빛깔이 유지되기 때문이다. 일산화탄소 주입으로 이른바 E.콜리 세균 번식이 방지(그러나 일산화탄소의 사용이 이 세균의 번식을 억제한다는 사실은 어디에서도 과학적으로 입증되지 않았다)된다는 것이다. 이는 소비자를 기만하는 행위다. 소비자는 육안으로 보아 고기가 신선한지 아닌지 판단할 수 없게 되기 때문이다.

같은 조사에서 카길은 심한 논란이 있음에도 세균을 죽이기 위해 식품에 방사선을 쬔다는 점도 지적되었다. 전문가들은 식품의 방사선 처리가 인간의 건강에 중대한 위협이 될 수 있다고 말한다.

푸드 앤 워터 워치는 "2006년 1월부터 2008년 6월까지 쌀 가격은 세 배가 되었으며 옥수수와 콩 값은 150퍼센트 이상 뛰었고 밀 가격은 두 배가 되었다"고 지적했다.

항만 시설과 전 세계에 건설한 수많은 사일로들 덕분에 카길은 어마어마한 양의 옥수수, 밀, 콩, 쌀 등을 저장해두고서 값이 올라가기를 기다릴 수 있다. 역으로 카길은 상선과 화물기 등을 이용하여 기록적으로 짧은 시간에 상품들을 처분할 수도 있다.

카길은 전 세계에서 가장 막강한 면화업자 가운데 하나이기도 하다. 주로 중앙아시아, 특히 우즈베키스탄 면화를 취급한다. 카길의 영국 지사에서는 타슈켄트에 구매 담당 사무실을 두고 있으며 이곳에서는 해마다 약 5천만~6천만 달러어치의 우즈베키스탄 면화를 사들인다. 그런데 워싱턴의 미국 국무성은 그곳에서 어린이들의 노동이 자행되고 있다고 비난했다.(2008년 인권보고서) 2007년에 25만 명의 어린이들이 우즈베키스탄의 목화밭에서 강제 노동에 시달렸다는 것이다.[11]

게다가 카길은 '금융 서비스와 상품 거래 자회사'라는 조직을 운영한다. 이 조직은 주요 농업 관련 원자재 거래소에서 활동하고 있다. 이렇듯 카길은 다른 소수 독점 기업들과 마찬가지로 특정 시점에 식품 가격의 폭등을 야기하는 데 결정적인 역할을 할 수 있다.

댄 모건은 다음과 같은 예를 든다.

원양에서 항해 중인 선박들은 최종 목적지에 도착해서 싣고 있던 상품을 하역할 때까지 스무 번, 아니 서른 번도 넘게 주인이 바뀐다. [...] 가령 카길이 트라닥스에 물품을 판매하면 트라닥스는 독일 상인에게 그 물품을 다시 팔아넘기고 그 독일 상인은 이탈리아 투기자에게, 그는 또 다른 이탈리아인에게 팔고……. 이런 식으로 몇 번 손이 바뀌고 난 다음에 최종적으로 콘티넨탈에 건네진다.[12]

이 같은 국제 거래 분야의 큰손들의 위력 가운데 하나는 이들이 보유한 시장에 대한 수직적 통제력이다.

카길의 대변인인 짐 프로코판코는 "닭고기 관련 사업"을 예로 들면서 식품 산업에 대한 완벽한 관리 체제를 설명했다.[13] 카길은 플로리다의 탐파에서 인산비료를 생산한다. 이 비료로 카길은 미국과 아르헨티나에 있는 콩 농장의 토양을 비옥하게 만든다. 이렇게 해서 비옥해진 땅에서 생산된 콩은 카길 공장에서 분말로 만들어진다. 이윽고 콩가루는 카길 소유의 선박에 실려 태국으로 운반되며 그곳에서 카길 소유 양계장에서 자라나는 닭들의 사료가 된다. 카길 사료를 먹고 알맞게 자란 닭들은 거의 완전히 자동화된 카길 도축장으로 보내진다. 카길은 도축된 닭을 포장한다. 카길 선단이 이것들을 일본, 아메리카, 유럽 등지로 운반한다. 배에서 내려진 닭고기는 카길 트럭에 실려 슈퍼마켓 등지로 배달된다. 상당수의 슈퍼마켓이 맥밀란과 (또는) 카길 그룹에 속한다. 이들은 다국적 독점 기업의 대주주(지분의 85퍼센트)들이다.

소수 독점 기업들은 글로벌 시장 수준에서는 자신들에게 유리하게, 다시 말해서 가장 비싸게 식품 가격이 책정되도록 모든 수단을 동원한다! 한편 현지 시장 장악이 관건일 때에는, 그러니까 경쟁자들을 제거하기 위해서라면 이들 곡물계의 큰손들은 덤핑도 마다하지 않는다. 카메룬 원주민들의 가금류 사육이 완전히 파산한 것이 그 좋은 예에 해당된다. 값이 싼 외국 닭이 대량으로 수입되어 들어오면서 닭을 키우고 계란을 팔던 수천의 양계 가구들이 빈곤의 나락으로 떨어졌다. 지역 양계업자들이 모두 파산 지경에 이르자 큰손들은 기다렸다는 듯이 가격을 올렸다.

농가공업계의 거대 다국적기업들이 국제기구들이나 서양 각국 정부의 전략에 끼치는 영향력은 한 마디로 결정적이다. 이러한 기업들은 식량권에 대해서는 단호하게 적대적인 입장을 취한다.

이들의 논리는 다음과 같다. 사실 기아는 더할 나위 없이 끔찍한 비극임에 틀림없다. 기아는 세계 농업의 불충분한 생산성에서 기인한다. 사용가능한 재화가 수요를 충분히 만족시키지 못한다는 말이다. 따라서 기아에 맞서기 위해서는 생산성을 높여야 한다. 그런데 생산성 향상이라는 목적을 달성하기 위해서는 두 가지 조건이 충족되어야 한다. 첫째, 농사 공정을 최대한 산업화해야 한다. 그러기 위해서는 최대한의 자본과 첨단 기술(유전자 변형 종자, 고성능 살충제[14] 등)을 동원해야 하며, 이 과정에서 가족 단위로 식량을 생산하는 수많은 '비생산적인' 농가들이 배제되는 현상쯤은 어쩔 수 없이 감수해야 한다. 둘째, 세계 농업 시장을 최대한 개방해야 한다. 완전히 자유로운 시장의 지지가 있을 때에야 비로소 생산경제의 효과가 극대화될 수 있다. 이것이 그들이 내세우는 신조다. 시장의 자유에 개입하는 규제는 어떠한 것이라도, 그것이 국가적 차원에서 이루어지건 국제기구들의 수준에서 이루어지건 생산력의 향상을 저해할 소지가 있다.

미국과 미국의 전략을 지지하는 각종 국제기구의 입장은 한마디로 식량권의 존재 자체에 대한 의문 제기라고 할 수 있다. 나는 이러한 입장이 무분별이나 냉소주의에서 비롯된 것이 아님을 누구보다 잘 알고 있다.

미국은 남반구 국가들이 겪는 기아 문제의 심각성에 대해 정확하게 잘 알고 있다. 다른 모든 문명국과 마찬가지로 미국도 기아를 극복해야 한다고 외친다. 하지만 미국에 의하면 오로지 자유로운 시장경제만이 기아라는 재앙을 무찌를 수 있다. 세계의 잠재적 농업생산성이 시장 자유화와 민영화를 통해 극대화되고 나면 모두가 적절하고 충분한 식량을 정기적으로 확보할 수 있는 시대가 저절로 시작될 것이라고 미국은 주장한다. 완전히 개방된 시장은 마치 황금비처럼 인류 전체에게 행복을 뿌려줄 것이다.

그렇지만 미국도 시장이 삐걱거릴 수 있음을 인정한다. 언제든 전쟁이나 이상 기후 등의 천재지변이 몰아칠 수 있기 때문이다. 가령 2011년 여름 이후 아프리카 소말리아 반도 5개국에 몰아친 기근이 1,200만 명의 목숨을 위협했음을 상기해보라. 이럴 경우 위험에 처한 이재민들을 돕기 위한 국제적인 긴급 식량 지원은 필수적이다.

오늘날 지배 계층과 남반구 주민들 사이의 경제적 역학 관계를 결정하는 것은 바로 세계무역기구, 국제통화기금, 세계은행이다. 그런데 농업정책 면에서 이들 국제기구들은 유감스럽게도 거대 다국적기업의 이익을 위해 기꺼이 봉사한다. 원래 극빈과 기아를 퇴치하기 위해 창설된 세계식량농업기구와 세계식량계획이 위에서 꼽은 세 기구들과 비교할 때 부수적인 역할 밖에 하지 못하는 것도 다 이런 이유에서다.

식량권 반대파와 지지파를 갈라놓는 간극을 제대로 측정하기 위해 경제, 사회, 문화적 권리와 관련한 유엔의 1차 협약과 그에 따른 의무 사항에 대해 각국 정부가 취하는 입장을 살펴보자.

미국은 여전히 그 협약의 비준을 거부하고 있다. 세계무역기구와 국제통화기금이 나서서 이 협약을 상대로 투쟁하고 있다.

협약에 서명한 국가들은 뚜렷하게 구별되는 세 가지 의무 사항을 준수해야 한다. 첫째, 각국은 자국의 영토 내에 거주하는 주민의 식량권을 '존중해야' 한다. 이 권리를 행사하는 데 방해가 될 만한 어떠한 행동도 취해서는 안 된다는 말이다.

인도의 경우를 예로 들어보자. 인도의 경제는 오늘날에도 여전히 거의 전적으로 농업에 의존하고 있으며 주민의 70퍼센트가 농촌에 산다. 2010년에 발표된 유엔무역개발회의 「인간개발 보고서」에 따르면 인도는, 물론 인구 전체 수에 비례하는 것이겠지만, 어쨌거나 영양불량 아동의 수가 세계에서 가장 많은 나라이기도 하다. 사하라 사막 이남 국가들의 영양불량 어린이들을 모두 더한 것보다 많은 숫자다. 인도에서 태어나는 아기들의 3분의 1은 체중 미달인데 이는 산모들의 상당수가 심각한 영양실조라는 사실과 무관하지 않다. 해마다 수백만 명의 신생아들이 영양실조로 인하여 회복할 수 없는 지적 장애를 겪으며, 두 살 미만 유아 수백만 명이 기아로 목숨을 잃는다.

인도 농업부의 샤라드 파와르 장관은 1997년부터 2005년까지 15만 명의 빈농이 빚더미에 몰려 자살했다고 털어놓았다. 2010년 한 해에는 오리사, 마디아프라데시, 비하르, 우타르프라데시 주에서만도 빚을 갚지 못한 1만 1천 명 이상의 농부들이 자살했다. 이들은 일반적으로 살충제를 마시는 방식을 택한다.[15]

2005년 8월 나는 유엔 식량특별조사관 자격으로 소수 연구원들로 이루어진 내 팀을 이끌고 시브푸리, 마디아프라데시 출장길에 올랐다. 시브푸리는 도시 이름이자 주의 이름이기도 하다. 시브푸리는 각각 300에서 2천 가구 정도의 주민이 거주하는 1,000개의 촌락으로 이루어져 있다.

시브푸리 지역의 토양은 비옥하고 숲은 울창하다. 하지만 빈곤이 극도에 달하고 충격적일 정도로 빈부격차가 극심하다. 갠지스 강 계곡에 위치한 시브푸리는 인도가 독립할 때까지만 해도 괄리오르의 마하라자(인도에서 왕을 이르는 칭호-옮긴이)들이 여름 거처로 삼을 정도로 살기 좋은 곳이었다. 붉은 벽돌로 지은 호사스러운 궁궐과 폴로 경기장, 그리고 특히 꿩과 사슴들이 자유롭게 노니는 900평방킬로미터에 달하는 자연공원에는 신디아 왕조의 영화가 고스란히 배어 있었다. 공원 안에 조성된 인공 호수에서 헤엄치는 악어 떼, 우리 안에서 맴도는 호랑이들도 눈에 띄었다. 그러나 오늘날에도 여전히 이 지역에서는 대규모 토지를 소유하고, 전통에 유난히 강한 집착을 보이는 지주들이 지배하는 카스트 제도가 유지되고 있다.

프랑스의 군수에 해당되는 지역 행정책임자District Controller는 나이 서른넷에 가무스름한 피부, 흑단 같이 검은 머리를 길게 늘어뜨린 케랄라 출신의 아름다운 여인 기타 여사였다. 기타는 빨간 줄이 수놓인 노란색 사리 차림이었다. 나는 즉각적으로 이 여 군수가 전날 우리가 주도인 보팔에서 만났던 몇몇 공무원들하고는 전혀 다른 부류임을 느낄 수 있었다.

기타 여사는 주요 보좌관들에게 둘러싸여 있었는데 보좌관들은 모두 매우 인상적인 콧수염을 기르고 있었다. 군수의 책상 뒤쪽 벽에는 기도 중인 마하트마 간디의 사진이 걸려 있었다. 살해당하기 이틀 전인 1948년 1월 28일에 찍은 사진이었다. 사진 아래쪽에는 다음과 같은 글이 적혀 있었다.

그가 남겨준 유산은 용기이며,

그가 바라본 지평선은 진실,

그의 무기는 사랑이다.

군수는 우리의 질문에 대해 아주 신중한 태도로 답변했다. 콧수염 난 남자 보좌관들의 눈치를 살피는 사람 같아 보일 정도였다.

언제나 그렇듯이 우리의 일정은 빡빡했다. 우리는 곧 군수에게 작별인사를 건넸다. 사흘 동안 내내 시브푸리 지역 내의 촌락과 농촌을 돌아다녀야 하며 그 일이 끝나면 곧 괄리오르로 넘어가야 하는 일정이었다. 그런데 벌써 잠자리에 든 늦은 시간에 호텔 리셉션 직원의 연락을 받고 나는 잠이 깼다. 여자 방문객이 로비에서 나를 기다리고 있었다. 시브푸리의 여 군수였다. 나는 크리스토프 골레이와 샐리-앤 웨이를 깨웠다. 새벽까지 기타 여사는 자신의 관할 지역에서 실제로 일어난 일들에 관해 소상한 이야기를 들려주었다.

뉴델리 정부는 군수들에게 농업개혁에 관한 새로운 법령을 집행하고, 대지주들이 경작하지 않고 놀려두는 땅을 농업노동자들에게 나누어 줄 것을 지시했다. 군수는 강제 노동과 노예제도와도 맞서서 투쟁을 벌여야 하며 이를 어기는 지주들을 조사하여 벌금을 부과해야 했다.

기타 군수는 정기적으로 엄숙한 예식을 통해서 무농지 노동자들에게 소유주의 지위를 수여하곤 했다. 그런데 달리트, 즉 빈민들 중에서도 가장 빈민에 속하며 인도에서 가장 천대받는 사회집단에 속하는 자가 작은 땅뙈기(가구당 1헥타르의 경작지)라도 손에 넣으려 들면, 어느새 대지주의 수하들이 나타나 방해하기 마련이었다. 심한 경우 동원된 청부 살인자들이 가장인 빈민 자신뿐 아니라 그의 가족 전체를 몰살하거나 오두막을 불태우고 우물에 독을 푸는 범죄도 서슴지 않는다.

이렇게 되면 당연히 군수가 나서서 수사를 개시하지만 대부분의 경우 수사는 지루한 행정 절차에 파묻혀 흐지부지되기 일쑤다. 대부분의 대지주들이 보팔에 있는 마디아프라데시의 고위급 인사들 또는 뉴델리에 있는 연방장관들에게 줄을 대고 있기 때문이다. 이런 사정을 털어놓는 기타 여사는 애써 눈물을 참았다.

인도라는 맥락에서 볼 때 식량을 확보할 수 있는 인간의 권리를 법제화하기 위한 투쟁은 대단히 중요하다. 인도는 헌법에 생명권을 명시하고 있다. 대법원에서 생명권은 식량권을 내포한다는 유권 해석을 내린 판례도 있다. 게다가 지난 10년 동안 여러 차례의 재판을 통해서 이와 같은 해석이 재확인되었다.[16]

5년 이상 계속된 가뭄으로 2001년, 반사막 지역에 위치한 라자스탄 주는 기아의 직격탄을 맞았다. 인도 전역에서 활동하는 국영기업인 인도식량법인(Food Corporation of India)은 긴급 식량 지원 임무를 부여 받았다. 이 같은 긴급 상황에 대비하여 국영기업 측은 라자스탄 창고에 수만 포대의 밀을 비축해두었다. 하지만 짐작하다시피 라자스탄 주재 인도식량법인의 직원 상당수는 부패에 연루되어 있었다. 지역 상인들이 가장 높은 가격에 밀을 팔 수 있도록 이들은 2001년 국영기업 비축분을 풀지 않기로 결정했다.

그러자 대법원이 개입했다. 대법원은 국가의 곳간을 열어 기아에 신음하는 가구들에게 비축해두었던 밀을 나누어줄 것을 지시했다. 2001년 8월 20일 날짜로 발표된 대법원의 판결문은 상당히 흥미롭다.

대법원은 가난하고 헐벗은 자들을 비롯하여 모든 취약 계층이 영양실조로 고통 받고 기아로 죽게 될 것을 우려한다. [⋯] 이러한 불행의 재발을 방지하는 것이야말로 중앙 정부 또는 주 정부에서 우선적으로 책임져야 할 일이다. [⋯] 대법원은 창고를 가득 채우고 있을 정도로 풍부한 양곡이 바다에 던져지거나 쥐들의 먹이가 되는 일이 일어나지 않도록 미연에 방지할 것을 요구한다. 이러한 우려를 저버리는 다른 모든 정책은 비난받아 마땅하다. 중요한 건 식량이 굶주린 자들에게 전달되는 것이다.[17]

오리사 주는 인도 연방공화국 내에서 가장 부패가 심한 지역 가운데 하나로 악명이 높다. 오리사 주 정부는 1990년대에 댐을 건설하고 인공 호수를 조성해서 마하나디 강의 수력발전 용량을 증가시키겠다는 명목으로 수천 헥타르의 경작지를 무단으로 환수했다. 이를 위해 경찰은 아무런 보상도 제시하지 않고 농민 수천 가구를 그 지역에서 몰아냈다.

우수한 변호사들과 농민조합원들이 주축이 된 비정부단체 라이트 투 푸드 캠페인Right to food Campaign은 뉴델리의 대법원에 이를 제소했다. 대법원 재판관들은 오리사 주가 피해를 본 농민들에게 "적절한 보상"을 해주어야 한다고 판결했다.

대법원은 "적절한 보상"이 무엇을 의미하는지 부연설명했다. 인도 화폐는 지독한 인플레이션 현상을 겪고 있는 상황임을 감안할 때 보상이 현금으로 이루어져서는 안 될 것이라고 법관들은 지적했다. 그들은 오리사 주가 환수한 토지의 면적이나 비옥도, 토양 성분, 시장과의 거리 등에서 완전히 같은 값어치를 갖는 토지를 농민들에게 제공해야 한다고 못 박았다.

일반적으로 인도의 대법원은 지극히 상세한 판결을 내린다. 요컨대 주민들의 식량권에 저촉되는 행위를 함으로써 유죄 판결을 받은 주 정부가 이 범법행위를 만회하기 위해서 취해야 할 조치를 아주 세세하게 명시한다. 지시한 사항들이 제대로 시행되고 있는지를 감시하기 위해 대법원에서는 재판관도 서기도 아니지만 선서를 통해 임무를 부여받는 전문 공무원, 즉 판무관들을 파견한다. 이들은 경우에 따라서는 여러 해에 걸쳐 지속적으로 유죄 판결을 받은 주에서 행하는 피해 보상책의 집행을 감시한다.

여기서 잠시 인도의 현실을 상기해둘 필요가 있다. 전 세계에서 심각하고 지속적인 영양실조에 시달리는 사람들 가운데 3분의 1 이상이 인도에 살고 있다. 재산을 강탈당한 농부들(이들은 대개 문맹자인데다 최빈곤층에 속한다)은 당연히 돈이 없고, 아무리 국선 변호인들의 도움을 받는다고 할지라도 원고가 되어 여러 해 동안 막강한 다국적기업들을 상대로 진행되는 복잡한 재판 절차를 감당할 법률적 소양도 없다.

그렇기 때문에 대법원은 '집단소송'을 인정한다. 소송을 제기하고자 하는 농민들이 실제로 피해를 입은 당사자가 아닌 시민단체, 종교 공동체, 노동조합 등에 도움을 청하는 것이다. 이들 단체들은 재판을 진행하는 데 필요한 돈과 경험, 정치적 영향력을 지니고 있기 때문이다.

인도의 사법 제도에는 고유하고 독특한 법률적 수단이 있는데, 바로 "공공의 이익"을 위한 소송 제도public interest litigation[18]다. 덕분에 "헌법이 인정한 기본권이 침해당했다거나 그럴 위험이 있다고 판단할 경우 누구나 법원에 소송을 제기할 권리가 있다. 이 경우 법원은 이 같은 폐해를 시정할 수 있다."

인도에서 식량권은 헌법에서 인정하는 기본권에 해당되므로 이 권리가 제대로 지켜지지 않을 경우 누구나(직접적인 당사자가 아닐 지라도) 소송을 제기할 수 있다. "공공의 이익"이라는 조항이 이를 정당화해주는 것이다. 요컨대 인도의 주민이라면 누구나 식량권을 포함한 모든 인권이 언제, 어디서나, 항상 공권력에 의해 존중되어야 한다.[19]

공공의 이익에 근거하여 제기된 소송은 실질적인 중요성을 갖는다. 비하르, 오리사 또는 마디아프라데시 주 같은 곳에서는 상위 카스트에 속한 자들이 실제로 행정권, 사법권을 모조리 장악하고 있는 형편이다. 더구나 이들 계급을 대표하는 자들은 뼛속까지 썩어 빠진 경우가 대부분이다. 이들은 달리트들과 숲에 거주하는 원주민들에 대해서 바닥 모를 경멸감을 감추지 않는다. 장관들이나 경찰 간부들, 지역 사법관들은 재산을 강탈당한 농민들을 위협하기 일쑤다.

라이트 투 푸드 캠페인의 주요 리더 중 한 사람인 콜린 곤살베스는 이러한 상황에서 불법적으로 오두막에서 내쫓기고 우물과 얼마 안 되는 땅뙈기마저 빼앗긴 가장들에게 소송을 제기하고 법정에 출두하여 지역 판사 앞에서 증언하라고 설득하는 과정에서 그가 감내해야 하는 고충을 털어놓는다.[20] 농민들은 브라만 앞에서라면 잔뜩 겁을 집어먹고 사시나무 떨듯 떨기 때문이다. 그런데 "공공의 이익 소송"이 합법화되면서 피해를 입은 농민들의 동의가 없이도 해당 주를 상대로 소송을 제기하는 것이 가능해졌다.

대법원은 마디아프라데시 주에서 가장 적극적으로 활동을 전개하고 있다. 2000년 한 해 동안 주 정부는 수력발전소 건설이나 광산 채굴 등의 이유로 농민 1만 1천 가구를 그들의 농토에서 내쫓았다. 하자리바그에서는 주 정부가 수천 가구에게서 환수한 농지에 석탄 광산을 세웠다. 나르마다에 거대한 수력발전소가 건설되는 바람에 수천 가구가 그들의 생계 수단인 농지를 빼앗겼다. 대토 제공을 통해 피해 보상을 해달라고 이들이 제기한 소송은 현재 진행 중이다.

마디아프라데시의 농촌 지역에 대해 언급하다 보니 놀란 토끼처럼 눈만 커다랗게 뜨던, 뼈만 앙상한 그곳 아이들의 얼굴이 떠오른다. "그토록 고통을 받아야 하는 것에 놀란" 눈이라고 에드몽 카이저는 자조 섞인 투로 말하곤 했다.[21] 그토록 정 많고 따뜻한 마음을 가진 마디아프라데시(인도에서 가장 빈곤한 주들 가운데 하나) 사람들은 쌀 한 줌, 양파 한 알, 밀가루 부침개 한 장을 얻기 위해서 하루 종일 있는 힘을 다해서 일해야 한다.

유엔의 경제, 사회, 문화적 권리와 관련된 협약은 비준국들에 두 가지 의무를 부여한다. 즉 국가는 주민들의 식량권을 "존중하는" 것으로 만족해서는 안 되며 제3자에 의해 이 권리가 침해당하지 않도록 "보호해야" 한다. 제3자가 식량권을 침해할 경우 국가는 이로부터 주민들을 보호하기 위해 개입해야 하며 침해당한 권리를 복권시켜야 한다.

남아프리카공화국의 예를 들어보자. 헌법에 명시된 식량권은 이 나라에서 광범위하게 보호받는다. 남아프리카공화국에는 동수同數의 국가와 시민사회(노동조합, 교회, 여성운동 등) 대표들로 구성된 국가인권위원회가 존재한다. 이 위원회는 의회에서 제정한 법, 정부에서 발표한 시행령은 물론 공무원이 내린 결정, 민간 기업의 기업 활동 등이 일부 시민의 식량권을 침해할 경우 프레토리아 헌법재판소 및 남아프리카공화국 지방 고등법원에 제소할 수 있다. 남아프리카공화국의 이 같은 법 해석 방식은 모범이 될 만하다.

식수권 또한 식량권의 영역에 속한다. 요하네스버그 시는 다국적기업에 식수 사업권을 양도했다. 식수 사업권을 따낸 이 회사는 물 값을 대폭 인상했다. 이렇게 되자 엄청난 물 값을 감당하지 못한 다수의 빈민촌 주민 가구에 수도가 끊겼다. 더구나 회사는 25리터 이상의 사용량에 대해서는 사용료 선지불을 요구했기 때문에 빈곤층의 많은 가정이 하는 수 없이 정화 처리가 되지 않은 도랑물, 시냇물 또는 습지의 물을 마셔야 했다.

인권위원회의 도움을 받아 피리와 소웨토 빈민가에 거주하던 다섯 명의 주민이 이 건을 법원에 제소했다. 소송을 제기한 주민들은 승소했다. 따라서 요하네스버그 시는 민영화를 취소하고 예전처럼 저렴한 값에 식수를 공급하는 공공 서비스 체제로 돌아갔다.[22]

유엔의 경제, 사회, 문화적 권리에 관한 협약은 제11조에서 비준국에 세 번째 의무 조항을 부과하고 있다. 주민 사이에 기아가 만연했음에도 자력으로 이 재앙을 물리칠 여력이 없다면 해당 국가는 국제사회의 도움을 요청해야 한다. 그렇게 하지 않거나 고의적으로 늦게 도움을 요청할 경우 이 국가는 주민의 식량권을 침해한 것으로 간주된다.

2006년 메뚜기 떼의 창궐과 가뭄으로 말미암아 참혹한 기근이 니제르 중부와 남부에서 확산되었다. 많은 곡물상인들이 비축분을 시장에 풀 것을 단호하게 거부했다. 이들은 곡물 부족 사태가 악화되어 가격이 폭등할 때를 기다렸던 것이다. 2006년 7월 나는 업무상 니제르 공화국 대통령의 집무실을 찾았다.

마마두 탄자 대통령은 명백한 사실을 부인했다. CNN TV, 국경없는 의사회, 기아대책행동 등이 나서서 세계적으로 여론몰이를 하고 코피 아난 유엔 사무총장이 직접 마라디와 진데르를 방문한 다음에야 니제르 정부는 비로소 세계식량계획에 공식적으로 지원을 요청했다. 국제사회가 보낸 쌀과 밀가루, 식수 등을 실은 1차분 지원 차량들이 니아메에 도착했을 땐 이미 수만 명의 주민이 목숨을 잃은 후였다.

하지만 탄자 대통령은 전혀 불안해하지 않았다. 기아에서 살아남은 자들에게는 그가 어째서 그처럼 소극적이었는지를 조사하거나 그를 법정으로 끌어내 심판을 받게 할 만한 아무런 힘이 없었기 때문이다.

세계무역기구나 미국(오스트레일리아, 영국, 캐나다) 정부, 국제통화기금, 세계은행 등의 관점에서 보자면 멸시의 대상인 이 협약에 명시된 이 같은 개입 규정은 당장 폐기처분해야 마땅할 것이다. "워싱턴 합의 consensus de Washington"[23]의 열렬한 지지자들의 눈에는 이 같은 규정이 한낱 시장의 자유를 저해하는 참을 수 없는 간섭에 불과하기 때문이다.

남반구 지역 사람들이 "국제통화기금이 보낸 검은 까마귀"라고 부르는 자들은 식량권을 옹호하는 자들이 내세우는 논리를 순전히 이데올로기, 맹목적 교조주의, 아니 공산주의자적 도그마라고 매도한다.

플랑튀가 그린 만평이 생각난다. 안경을 끼고 넥타이를 매고서 상다리가 부러지게 차려진 식탁 앞에 앉아 있는 뚱뚱한 백인 뒤에 누더기를 걸친 아프리카 어린이 한 명이 서 있다. 아이가 "난 배가 고파요"라고 말하자 뚱보 백인은 뒤를 돌아보면서 "정치 이야기는 제발 그만두렴!"이라고 대답한다.

빈곤을 키우는 세계기구들

조직적인 기아의 묵시록의 중심에 서 있는 세 명의 기사로는 단연 세계무역기구, 국제통화기금, 그리고 이들에 비하면 중량감이 좀 떨어지는 세계은행을 꼽을 수 있다.[1]

세계은행은 현재 조지 W. 부시 정부에서 무역 협약 책임자로 일했던 로버트 졸릭이, 국제통화기금은 크리스틴 라가르드, 세계무역기구는 파스칼 라미가 각각 이끌고 있다. 이 세 명은 뛰어난 업무 능력, 우수한 지능, 머리끝부터 발끝까지 자유주의에 대한 신념으로 무장했다는 공통점이 있다. 한 가지 특별한 점이 있다면 파스칼 라미의 경우 프랑스 사회당 당원이라는 점이다. 여하튼 이 세 인물은 고위 관료로서 어설픈 감상 따위는 진즉에 털어버린 현실주의자들로 통한다. 세 사람이 함께 뭉치면 지구상에서 경제적으로 취약한 국가들을 상대로 엄청난 권력을 행사할 수 있다. 각 조직의 경제 사회 이사회에서 정책을 결정해야 한다고 명시한 유엔 헌장의 내용과는 달리, 실제로는 이 세 사람이 각자가 맡은 조직의 정책을 결정한다.

국제통화기금과 세계은행은 1944년 미국 북동부의 소도시 브리튼우즈에서 출범했다. 이 두 기관은 유엔 체제의 부속기관이다. 이와는 달리 세계무역기구는 완전히 자율적인 기구로 유엔에 종속되지 않는다. 150개국 이상의 회원국을 보유하고 있으며 협의에 의해 운영된다.

세계무역기구는 1995년에 탄생했다. 제2차 세계대전의 종전과 더불어 관세장벽을 점진적으로 낮추자는 취지에서 선진국 중심으로 타결된 관세 및 무역에 관한 일반협정, 즉 GATT(General Agreement on Tariff and Trade) 협정의 후신이라고 할 수 있다.

국제 농업 분야에서 르네 뒤몽의 후임자로 일했던 마르셀 마주아이예는 오늘날 파리 농학연구소Agro-Paris-Tech 교수로 재직하고 있다. 2009년 6월 30일 제네바 유엔청사에 파견된 세계 각국 대사들이 유엔무역개발회의 회담을 위해 모인 회합에서 그는 세계무역기구의 정책에 대해 가차 없는 비판을 가했다.

> 농업 교역의 자유화는 지극히 불평등한 각국 농업 간에 경쟁을 강화하고 그에 따라 농산물 가격의 불안정을 야기하므로 필연적으로 식량 상황뿐만 아니라 경제 전반과 재정 상황을 악화시키는 결과를 낳는다.[2]

세계무역기구는 무슨 목적으로 그처럼 적극적으로 상품과 특허, 자본, 서비스 유통의 완전한 자유화를 위해 투쟁하는가?

유엔무역개발회의의 전 사무총장이며 브라질 전 재무장관이었던 루벤스 리쿠페루는 이 질문에 대해 아주 명쾌하고 확실한 대답을 들려준다. "남반구 국가들을 대상으로 하는 일방적인 무장 해제"가 그들의 저의라는 것이다.

국제통화기금과 세계무역기구는 줄곧 경제, 사회, 문화적 권리, 특히 식량권에 관한 한 가장 결연한 반대자 입장을 고수해왔다. 앞에서도 나는 국제통화기금에서 일하는 2천 명의 직원과 세계무역기구의 녹을 먹는 750명의 관료들이 시장의 자유를 규제하는 개입은 어떤 형태라도 끔찍하게 싫어한다고 누누이 말했다. 기본적으로 이들이 추구하는 정책은 창설 이후 전혀 달라지지 않았다. 도미니크 슈트라우스 칸이 총재직을 맡았던 2007년부터 2011년까지 국제통화기금 내부 통치 체제에서 신흥국들이 차지하는 비중이 다소 커졌으며 빈곤국에 대해 보다 유연한 대출 정책을 펴기 위해 노력했다는 점 정도가 변화라고 할 수 있다. 물론 그래봤자 문제의 빈곤국들이 시간 차이를 두고 파산 지경에 이른다는 점에는 변화가 없지만 말이다.

마주아이예와 리쿠페루 같은 이들의 관점이 정당한지를 깨닫기 위해서는 아주 간단한 이미지 하나만으로도 충분하다.

권투 시합이 벌어지는 링 위에 헤비급 세계 챔피언 마이크 타이슨과 영양실조에 걸린 벵갈 출신 실업자가 나란히 서 있다고 상상해보자. 신자유주의 교리를 설파하는 보수주의자들은 무어라고 말하는가? 그들은 두 선수에게 똑같은 가격의 글로브를 지급했으며, 두 선수들에게 동일한 시합 시간을 할애했고, 시합의 장소도 동일하며, 시합 규칙 또한 동일하므로 정의는 보장된다고 말한다. 그러니 실력이 더 나은 선수가 이기면 그것이 곧 정의라는 입장이다! 불편부당한 심판관은 바로 시장이다. 어떤가, 신자유주의가 주장하는 교리의 황당함이 금세 머리에 와 닿지 않는가?

두 임기 동안 유엔 식량특별조사관 직무를 수행하면서 나는 제네바에 위치한 유럽 주재 유엔청사에 파견된 네 명의 미국 대사를 차례로 겪었다. 네 명 모두 예외 없이 내가 제출한 보고서와 내가 권유하는 사항들에 결사적으로 반대했다. 코피 아난 사무총장에게 두 번씩이나 나의 해임을 건의(물론 괜한 짓이었다)하기도 했다. 당연히 이들은 나의 재신임을 반대했다.

이들 가운데 두 명(특히 조시 부시의 특사 자격으로 파견된 애리조나 주 제약계의 제왕)은 심지어 나에게 개인적인 증오심을 보이기도 했다. 그런가 하면 한 명은 경제, 사회, 문화적 권리의 존재 자체를 부인하고 오로지 시민권, 정치권만을 인정하는 것을 골자로 하는 국무부의 지침을 글자 그대로 따르는 것으로 만족했다.

한편 나는 네 명 중 한 명과는 친밀한 우정을 쌓았다. 조지 무스는 클린턴 대통령이 집권하던 시절에 파견된 대사였다. 아프리카계 미국인이었던 그는 섬세하고 교양 있는 인물로 뚜렷한 좌파 지식인에 유머 감각을 갖춘 호감 가는 부인을 동반했다. 부인 역시 국무성 소속으로 적극적인 활동가였다.

조지 무스는 제네바로 부임하기 전에는 아프리카 담당 국무차관직을 역임했다. 1996년 오늘날 콩고민주공화국으로 이름을 바꾼 자이르에서 그때까지만 해도 마니에마 산에 고립되어 지하운동을 펼치며 불법 금거래에 가담해왔던 로랑 카빌라[3]를 해방 민주 세력 동맹의 지도자로 선택한 장본인이 바로 조지 무스였다.

역사에 정통한 조지 무스는 카빌라만이 1964년 루뭄바(콩고의 초대 수상-옮긴이) 지지자들의 반란에서 살아남은 생존자들 가운데 유일하게 모부투(루뭄바 내각의 국방장관, 참모총장을 지냈고 쿠데타를 일으켜 루뭄바를 추방하고 정권을 장악함-옮긴이)에게 충성서약을 하지 않았으며, 따라서 콩고 젊은 층의 변함없는 지지를 받고 있음을 잘 알고 있었다. 그 후 벌어진 역사의 흐름은 무스의 선택이 옳았음을 입증해주었다.

하지만 아프리카에 대한 우리 두 사람의 공통적인 열정만으로는 충분하지 않았다. 제네바에 머무는 동안 내내 조지 무스는 다른 대사들과 마찬가지로 나의 제안이며 권고 사항에 조목조목 반대했으며, 내가 제출하는 식량권 관련 보고서를 반박했다. 나는 이 문제에 대한 그의 진심을 절대 알 수 없었다.[4]

지난 20년 동안 민영화, 상품과 서비스, 자본, 특허 이동의 자유화는 놀라울 정도로 진전되었다. 남반구의 가난한 나라들은 이로 인하여 국가 주권을 행사할 때 많은 특권을 상실하기에 이르렀다. 국경은 사라지고 병원이나 학교 등 공공 영역은 민영화되었다. 이와 아울러 전 세계 곳곳에서 영양실조와 기아로 인한 희생자 수는 가파르게 증가하고 있다.

이제는 유명해진 옥스팜Oxford Commitee for Famine Relief[5]의 한 조사에 따르면 1990년에서 2000년 사이에 국제통화기금이 요구하는 구조조정안을 실행에 옮긴 곳은 어디에서나 새로이 수백만 명의 기아 피해자가 발생했다.[6] 그 이유는 간단하다. 국제통화기금은 이른바 제3세계 지역에 속하는 122개국의 외채를 관리하는 임무를 부여받았다. 그런데 문제의 외채는 2010년 12월 31일 현재 2조 1천억 달러에 이른다.

채무국은 채권은행이나 국제통화기금에 이자와 원금의 일부를 상환하기 위해 외화가 필요하다. 대형 채권 은행들은 당연히 아이티의 구르드나 볼리비아의 볼리비아노 또는 몽골의 투그릭으로 돈을 돌려받기를 거부한다.

동남아시아나 안데스 고원 지대, 사하라 사막 이남 아프리카의 가난한 나라는 어떻게 해서 필요한 외화를 마련하는가? 제조한 물건들이나 천연자원을 수출하고 그 대금을 외화로 받아서 마련한다. 아프리카의 54개국 가운데 37개국이 거의 전적으로 농업에 의존한다.

국제통화기금은 과도한 외채 부담을 안고 있는 나라에 정기적으로 일시적인 지불유예 또는 채무 조정을 허락해주고 있다. 단 여기에는 과도한 외채 부담을 안고 있는 나라가 이른바 구조조정 계획에 동의할 경우라는 조건이 붙는다. 국제통화기금에서 제안하는 구조조정 계획은 예외 없이 당사국의 예산에서 보건 위생과 교육 부문 지출 감소, 기초식량에 대한 지원금 폐지, 빈곤 가정에 대한 지원 폐지 등을 포함하고 있다. 공공 서비스는 이러한 구조조정 계획이 제일 먼저 노리는 표적이다. 이에 따라 국제통화기금의 구조조정 계획 체제에 들어간 나라에서는 수천 명의 공무원(간호사, 초등학교 교사, 또는 다른 공공 서비스 분야 종사자)이 해고당했다.

앞에서 보았듯이 국제통화기금은 니제르에서 국립축산청의 민영화를 요구했다. 이제 이 나라의 축산업자들은 가축들에게 필요한 백신, 비타민, 구충제 등을 구입하기 위해 거대 다국적기업들에 거금을 지불해야 한다.

그 결과를 보자. 니제르의 수만 축산 농가는 더 이상 가축을 기르지 못한다. 이들은 오늘날 코토누, 다카르, 로메, 아비잔 등 해안 주변 대도시의 빈민가에서 전전긍긍하는 신세로 전락했다.

국제통화기금이 들이닥친 곳에서는 카사바, 쌀, 조가 자라는 들판이 눈에 띄게 줄어들기 마련이다. 식량 생산을 위한 농업이 죽어버린다는 말이다. 국제통화기금은 식민지형 농업, 즉 면화, 땅콩, 커피, 차, 카카오 등 세계시장으로 수출해서 외화를 벌어들일 수 있는 작물 재배를 확대할 것을 요구한다. 이렇게 벌어들인 외화는 물론 외채 상환에 쓰인다.

국제통화기금의 두 번째 임무는 농가공식품 분야의 거대 다국적기업을 위해 남반구 지역 시장을 개방하는 것이다. 남반구 지역에서 자유무역이 기아와 죽음이라는 흉측한 가면을 쓰고 나타나는 것은 바로 이 때문이다. 몇 가지 예를 살펴보자.

아이티는 현재 라틴 아메리카에서 가장 빈곤한 국가이며 전 세계를 놓고 보자면 세 번째 빈곤국이다. 아이티는 쌀을 주식으로 삼고 있다. 1980년대 초반만 하더라도 아이티에서는 쌀의 자급자족이 가능했다. 계단식 논과 습지대 평원에서 부지런히 일하는 원주민 농부들은 보이지 않는 벽, 그러니까 수입쌀에 30퍼센트의 관세를 붙이는 장벽 덕분에 외국산 쌀의 덤핑에서 보호받을 수 있었다. 그런데 1980년대 중반에 접어들면서 아이티는 두 차례에 걸쳐 국제통화기금의 구조조정을 받아들여야 했다.

국제통화기금의 일방적 결정에 따라 쌀에 대한 보호관세는 30퍼센트에서 3퍼센트로 떨어졌다. 그러자 워싱턴 정부에서 대규모 지원금 혜택을 받는 북아메리카 쌀이 도시며 농촌 구별 없이 아이티 전역에 물밀듯이 몰려왔다. 결국 국내 벼농사는 파괴되었으며 그 결과 쌀을 생산하던 농민 수십만 명의 삶도 와해되어버렸다.

1985년부터 2004년까지 아이티로 수입된 외국 쌀, 특히 미국 정부에서 지원을 받는 북아메리카 산 쌀은 1만 5천 톤에서 35만 톤으로 증가했다. 이와 동시에 아이티 국내 생산량은 12만 4천 톤에서 7만 3천 톤으로 급감했다.[7]

2000년대 초부터 아이티 정부는 얼마 되지도 않는 수입의 80퍼센트를 식량 수입에 할애하고 있다. 국내 벼농사 기반의 붕괴는 대대적인 농촌인구의 도시 이동을 초래했다. 포르토프랭스를 비롯한 대도시의 인구 과잉은 공공 서비스의 와해로 이어졌다.

한마디로 아이티 사회 전체가 걷잡을 수 없이 붕괴되고 약화되었다.

신자유주의 정책 하에서 이전에 비해 훨씬 취약해졌다는 말이다. 결과적으로 아이티는 목숨을 부지하기 위해서는 구걸해야 하는 나라, 남이 정한 법에 따라 살아야 하는 나라로 전락하고 말았다. 지난 20년간 이 나라에서는 쿠데타와 사회 위기가 끊임없이 반복되었다.

일반적으로 인구 900만의 아이티는 해마다 32만 톤의 쌀을 소비한다. 2008년 세계시장에서 쌀 가격이 세 배나 폭등하자 아이티 정부는 충분한 양의 식량을 수입하지 못했다. 그러자 시테 솔레이유 부근엔 기아가 맴돌게 되었다.[8]

1990년대 이후 잠비아는 온갖 종류의 구조조정 계획을 수용해야 했다. 그로 인한 사회적 결과, 식량 수급 상황은 한 마디로 재앙이었다.[9]

잠비아는 온화한 기후 덕분에 잠베지 강을 끼고 녹색 구릉지대가 발달한 아름다운 나라다. 이 나라 주민들은 옥수수를 주식으로 삼고 있다. 1980년 대 초 잠비아의 옥수수 농사는 소비에 따라 70퍼센트까지 국가에서 지원을 받았다. 국내 시장에서의 판매와 유럽 시장으로의 수출은 국가기관, 즉 마케팅 보드Marketing Board에서 주관했다. 소비자와 생산자에게 지급되는 지원금을 모두 합한 액수는 국가 예산의 20퍼센트를 넘어설 정도였다. 주민들은 모두 배불리 먹을 수 있었다.

그런데 국제통화기금이 나서서 처음엔 지원금의 축소를 요구하더니 곧 아예 폐지할 것을 지시했다. 또한 비료와 종자, 살충제 구입 등에 대한 국가의 지원금도 폐지했다. 그때까지 무료이던 학교와 병원은 유료로 전환되었다. 그 결과는?

농촌과 도시의 빈민가에 사는 가구들은 하루에 한 끼밖에 먹을 수 없게 되었다. 비료와 우량종자를 구할 수 없게 되자 식량 생산 농업은 사양길에 접어들었다. 생존을 위해 농부들은 농사를 도와주던 가축들을 팔았으며 이는 그나마 유지되던 낮은 생산성마저 한층 저하되는 결과를 초래했다. 상당수 농민들은 자신들이 경작하던 농지를 떠나 외국 기업들이 경영하는 대규모 면화 농장에서 저임금을 받고 품을 파는 일용직 농업노동자로 전락했다.

1990년부터 1997년 사이에 옥수수 소비는 25퍼센트나 감소하였다. 그 결과 유아 사망률이 폭등하였다. 2010년에 잠비아 인구의 86퍼센트는 국가가 정한 빈곤 한계선 National poverty line, 즉 생명 유지를 위한 최소한의 수입에도 미치지 못하는 극빈 생활자로 분류되었다. 2010년 현재 주민 72.6퍼센트는 하루 1달러도 안 되는 돈으로 생활한다. 45퍼센트는 심각하고 지속적인 영양실조에 시달린다. 5세 미만 어린이 중에서 체중이 유엔아동기금에서 정한 "정상" 체중보다 24퍼센트나 미달인 어린이가 45퍼센트에 이른다.

워싱턴 D.C.의 노스-웨스트 19번가 700번지에 자리한 유리 건물, 다시 말해서 국제통화기금의 건물 내부에서는 미국적 사고방식이 활개를 친다. 때문에 연례 보고서에는 늘 낙관적인 순진함이 배어나온다. 예를 들어 1998년도 보고서를 보자. "장기적으로 보면 우리의 계획은 수입원으로의 접근성을 향상시키고 주민들의 수입을 실질적으로 증대시킬 것이다. 하지만 단기적으로는 식량 소비를 위축시킨다."

잠비아라는 국가 차원에서 보자면 연이은 구조조정은 재앙에 가까운 결과를 초래했다. 국내 제조업을 보호하기 위한 관세는 폐지되었으며 대부분의 공공 부문은 민영화되었다. 고용과 토지 관련법의 개정은 사회안전망 관련 서비스, 노동조합의 자유, 최소임금 보장제 등의 붕괴를 가져왔다. 이 때문에 수많은 주민들이 살던 집에서 쫓겨났으며 대량 실업과 기초식량의 가격 폭등 사태를 맞았다.

국제통화기금에서 일하는 관료들은 나름대로 유머를 구사한다. 보고서의 결론 부분에서 이들은 도시와 농촌 주민들 사이에 존재하던 삶의 조건의 불평등이 1991년부터 1997년 사이에 현저하게 줄어들었다고 평가한다. 왜냐? 도시 지역 빈곤이 너무도 가파르게 증대하는 바람에 농촌 지역 빈곤에 맞먹게 되었다는 것이다.

에티오피아를 제외하면 가나는 사하라 사막 이남 아프리카에서 유일하게 독립을 쟁취한 나라다. 반복적인 총파업, 대규모 시위, 영국 측의 강력한 진압이 이어지던 끝에 1957년 신비로운 가야-마가 왕국[10]의 후계자 가나 공화국이 탄생했다. 가나는 흰 바탕에 검은 별 하나가 그려진 도안을 국기로 채택하고 있다. 가나의 초대 대통령이자 아프리카 전체의 통일을 주장하던 예언자 콰메 엔크루마는 1960년 아디스아바바에서 가말 압델 나세르, 모디보 케이타, 아메드 벤 벨라 등과 더불어 아프리카 통일 기구(OAU, Organization of African Unity)를 창설했다.

가나인들은 출신 부족이나 남녀 성별을 구별할 것도 없이 모두 자부심이 강하며 뼛속까지 주인의식으로 뭉친 사람들이다. 하지만 천하의 가나인들도 국제통화기금과 농가공식품 관련 다국적기업들 앞에서는 무릎을 꿇어야 했다. 가나는 모든 면에서 잠비아와 비슷한 운명을 맞이했다.

1970년 대략 80만 명의 지역 농부들이 가나 국내에서 소비되는 쌀의 전량을 생산했다. 1980년 국제통화기금이 처음으로 개입했다. 가나 생산 쌀을 보호해주던 관세가 우선 20퍼센트 수준으로 떨어지더니 곧 더 떨어졌다. 국제통화기금은 국가가 농부들에게 살충제, 무기비료, 종자 등의 구입을 돕기 위해 제공하던 모든 지원금을 폐지할 것을 요구했다.

오늘날 가나는 국내에서 소비되는 쌀의 70퍼센트를 수입에 의존한다. 카카오 등 국내에서 생산되는 농산품의 판매를 담당하던 국가기관 마케팅 보드는 해체되었고 민간 기업들이 수출을 담당한다.

가나는 민주주의가 활발하게 작동하는 나라로 국회의원들은 국가적 자부심이 굉장히 강한 편이다. 국내 쌀농사를 부활시키기 위해 의회는 2003년 수입쌀에 25퍼센트의 관세를 물리기로 결정했다. 이에 대해 강력하게 반발한 국제통화기금은 가나 정부에 당장 문제의 법령을 취소할 것을 종용했다.

2010년 가나는 식량 수입을 위해 4억 달러 이상을 지출했다. 아프리카 대륙 전체를 놓고 보면 2010년 한 해 동안 식량 수입 비용으로 240억 달러를 지출했다.

내가 이 글을 쓰는 2011년 현재 거래소를 중심으로 하는 투기 열풍은 기초식량 가격의 폭등을 야기하고 있다. 짐작컨대 이 한 해 동안 아프리카의 식량 수입량은 예년에 비해 훨씬 모자랄 것이다.

도처에서 항상, 사회적인 통제를 비롯한 그 어떤 규제도 받지 않는 시장은 죽음을 불러온다. 죽음은 빈곤과 기아를 통해서 온다.

자유교역이 죽음을 불러온다

2005년 12월 홍콩에서는 2001년 도하에서 시작되어 그 후 진전을 보이지 않고 있는 협상을 재개하기 위한 각국 장관 회합이 열렸다. 이 자리에서 세계무역기구는 무상 식량 지원을 정면으로 공격했다. 세계무역기구는 세계식량계획을 비롯한 국제기구들이 무상으로 (난민수용소, 메뚜기 떼의 공격을 받은 마을, 영양실조로 신음하는 어린이 환자들을 입원시킨 병원 등지에) 쌀이나 밀가루 국수, 전병, 우유 등을 지원하는 것은 용납할 수 없다고 지적했다. 이 식량들은 각국이 자국의 농산품 잉여분을 세계식량계획에 기증한 것이다.

세계무역기구는 이러한 관행이 시장을 왜곡시킨다고 주장한다. 재화의 상업적인 이동엔 반드시 가격이 책정되어야 한다는 것이다. 따라서 세계무역기구는 기증자들이 세계식량계획에 제공하는 현물 지원에 적절한 가격을 매길 것을 요구했다. 요컨대 세계식량계획은 잉여농산물을 현물로 기증받아서는 안 되고 반드시 시장에서 식량을 구입하여 필요한 곳에 지급해야 한다는 것이다. 세계식량계획의 제네바 지부 총책임자 달리 벨가스미와 실행 책임자 장-자크 그레스는 이에 대해 세계식량계획을 대표하여 격한 반응을 보였다.

여섯 명의 미성년 자녀를 둔 어머니로 에이즈를 앓는 잠비아의 한 과부는 자신이 받고 있는 식량 지원이 기증자의 현물 기증 덕분인지, 기금 기증 덕분에 시장에서 구입한 것인지 전혀 개의치 않는다. 그 과부는 아이들이 목숨을 부지하고 또 그러기 위해서 구걸을 하지 않아도 되기만을 바란다. 세계보건기구는 이 지구상에서 영양실조와 기아가 건강에 가장 중대한 위협이 되고 있다고 경고한다. 해마다 에이즈와 결핵, 말라리아를 비롯하여 다른 모든 전염병으로 인한 사망자 수를 더한 것보다도 많은 수의 사람이 기아 때문에 목숨을 잃는다. 세계무역기구는 부자들만을 위한 클럽이다. [···] 세계무역기구가 주동이 되는 토론은 기아를 퇴치하기 위한 토론이 아니라 무역상의 이익을 위한 토론이다. [···] 경제 자유라는 이름으로, 세계시장에서 아무런 역할도 하지 못하는 힘없는 이 땅의 굶주린 어머니들과 자식들을 위한 식량 지원을 줄이는 것이 과연 용납될 만한 일인가?[1]

세계식량계획 측은 "우리는 세계 무역도 양심이란 것을 갖추기를 희망한다"는 말로 발언을 마무리지었다.

홍콩 회합을 통해서 남반구 지역 국가들은 세계무역기구를 지배하는 열강들에 반기를 들었다. 식량 지원에 가격을 매기자는 제안은 파기되었다. 파스칼 라미와 그의 수족들은 그야말로 코가 납작해졌다.

세계무역기구는 또 한 번의 패배를 맛보아야 했다. 이번엔 인도가 안겨준 굴욕이었다.

식량권을 보호하는 인도 대법원의 판결은 제아무리 세계무역기구라도 감히 건드릴 수 없다. 인도는 물론 세계무역기구의 회원국이다. 하지만 세계무역기구는 그 지위상, 회원국의 행정권에만 의무를 부과할 수 있을 뿐 사법권에 대해서는 아무런 강제력이 없다. 인도는 민주주의가 살아서 제대로 기능하는 대국, 즉 삼권분립의 원칙이 존중되는 사회다.

인도의 공공 분배 서비스(PDS, Public Distribution Service)는 한편으로는 행정권에 속한다. 자, 여기서 무엇이 문제인지 꼼꼼하게 살펴보자.

1943년 벵갈 지방을 휩쓴 참혹한 기아로 무려 300만 명이 목숨을 잃었다. 식민 점령자 영국은 주민들의 곳간을 털고 이들의 수확을 징발해, 버마를 비롯한 아시아의 여러 전선에서 일본군과 교전 중인 영국군의 군량으로 보냈다.[2] 그 후 마하트마 간디는 영국을 상대로 벌이는 투쟁 가운데 기아와의 투쟁에 가장 절대적인 우선순위를 부여했다. 인도가 주권을 되찾은 후 수상이 된 판디트 네루도 이 투쟁을 지속적으로 이어갔다. 오늘날 6천 개가 넘는 인도의 어느 지방에서건 단 한 명의 주민이라도 기아로 숨지는 경우가 발생하면 그 지방 책임자는 즉시 파면이다.

그러고 보니 2005년 8월 어느 날 밤, 벵갈 만에 자리 잡은 오리사 주의 근사한 주도 부바네스와르에서 일어난 일이 생생하게 떠오른다. 나는 출장길에 오를 때마다 늘 임무상 사회운동 단체, 종교 공동체, 노동조합, 여성운동 단체의 대표들과 만나게 된다. 부바네스와르에서는 프라베시 샤르마가 국제농업개발기금의 이름으로 이러한 만남들을 주선했다.[3]

인도 농민의 40퍼센트 이상은 땅 없는 농민, 추수가 있는 곳마다 돌아다니며 품을 파는 이주 노동자들이다. 국제농업개발기금은 주로 이들과 더불어 일을 한다. 이들은 그야말로 바닥 모를 빈곤 상태에 처해 있다.

샤르마는 우리에게 두 명의 여인을 소개했다. 빛바랜 갈색 사리 차림에 서글픔을 잔뜩 머금었으나 단호함만은 잃지 않은 눈을 가진 이 두 명의 여인은 각각 기아로 자식을 한 명씩 저세상으로 떠나보냈다는 공통점을 지니고 있었다. 동료들과 나는 하염없이 이어지는 두 여자의 이야기를 들으며 메모도 하고 이따금씩 질문도 했다. 만남은 우리가 머무는 호텔이나 유엔 사무실과는 멀리 떨어진 교외의 한 장소에서 이루어졌다.

사흘 후 부바네스와르 공항의 출국장에서 경찰 간부 한 명이 나를 불렀다. 수상이 보냈다는 대표단이 귀빈실에서 나를 기다리고 있었다. 이들의 대표는 인도식량법인의 지역 책임자인 P. K. 모하파트라였다. 대표단을 구성하는 다섯 명의 남자와 세 명의 여자는 세 시간 동안 각종 서류와 의료진의 검진서 등을 제시하며 두 아이는 기아가 아니라 감염으로 사망했다고 나를 설득하려 노력했다. 분명 대표단으로 온 공무원 여러 명의 목이 달린 문제였던 것이다.

인도식량법인은 공공 분배 서비스를 관장하는 기관이다. 인도식량법인은 인도 연합을 구성하는 각각의 주에 어마어마한 수의 창고를 보유하고 있다. 인도식량법인은 편잡에서 밀을 구매하여 인도 전역에 산재해 있는 창고에 비축해둔다. 인도 전역에서 이들이 관리하는 창고의 수는 무려 50만 개에 달한다. 촌락 단위 집회나 도시 구역별로 비축 곡물 수혜자 명단을 작성한다. 수혜자 명단에 오른 각 가구에게는 수혜자 자격을 인증해주는 카드가 지급된다.

수혜자는 APL, BPL, 그리고 Anto, 이렇게 세 부류로 구분된다. APL(Above the Poverty Line)은 차상위 빈곤층, 즉 극빈을 갓 벗어난 수준을, BPL(Below the Poverty Line)은 최소한도의 수입이 보장되지 않는 극빈층을 의미한다. 힌두어인 Anto는 급성 기아, 시급하게 조치가 필요한 기아자를 뜻한다. 이 세 부류에 속하는 주민들을 위해서는 특별한 가격이 존재하며 6인 가구는 매달 밀 35킬로그램, 쌀 30킬로그램을 제공받는다.

가령 2005년 BPL에 속하는 가구에게는 양파 1킬로그램당 5루피, 감자 1킬로그램당 7루피, 곡물 1킬로그램당 10루피라는 가격이 적용되었다.[4] 2005년 당시 인도의 도시 지역 최저임금이 1일 58루피였음을 생각해보라.

사실 공공 분배 서비스 비축분의 20퍼센트가량은 원래의 목적에서 벗어나 시장에서 거래된다. 일부 장관들이나 공무원들이 이러한 우회적 수법을 통해 거액을 벌어들이는 것이 사실이다. 부패는 역병처럼 인도 각지에 만연되어 있다. 그렇다고는 해도 극빈층에 속하는 수억 명의 인도인들이 공공 분배 서비스의 도움을 받는 것도 사실이다. 인도식량법인이 운영하는 상점에서 앞서 말한 세 부류에 속하는 인도인들은 어느 부류에 속하느냐에 따라 다르기는 하지만 대체로 시장 가격의 수십 분의 1 정도에 해당되는 낮은 가격으로 식량을 구입할 수 있다. 덕분에 인도에서는 참혹한 기아가 근절되었다. 뿐만 아니라 공공 분배 서비스 덕분에 어린이들의 상황도 많이 개선되었다.

인도에서는 종합아동발달센터(ICD, Integrated Child Development Centers)라고 하는 90만 개가 넘는 특수 시설이 어린이들을 보살피고 있다. 유엔아동기금에 따르면 5세 미만의 아이 1억 6천만 명 가운데 40퍼센트 이상이 심각하고 상시적인 영양실조로 신음하고 있다. 이들 가운데 일부는 종합아동발달센터를 통해서 치료식과 백신을 지급받으며 그 외 각종 보건 서비스 혜택도 지원받는다.

그런데 종합아동발달센터는 인도식량법인으로부터 지원을 받는다. 기아라는 재앙을 근절하기 위해 공공 분배 서비스는 인도에서 없어서는 안 될 중요한 역할을 수행하고 있다. 세계무역기구가 인도의 공공 분배 서비스를 폐지하려 하는 것은 공공 분배 서비스의 존재 자체와 그 기관의 역할이 세계무역기구의 존재 이유에 배치되기 때문이다.

검은 터번을 근엄하게 두른 시크족 출신으로 인도에서 파견한 제네바 주재 유엔 대사인 하디프 싱 푸리는 세계무역기구 측의 이 같은 시도에 대항하여 결사적인 투쟁을 벌였다. 그에게는 뉴델리에 막강한 지지 세력이 있었는데 바로 그에 못지않게 단호한 결단력을 지닌 친형제이자 외무부 장관직을 수행하는 만지브 싱 푸리와 농업부 장관 샤라드 파와르였다. 세 사람은 똘똘 뭉쳐 공공 분배 서비스를 지켜냈고 세계무역기구에 쓰라린 패배를 안겨줬다.

자유무역의 전도자, 세계무역기구 수장 파스칼 라미

파스칼 라미는 자유무역의 사보나롤라(1452~1498, 교리의 모순에 대해서는 전혀 언급하지 않으면서 사제들의 도덕적인 부패를 질책하고 교계의 개혁을 외치며 피렌체에서 신정독재를 실시하다 화형 당한 도미니코 수도회 출신 사제-옮긴이)다.

그는 의지와 분석적 지능에서라면 놀라울 정도로 뛰어난 사람이다. 현재 누리는 지위와 과거의 경력이 한데 어우러져서 그는 엄청난 영향력을 행사하며 위엄을 발휘한다. 오늘날 파스칼 라미만큼 국제적 명성을 누리는 지도자들은 별로 없다.

세계무역기구는 현재 153개 회원국을 거느리고 있다. 제네바 로잔 가에 위치한 사무국에서는 750명의 관리들이 일한다.

라미는 근엄하고 수도사적인 인물로 마라톤에도 일가견이 있다. 그 자신의 말대로라면 라미는 해마다 비행기를 타고 45만 킬로미터를 주파한다. 시차로 인한 신체 이상쯤은 아무 문제없이 견디는 강철 인간임에 틀림없다. 밤늦게까지 이어지는 세계무역기구의 마라톤식 회의도 거뜬히 견딘다.

파스칼 라미는 감정 같은 건 모르는 인물이다. 한 기자가 그에게 질문을 던지자 라미는 이렇게 대답했다. "난 낙관주의자도 비관주의자도 아닙니다. 나는 행동주의자일 뿐이죠."[1]

라미는 권력가다. 오로지 힘의 역학 관계만이 그의 관심사다.

"국제통화기금처럼 세계무역기구도 빈곤층 중에서도 가장 빈곤한 사람들을 벼랑 끝으로 내몬다는 여론의 질타를 받고 있습니다"라고 운을 뗀 기자에게 세계무역기구의 수장은 "협약이란 항상 조인되는 순간의 힘의 역학 관계를 반영한다"는 말로 답을 대신했다.

전 유럽 이사회의 대외무역 담당자였던 파스칼 라미는 창립 초기부터 세계무역기구의 초석을 가다듬었다. 그의 저서 『제1선에 선 유럽』, 그 중에서도 특히 「도하에서의 100시간」이라는 제목을 단 장을 읽어보면 시장에 대한 일체의 규범적 또는 사회적 통제에 반대하기 위해 그가 벌여온 지칠 줄 모르는 투쟁을 어느 정도 파악할 수 있다.[2]

세계무역기구 주재 각국 대사와 그들의 보좌관을 상대로 파스칼 라미는 대단한 마력을 행사한다. 15세기 피렌체를 무대로 활약하던 사보나롤라처럼 라미도 어느 것 하나 소홀히 하는 법이 없다. 그는 늘 깨어 있으면서 자유무역의 도그마에서 벗어나는 자들이 있으면 가차 없이 덤벼든다. 그는 도처에 정보제공자를 두고 있다.

개인적으로 나는 그의 막강한 정보망을 직접 경험했다. 해마다 9월이면 산이 많은 도피네 지방의 소도시로, 그르노블에서 수십 킬로미터쯤 떨어진 랄벤크에서 생명 페스티벌이 열린다. 장 프랑수아 노블레라는 걸출한 인물이 중심이 되어 개최하는 이 모임에는 그 지역 사회운동 단체, 노동조합, 종교 공동체들이 참가한다. 나는 2009년 9월 그 모임에 연사로 초대받았다. 그 자리에서 나는 식량 거래에 관한 세계무역기구의 전략을 비판했다. 물론 상당히 절제된 비판이었다.

하늘엔 보름달이 빛나고 있었다. 대형 텐트는 사람들로 붐볐다. 토론은 자정까지 계속되었다. 열정적인 토론이었다.

그런데 방청객 중에 파스칼 라미가 심어놓은 남자(혹은 여자)가 있었던 모양이다. 2009년 9월 29일 나는 다음과 같은 내용의 편지를 받았다.

친애하는 장,

나는 당신이 랄벤크 회합에서 명예 훼손에 버금가는 방식으로 저를 문제 삼는 발언을 하셨다는 이야기를 전해 듣고 다시 한 번 놀라움을 금치 못하고 있습니다. 나의 행동은 '전적으로 기아 희생자들의 이익에 반대된다'고 말씀하셨다더군요. 당신이 한 말 그대로일 뿐, 아무런 가감도 없습니다! 세계무역기구는 서둘러서 도하 라운드를 마무리 짓고자 합니다. 만일 이렇게 된다면 더 많은 사람을 죽이게 되는 건가요? [⋯]

정말 어이가 없군요! 세계무역기구 회원국들은 지난 8년간 개발도상국들의 요청에 따라 농업 시장, 그중에서도 우선적으로 개도국이 진출하기를 원하는 선진국 시장의 개방을 확대하고자 협상을 계속해왔습니다. [⋯]

당신이 현실을 제대로 인식하고자 한다면 당사국 대표들에게 그들의 생각을 묻는 것이 가장 간단하겠군요. 당신의 후임자 올리비에 드 슈터가 세계무역기구의 농업분과위원회의 토론 때 마침 그런 방법을 사용했지요. 아마 해당국의 입장에 관해 의심의 여지가 없는 답을 들었을 겁니다. [⋯]

정치적 현실에 대한 이 몇 마디 언급으로 당신이 앞으로 더 이상 그처럼 기만적인 주장을 하지 않게 되기를 바라며 친애하는 장, 이만 줄이겠습니다.

나는 물론 새삼 남반구 지역 국가 대표들을 찾아다니며 그들의 의견을 물어야 할 필요 따위는 느끼지 않는다. 업무상 그들을 일상적으로 만나고 있기 때문이다. 일부는 친구이기도 하다.

하지만 라미가 적어도 한 가지 점에서는 옳다. 그들 중에서 드러내 놓고 세계무역기구의 농업 관련 전략을 비판하는 사람은 거의 없다. 이유는 분명하다. 남반구 지역 국가들의 상당수가 정권 연장을 위해서 서방 국가들의 개발 지원금, 자본, 차관 등을 필요로 한다. 가령 유럽개발기금이 정기적으로 제공하는 자금이 없다면 사하라 사막 이남 아프리카나 카리브 해 연안, 중앙아메리카 일부 국가들은 장관이나 공무원, 병사들의 월급조차 지급할 수 없을 것이다.

세계무역기구는 강대국, 부자 국가들의 클럽이다. 이러한 현실 때문에라도 세계무역기구는 신중해야 한다. 파스칼 라미는 남반구 지역 국가 농부들이 생산한 상품을 위해 선진국 시장을 개방한다고 말한다. 이 사실 하나만으로도 세계무역기구에 제3세계 농부들을 지원하려는 의지가 있음을 입증할 수 있다는 논리다.

하지만 그 점은 증거로 기능할 수 없다. 2003년 칸쿤에서 열린 장관 회담에서 다른 무엇보다도 남반구 시장을 북반구의 거대 다국적 농가공식품 업체에 개방한다는 내용을 골자로 하는 농업에 관한 협약이 공식화될 예정이었다. 이는 남반구에서 생산된 일부 제품들의 북반구 시장 진출에 대한 대가였다.

칸쿤에서 브라질의 루이스 펠리페 데 세이시아스 코레아 대사는 이 계획을 저지하는 데 앞장섰다. 남반구 국가들은 거대 다국적기업들과 외국 국부 펀드에 자국 시장을 개방한다는 안을 거부했다. 이로써 칸쿤 회담은 완전히 실패로 끝났다. 이날 농업에 관한 협약, 다시 말해서 도하에서 시작된 협상의 핵심은 조인되지 않았다.

라미가 했듯이 남반구 생산품에 북반구 지역의 시장을 개방한다는 식의 이야기를 거들먹거리는 건 남반구 지역 출신들에게는 단순한 헛소리에 불과하다는 걸 알 만한 사람은 다 안다.³

라미는 나에게 보낸 격한 공격 편지에서 부자 나라들이 농부들에게 지급하던 지원금 폐지에 대해 언급했다. 홍콩의 장관 회담 끝에 발표된 선언문은 제6항에서 "우리는 모든 형태의 수출 지원금의 동시 폐지와 수출과 동등한 효과를 지니는 모든 정책에서의 규율을 준수할 것을 합의한다. [...] 점진적이고 동시적인 방식으로 이를 이해해나갈 것이다"라고 명시하고 있다.

문제는 수출 지원금 폐지에 관한 협상이 의도를 천명하는 수준을 넘어선 적이 없다는 점이다. 농업에 관한 국제협약에 도달하기 위한 협상은 답보 상태다. 부자 나라들은 여전히 자국 농부들에게 대규모 지원금을 지급하고 있다. 다카르, 와가두구, 니아메, 바마코 등 아프리카의 아무 시장에나 가보라. 주부들은 프랑스산, 벨기에산 혹은 독일산, 스페인산, 그리스산 채소며 과일, 닭고기 등을 아프리카산 같은 제품의 절반 또는 3분의 1 가격에 얼마든지 살 수 있다.

그로부터 몇 킬로미터 떨어진 곳에서 월로프족, 밤바라 족, 모시족 농부들과 그들의 아내, 자식들은 하루 열두 시간 넘게 이글거리는 태양 아래서 죽도록 일하지만 이들의 노동은 생존을 위한 최소한의 수입도 장담해주지 못한다.

나의 후임 올리비에 드 슈터에 대해 한 마디 덧붙이자면 라미는 아마도 그가 세계무역기구에 제출한 업무보고서를 읽지 않은 것이 확실하다. 그가 쓴 보고서는 실패로 끝난 2003년 칸쿤 회담 이후 세계무역기구가 마무리짓지 못한 농업에 관한 국제협약을 주로 다루었다. 올리비에 드 슈터는 보고서에서 세계무역기구의 전략을 거세게 비판하고 있다. 그는 "우리가 발전을 위한 무역을 원하며 그 무역이 충분한 식량을 보장해주는 식량권의 실천을 위해 일조하기를 원한다면, 농산품을 여느 상품과 마찬가지로 취급할 것이 아니라 그 특수성을 인정해야만 한다"[4]고 주장한다.

거의 모든 비정부단체들과 농민조합은 물론 남반구 지역의 대다수 국가들이 농업생산품 교역에 관한 협약은 세계무역기구의 영역에서 뺄 것을, 다시 말해서 도하 라운드에서 제외시킬 것을 요구하고 있다.[5]

식량은 공공 재화로 간주되어야 한다고 이들은 모두 입을 모은다. 올리비에 드 슈터도 이와 같은 입장에 동조한다. 나 역시 그렇다.

4.

세계식량계획의 파산과 무기력한 세계식량농업기구

억만장자 짐 모리스의 눈물

세계식량농업기구와 세계식량계획은 조수아 데 카스트로가 남긴 위대하고 아름다운 유산이다. 그런데 최근 들어 이 두 기구는 파산 위기를 맞고 있다.

이 두 기구는 앞에서도 강조했듯이 파시즘이라는 깜깜한 터널을 빠져 나온 유럽인들의 각성에서 탄생했다. 세계식량농업기구는 1945년, 세계식량계획은 1963년에 각각 창설되었다.

본부 건물을 보자면 솔직히 세계식량계획은 세계식량농업기구보다 훨씬 덜 근사하다. 세계식량계획의 세계 본부가 자리한 곳은 로마의 서글픈 교외 지역으로 묘지와 공터, 그리고 도자기 공장 사이에 애매하게 놓여 있다. 하지만 겉모습과는 달리 세계식량계획은 세계에서 가장 강력한 인도주의 실천 기관이다. 강력할 뿐 아니라 가장 효율적인 기관들 가운데 하나로도 손꼽힌다.

세계식량계획은 긴급 식량 지원을 임무로 삼고 있다. 2010년 남녀노소 구별 없이 9천만 명에 달하는 굶주린 자들이 세계식량계획의 지원 혜택을 받았다. 세계식량계획은 현재 약 1만 명가량의 직원을 고용하고 있으며 그중에서 92퍼센트는 현장에서, 다시 말해서 기아 희생자들 곁에서 일한다. 유엔이라는 거대한 체제 내부에서 세계식량계획은 상당한 독립성을 보장받는다. 36개 회원국의 대표로 구성된 이사회가 세계식량계획을 이끈다.

미국은 세계식량계획 분담금의 60퍼센트를 제공한다. 수십 년 동안 미국은 주로 현물 기부를 통해 분담금을 제공해왔다. 다시 말해서 미국 국내의 엄청난 잉여 농산물 가운데 일부를 세계식량계획에 기부하는 것이다. 그러던 것이 이제 시대가 바뀌었다. 미국 잉여 농산물은 급속도로 줄어들고 있다. 대대적인 규모로 이루어지는 연료용 작물재배가 그 주요 인으로 지목된다. 연료용 작물재배는 수십억 달러에 달하는 어마어마한 규모의 공적 지원금을 통해 장려되고 있다.

이 때문에 2005년 이후 워싱턴 정부가 세계식량계획에 제공하던 현물 기부는 80퍼센트 이상 감소했다. 그럼에도 여전히 미국은 기부금 총액 면에서 여타 국가들과는 비교가 되지 않을 정도로 세계식량계획 최대 기부국이다.

유럽 국가들의 기부는 이보다 훨씬 제한적이다. 2006년 영국은 8억 3,500만 달러, 독일은 3억 4천만 달러를 각각 기부했다. 프랑스의 기여도는 상당히 낮은 편이라 2005년에 6,700만 달러, 2006년에는 그보다 약간 많은 8,200만 달러를 기부했을 뿐이다.

운송비용을 최소화하며 남반구 지역 농민들에게 피해를 주지 않기 위하여 세계식량계획은 재난 지역에서 최대한 가까운 곳에서 식량을 구매하고자 노력한다. 2010년 세계식량계획은 15억 달러어치 식량을 구입했다.

2009년부터 2010년까지 세계식량계획의 지원은 파키스탄 홍수 피해자, 사하라 사막 이남 아프리카 가뭄 피해자, 그리고 아이티 지진 피해자 이렇게 특정한 세 부류의 이재민에게 우선적으로 제공되었다.

구호 식량의 상당 부분은 에티오피아와 베트남, 과테말라에서 구입했다. 같은 2010년에 수천 톤의 옥수수, 쌀, 밀 그리고 2세 미만 유아들과 임신한 여성, 수유 중인 여성들을 위한 특수 식량을 아르헨티나, 멕시코, 태국 등지에서 사들였으며 유럽에서도(대부분 혈관을 통해 주입하는 치료식) 일부 구입했다.

2011년 2월 11일 로마에서 열린 기자회견 자리에서 현재 세계식량계획의 집행위원장직을 맡고 있는 조젯 시런은 2010년에 세계식량계획이 처음으로 남반구 국가들에서 구호 식량의 80퍼센트를 구입했다고 밝혔다.

이 책의 앞부분에서 나는 유엔이 구조적 기아, 즉 세계식량농업기구 소관인 기아와 경기 동향적 기아, 그러니까 세계식량계획의 직접적 소관인 기아를 분명하게 구분한다고 지적했다. 세계식량계획은 말하자면 경기 동향적 기아를 줄이는 임무를 부여받은 기관인 것이다. 그런데 이 구분에 대해서는 약간의 뉘앙스를 덧붙일 필요가 있다.

유엔총회가 결정한 세계식량계획의 사명은 "긴급한 필요에 대처하며, 경제와 사회 발전을 지원함으로써 지구상에서 기아와 빈곤을 퇴치하는" 것이다. 세계식량계획은 특히 유아 사망률을 낮추고 임신한 여성들의 건강을 향상시키며 부영양소 결핍 방지를 위해 투쟁해야 한다. 때문에 세계식량계획은 2009년까지만 하더라도 긴급 식량 지원 외에 최빈국에 사는 아동들 가운데 2,200만 명의 학교 급식을 제공했다. 그런데 최근 들어 이 급식들의 대부분이 폐지되었다. 그 이유에 대해서는 뒤에서 상세하게 살펴보겠다.

세계식량계획은 또한 "노동에 대한 식량 지원Food for Work" 프로그램을 운영함으로써 인도주의적 개입의 새로운 방식을 개척하기도 했다. 기아로 고통 받더라도 일을 할 수 있는 상태의 사람들이라면 세계식량계획이 이들을 고용해서 도로 건설이나 파괴된 교량 재건, 토양 복구, 관개수로 정비, 사일로 건설, 학교 병원 등의 수리를 맡기는 것이다. 근로에 참가한 아버지, 어머니들은 노동의 대가로 식량을 현물로 지급받는다. 근로 시간에 따라 지급량이 달라지는 식이다.

더구나 "노동에 대한 식량 지원" 프로그램이 운영되는 모든 작업 현장은 주민들 스스로의 결정에 의해 정해진다. 주민들이 직접 우선적으로 시행할 작업을 결정한다는 말이다.

나는 코카서스 남부 그루지야에서 처음으로 "노동에 대한 식량 지원" 작업 현장을 지켜보았다. 오랜 역사와 아름다운 풍광을 자랑하는 이 나라는 최근 두 차례의 내란을 겪었다. 1992년 소비에트 연방이 해체되면서 분리를 주장하는 그루지야의 두 지역, 즉 남부의 오세티야와 압하스는 독립을 선언했다. 그러자 트빌리시 정부는 민족통일주의자들을 몰아내려는 시도를 멈추지 않았다. 전쟁을 피해 피난길에 오른 난민이 수십만 명에 달했다. 난민의 대다수는 오세티야와 압하스 지역에 살던 주민들로, 이들은 대거 그루지야로 몰려들었다. 그러나 소비에트 연방 경제체제의 와해에 따른 불황으로 어려움에 처해 있던 그루지야 정부는 이들 난민을 먹이고 돌보아줄 여력이 없었다. 따라서 난민 문제는 세계식량계획 차지가 되었으며 세계식량계획으로서는 최악의 시나리오는 피해야 한다는 절박한 상황에 놓이게 되었다.

독립을 선언한 두 지역은 초토화되었다.[1] 세계식량계획은 그 지역에서 가시덤불 제거, 피난길에 오른 농민들이 방치해둔 차 농장 복구 등에 필요한 자금을 지원했다. 그루지야에서 피난민이 된 농민들은 세계식량계획에 고용되어 대규모 작업장에서 일했으며 그 대가로 돈이 아닌 쌀, 밀가루 포대, 분유 등을 받았다.

세계식량계획 덕분에 지난 20여 년 동안 내란 중에 자행된 대대적인 '인종청소' 정책으로 핍박을 받아야 했던 수천 가구가 거의 정상적인 수준의 식량을 지급받을 수 있었다.

그 후 나는 에티오피아 북쪽 티그레이의 황량한 메켈레 고원지대, 돌 틈 사이에서 몇 줌의 테프만 가까스로 자란다는 그곳과 과테말라의 호코탄 산악 지대 또는 시베리아의 거대한 타이거 지대 접경에 위치한 몽골의 셀렝게 평원 등지에서 이 프로그램이 실행되는 과정을 관찰했다. 어느 곳에서나 가족 전체가 프로그램에 참가하여 열성적으로 일하는 모습이 무척 인상적이었다.

"노동에 대한 식량 지원" 프로그램은 피해자들을 미래의 주역으로 변화시키며 이들의 자존감을 회복시켜줄 뿐만 아니라 만신창이가 된 사회의 재건을 돕는다. 세계식량계획에서 통용되는 표현을 빌자면 "기아를 희망으로 바꾸는" 것이다.

세계식량계획은 또한 외교적 투쟁 면에서도 모범이 될 만하다. 국제적십자사와 마찬가지로 세계식량계획도 유엔이 제안하는 '인도주의 통로', 즉 중앙 식량 비축고로부터 도움을 받아야 할 난민들이 거주하는 수용소에 이르는 중립지대의 효과에 대해 의문을 제기하는 편이다.

'인도주의 통로'라는 생각은 참신하고 매력적이었다. 전쟁의 와중에서 인도주의적 통로를 마련하면 구호물자를 실은 트럭이 자유롭게 이동할 수 있지 않겠는가? 하지만 교전국 입장에서는 '인도주의 통로'를 벗어난 지역에서는, 가령 우물이나 토양에 독을 푼다거나 가축을 마구 도살하고 수확한 곡물에 불을 지르며 경작지를 짓밟는 등 무슨 짓을 해도 좋다는 식의 해석도 얼마든지 가능하다. 더구나 이 모든 만행이 제네바 협약을 비롯하여, 전쟁 중이어도 민간인과 환경을 보호하기 위해 제정된 각종 국제협약들을 완전히 무시하는 가운데 자행될 수 있다.

서수단, 북케냐, 서파키스탄, 아프가니스탄, 소말리아 등지에서는 무장한 도당들이나 교전군들이 정기적으로 세계식량계획의 트럭들(이뿐만 아니라 다른 모든 긴급구호기구들의 트럭들이 공격 대상이 된다)을 공격하곤 한다. 내용물을 약탈당하고 차량은 불태워지고, 심지어 운전기사들이 살해되기도 한다. 세계식량계획(국제적십자사, 기아대책행동, 옥스팜을 비롯하여 비슷한 일을 하는 비정부단체들의 사정도 다르지 않다)을 위하여 일하는 모든 사람들은 정말로 마음에서 우러나오는 존경을 받아 마땅하다. 매번 여행 때마다 목숨의 위협을 무릅쓰는 사람들이기 때문이다.

세계식량계획은 대단히 복잡한 조직이다. 지구상의 5대륙에서 긴급 비축고를 운영해야 하니 그럴 수밖에 없다. 세계시장에서 기초식량 가격이 낮을 때면 세계식량계획은 수천 톤의 비축분을 마련한다.

세계식량계획은 5천 대의 트럭과 엄선해서 추린 운전기사들로 이루어진 운송대를 직접 관리한다. 많은 나라에서, 예를 들어 군대가 운송을 독점하는 북한 같은 곳에서는 어쩔 수 없이 하청을 주어야 한다. 몇몇 나라에서는 구호물자를 제대로 전달하는 데 반드시 필요한 상세한 도로 사정(매복이 있다거나 도로에 구멍이 났다거나 혹은 지름길이 존재한다거나)을 지역 운송업자들만 알고 있는 경우도 있다. 아프가니스탄 같은 곳이 대표적이다.

로마 세계식량계획 본부의 운송과에서는 항공편대도 유지하고 있다. 남수단 같은 경우 육로나 강을 통해서는 수십만 명의 굶주린 자들에게 접근이 불가능하다. 그러므로 여러 대의 화물기가 공중에서 구호품

상자를 투하한다. 상자에 낙하산이 달려 있어서 지면에 닿을 때의 충격을 완화해준다.

세계식량계획의 항공편대는 유엔에서 아주 유명하다. 유엔의 여러 부서에서 청탁이 빗발친다. 세계식량계획의 항공편대가 보유한 비행기들은 성능이 좋은데다 조종사들의 공중곡예술 또한 뛰어나다고 명성이 자자하기 때문이다. 덕분에 아프리카 통일 기구 회원국(특히 르완다와 나이지리아) 출신 수만 명의 병사들과 경찰들은 서수단에서 화염에 휩싸인 다르푸르의 세 지방을 떠나온 난민들을 위한 17개 수용소의 안전을 그럭저럭 유지하고 있다. 이들의 행동은 뉴욕의 평화유지 활동국(DPKO, Department of Peace keeping Operation)에 의해 조정된다. 평화유지 활동국이 아프리카 출신 병사들과 경찰들을 다르푸르에 파견할 수 있었던 것도 세계식량계획의 항공편대 덕분이다.

나는 중앙아시아와 남아시아, 카리브 해 연안 지역, 동아프리카, 중앙아프리카 등지에서 세계식량계획의 긴급 개입 작전에 동행했다. 그러면서 세계식량계획에서 일하는 간부들을 비롯하여 일반 직원들까지도 여러 명 만났다. 이들은 대부분 예외적이라고 할 만큼 인간미가 넘치는 인물들이었다. 세계식량계획에 대한 나의 무한한 감탄은 이와 같은 만남에 뿌리박고 있다.

달리 벨가스미는 지금으로부터 수세기 전에 예멘을 떠나 튀니지 중부로 이민 온 부족의 후예다. 시디 부지드[2]에서 태어난 그는 삶의 기쁨을 주변에 퍼뜨리지만 싸울 땐 누구보다도 결단력 있게 싸우는 화산 같은 기질의 소유자다. 영양학자로 세계식량계획의 고위직에 오른 그는 거의 30년 동안 줄곧 기아라는 괴물을 상대로 투쟁을 벌이고 있다.

2002년 그는 이슬라마바드 구호 담당 책임자였다. 아프가니스탄 남부와 중부에 처참한 기아가 몰아닥쳤던 무렵이었다. 어린아이부터 노인에 이르기까지 굶주림에 지친 주민들이 수천 명씩 죽어나갔다.

이 무렵 미군 사령부는 두 차례씩이나 칸다하르에 있는 세계식량계획의 주요 식량 창고에 폭격을 가하고 불을 질렀다. 분명 유엔의 깃발이 펄럭이고 있으며 로마의 세계식량계획 본부 측에서 콜로라도에 위치한 미 공군 사령부에 알려놓은 창고였다. 아프가니스탄 남부, 특히 칸다하르 지역은 탈레반이 극성을 부리는 곳이었으므로 미군 장성들은 유엔 비축 식량이 이들 손에 들어갈 것을 두려워했던 것이었다.

기아 상황은 점점 더 참혹해졌다. 실제적인 식량 봉쇄령과 다름없는 미군 측의 작전으로 아프가니스탄이 점점 더 고립되어가자 달리 벨가스미는 용단을 내렸다. 그는 페샤와르에 세계식량계획 소속 27톤급 트럭 30여 대를 결집시켰다. 트럭마다 쌀과 밀, 분유, 식수 등을 가득 실은 상태였다. 카불에 자리 잡은 미군 작전 본부 측 연락책이었던 미군 대령에게 그는 다음과 같은 전문을 보냈다.

우리 트럭들은 내일 아침 7시 경 키버 패스 쪽에서 출발하여 잘랄라바드 도로를 통해 아프가니스탄 영토로 들어갈 것입니다. 항공 사령부에 이 사실을 알려주시기 바랍니다. 이 도로의 위치 정보를 동봉하니 이 도로 상에 내일 밤까지 절대 폭격이 없기를 요청합니다.

통보한 날 새벽이 되자 벨가스미는 출발 명령을 내렸다. 미군 대령의 답신은 트럭 행렬이 토르캄 관문을 지나 이미 아프가니스탄 영토로 진입하고 난 다음에야 도착했다. 작전을 즉각 정지하라는 내용의 답신이었다.

세계식량계획의 트럭들은 잘랄라바드를 향해 꼬불꼬불한 급커브 길을 따라 하산을 계속했다. 달리 벨가스미는 제일 선두에 선 트럭 앞자리에 타고 있었다. 나는 몇 년이 지난 후에야 세계식량계획의 두뇌이자 집행위원장이었던 장-자크 그레스의 입을 통해 이 일을 전해 들었다. 그 말을 들은 나는 "아니, 달리가 죽을 수도 있었던 게로군요!"라고 외쳤다. 그러자 그레스는 웃으며 응수했다. "그보다 더 고약하지. 그때 만일 트럭을 한 대라도 잃어버렸다면 그 자는 그 자리에서 즉시 해고당했을 테니까!"

2011년 달리 벨가스미는 세계식량계획의 중동 지역과 북아프리카 지역 담당자가 되었다. 지역 본부가 위치한 카이로에 근무하면서 그는 사자처럼 매일 카르니에 주둔 중인 이스라엘 장교들과 싸워야 했다. 세계식량계획의 트럭은 단 한 대도 이스라엘과 가자의 국경지대를 통과할 수 없다는 것이 이들 이스라엘 장교들의 입장이었다. 구호 트럭이 한 대씩 그곳을 통과할 때마다 벨가스미는 이를 영양실조에 걸린 가자 지구의 남녀노소 주민들을 위한 그 자신의 승전보로 간주했다.

내가 세계식량계획에서 만난 또 한 명의 예외적인 인물은 짐 모리스였다. 그는 일반적인 미국인과는 완전히 달랐으며 우리는 그런 그를 좋아할 수밖에 없었다. 백발에 큰 키, 집채만한 덩치를 자랑하는 그는 미국 중서부 출신으로 오랜 친구인 조지 부시 대통령 덕분에 세계식량계획에 둥지를 틀게 된 이른바 낙하산 인사였다.

억만장자인 제임스 T. 모리스는 인디애나폴리스에 잘나가는 기업 여러 개를 소유하고 있었다. 그는 공직에서도 오래 일했으며 자선기금단체에서도 일한 경험이 있고 조지 부시의 대선 캠프에도 상당히 많은 금액을 지원했다. 따라서 백악관은 그에게 꽤 괜찮은 자리를 마련해주어야 할 의무감을 느꼈을 것이다.

장관 자리는 어떨까? 그런 자리엔 관심이 없었던 모리스는 여행을 하고 싶어 했다. 그렇다면 대사직은? 모리스에게 그건 좀 너무 약소해 보였다. 이 자리 저 자리 제하고 나니 결국 제법 규모가 되는 국제기구 수장 자리만 남았다. 그렇게 해서 그는 세계식량계획에 발을 들여놓게 되었다.

평온하기 그지없는 할아버지인데다 호기심 많고 일단 일을 맡았다 하면 완벽하게 해내야한다는 집념으로 가득 찬 모리스는 마치 달나라에 가듯이 로마에 안착했다. 그는 지구상의 기아나 그 기아를 퇴치하기 위해 세계식량계획에서 벌이는 투쟁에 대해서는 전혀 문외한이었다.

임명되자마자 모리스는 전 세계를 일주했다. 그는 세계식량계획이 적극적으로 활동 중인 80개국을 빠짐없이 방문했다. "노동에 대한 식량지원" 프로그램을 시행 중인 작업장 수십 곳도 방문했으며 어린이들의 혈관에 주입관을 꽂아 음식을 공급해줌으로써 꺼져가는 생명을 서서히 살려내는 긴급 영양 치료센터도 수백 곳이나 돌아보았다. 그는 또한 학교 급식 현장과 그 급식을 준비하는 주방들을 둘러보았으며 기아 희생자 관련 통계도 공부했다. 그는 자신의 두 눈으로 죽어가는 아이들, 절망에 빠진 어머니들, 초점 잃은 눈으로 세상 너머를 응시하는 아버지들을 보았다. 모리스는 경악에 사로잡혔다.

나는 그가 가장 반복적으로 입에 올리던 "이건 도저히 있을 수 없는 일"이라는 표현을 기억한다. 타고난 활력에, 하나의 제국을 건설할 정도로 성공한 기업가로서의 풍부한 경험을 접목시켜 그는 세계식량계획 수장의 직무에 뛰어들었다.

모리스는 성공회 계통 기독교인이다. 나는 그가 이야기할 때 눈에 눈물이 맺히는 걸 여러 번 보았다. 그가 보낸 편지들 가운데 특별히 그의 드높은 성취욕을 보여주는 몇 통의 편지들을 다시 읽어보았다.

친애하는 지글러씨, 당신이 하신 모든 선행에 감사드립니다. 나는 지구상의 가난하고 굶주린 사람들 편에 서겠다는 당신의 다짐을 높이 평가합니다. [⋯] 세상에는 우리를 필요로 하는 사람들이 너무도 많습니다. 특히 아주 어린 아이들을 생각하면 가슴이 아프죠. 행운을 빕니다. 짐.

이런 내용도 있다.

우리 각자는 매일 남을 위해 할 수 있는 모든 일을 해야 합니다. 그들이 우리 가까이 있건 멀리 있건 말입니다. 나는 우리를 이어주는 건 인류애라는 사실 정도만 알고 있습니다. [⋯] 우리 삶이 주는 위대한 수수께끼야 이해할 길이 없지요. [⋯] 너무도 많은 일을 해야 하는데, 노력 끝에 거두어들이는 결실은 보잘것없습니다.

이렇듯 우리 사이에는 우정이 쌓여갔고 그 관계는 정치적 관점에서는 매우 우스꽝스러운 상황을 연출하기도 했다.

우리 두 사람은 장-자크 그레스 덕분에 제네바 인근 호숫가의 작은 마을 벨뷔에 자리잡은 식당 포르-지타나에서 점심을 함께 먹으며 처음으로 인사를 나눴다. 그 인연으로 모리스는 2004년 6월 더블린에서 열린 세계식량계획 회의에 나를 특별 연사로 초청했다. 세계식량계획은 4년마다 모든 지역 책임자들을 한 자리에 모아 본부의 전략에 관해 토론하는 자리를 가진다.

조수에 데 카스트로가 활약하던 시대는 벌써 오래전에 막을 내렸고 세계식량계획의 어느 누구도 식량권에 대해서는 까마득히 잊은 상태였다. 유엔 체제 하에서 인권은 인원위원회 소관일 뿐, 전문 기구와는 거리가 멀었다. 세계식량계획은 스스로를 인도주의적 구호 기구로 자리매김할 뿐이었다.

더블린에서 나는 규범적인 접근, 다시 말해서 경제, 사회구조의 변화를 추구하는 접근을 주장했다. 벨가스미와 그레스, 모리스가 나를 지지했다. 더블린 회의의 마지막 날인 6월 10일 모리스는 이날 이후 식량권 구현이 세계식량계획의 전략적인 목표가 될 것이라는 내용의 결의안을 표결에 붙였다.[3]

같은 무렵, 제네바 인권위원회와 내가 1년에 두 차례씩 보고서를 제출하고 권고 사항을 제안하는 뉴욕 유엔총회 제3분과위원회에서는 나를 격렬하게 공격했다. 그 자리에 참석한 자들은 식량권이라는 인권의 존재 자체를 부인했다.

모리스는 이와 반대로 그가 가진 에너지와 외교적 수완을 총동원하여 식량권을 옹호했다. 그런데 세계식량계획 집행위원장인 그에게는 정기적으로 안전보장이사회에 나가 세계의 식량 상황에 대해 보고해야 할 의무가 있었다. 이러한 자리에서 그는 두 번씩 다음과 같은 방식으로 나를 인용했다. "내 친구 장 지글러는, 난 물론 그의 정치적 견해에는 전혀 동의하지 않지만……"

이런 웃지 못할 상황은 조지 부시의 제네바 주재 특사 격인 워런 W. 티치노어 대사의 입장을 매우 난처하게 만들었다. 그는 곧 인권위원회 참석을 거부했으며 대신 이탈리아계 미국인 마크 스토렐라를 보냈다. 매우 냉소적인 인물인 마크 스토렐라는 당연하게도 지속적으로 나를 공격했다. 제네바 주재 미국 외교관들의 눈에 비친 나는, 뉴욕에 주재하는 그들의 동료들도 마찬가지지만, 유엔이라는 이름을 남용하는 비밀공산주의자로 한시라도 빨리 가면을 벗겨야 할 요주의 인물에 지나지 않았다. "당신은 뭔가 숨겨놓은 계획이 있는 것이 분명해!", "당신은 우리 대통령이 추진하는 정책에 반대하기 위한 십자군 전쟁을 비밀리에 추진하고 있어!" 난 이처럼 멍청한 비난을 수없이 많이 들었다.

이들은 여러 번씩이나 나의 해임을 요구했다. 하지만 코피 아난 유엔 사무총장과의 우정, 인권위원회 고등판무관 세르지우 비에이라 데 멜루의 외교적 수완 덕분에 나는 임기를 유지할 수 있었다. 하지만 그마저도 마지막엔 가까스로 가능했다.

티치노어 대사 입장에서 보자면 짐 모리스는 건드릴 수 없는 인물이었다. 공화당의 거물이며 행정부의 눈치를 볼 일이라고는 없는 기업가 짐 모리스는 언제든 백악관에 자유롭게 전화할 수 있는 부류였던 것이다. 나는 그가 친구 조지 부시에게 식량권에 대해 언급한 적이 있는지는 알지 못한다.

어쨌거나 허공에 대고 외치는 데 지쳤는지 짐 모리스는 2007년 봄에 로마를 떠났다.[4]

한쪽이 부를 쌓을 때 다른 쪽은 굶주린다

식량특별조사관으로 일하던 기간 중 가장 행복했던(가장 강렬하고 가장 감동스러운) 순간을 꼽으라면 나는 단연 에티오피아, 방글라데시, 몽골 등의 학교 식당과 주방에서 보낸 시간들을 꼽겠다. 그곳에서 나는 모처럼 나 자신이 인간인 것이 자랑스러웠다.

제공되는 음식은 나라에 따라 달랐다. 식사는 지역에서 생산되는 농산물들로 준비되었다. 아프리카에서는 카사바, 테프, 조, 아시아에서는 쌀과 소스, 닭고기, 안데스 산맥 고원 지대에서는 키노아와 고구마 이런 식이었다. 어느 대륙에서나 세계식량계획에서 마련하는 식사에는 채소가 반드시 포함된다. 또한 망고나 대추야자, 포도 등 나라에 따라 종류는 다르지만 여하튼 현지에서 나는 과일들이 후식으로 제공된다.

학교 식당에서 하루 한 끼 식사를 제공하면 부모들은 그 이유 때문에라도 아이를 학교에 보내 그곳에 머물게 한다. 이를 통해 제대로 된 식사를 하게 하고 학습 활동을 촉진하여 아이들이 학업에 집중할 수 있도록 도와준다.

25센트면 세계식량계획은 학교에 나오는 아이들에게 쌀이나 콩과 식물 죽 한 사발을 끓여 먹이고 한 달 분 식량을 집에 들려 보낼 수 있다. 50달러면 어린 아이 한 명을 1년 동안 먹일 수 있다.

　대부분의 경우 아이들은 학교에서 아침과 (이나) 점심을 먹는다. 이 식사는 마을 공동체가 나서서 학교에서 준비하거나 중앙 취사장에서 마련한다. 일부 학교 급식 프로그램은 완전한 한 끼 식사를 제공하는가 하면 영양가 높은 비스킷이나 간식을 제공하는 학교도 있다. 집으로 가져가는 식량은 학교 급식 프로그램을 보완하는 셈이다. 이러한 프로그램 덕분에 아이를 학교에 보내면 가족 전체가 먹을거리를 지급받을 수 있었다. 집으로 가져가는 식량의 배급은 학교 등록 여부와 아이의 출석 성적에 따라 달라진다.

　가능한 한 모든 식품은 지역 시장에서 구입한다는 원칙을 준수한다. 그렇게 해야 영세 농민들에게도 혜택이 돌아가기 때문이다. 게다가 학교 식당에서 제공하는 식사에는 부영양소도 강화되어 있다.

　이처럼 가장 빈곤한 지역에서 생명 유지에 반드시 필요한 먹을거리를 제공하는 학교 급식 덕분에 기아와 빈곤, 어린이 노동 등의 악순환 고리가 끊어지기도 한다. 학교 급식은 에이즈에 걸린 아동, 고아, 장애 아동, 군대에 소집되었다가 소집 해제된 소년 병사들에게도 제공되었다.

　2009년 전에는 세계식량계획 측에서 이처럼 학교 급식을 제공했고, 한 해 평균 70개국에서 2,200만 명의 어린이들이 그 혜택을 받았다. 이는 금액으로 환산하면 4억 6천만 달러에 해당된다. 2008년 세계식량계획은 270만 명의 여아와 160만 명의 남아에게 집으로 가져가는 식량을 배급했다. 세계식량계획은 또한 아이티, 중앙아프리카공화국, 기니, 기니-비사우, 시에라리온, 세네갈, 베냉, 라이베리아, 가나, 케냐, 모잠비크, 파키스탄, 타지키스탄, 팔레스타인 점령지 등 15개국에서 유치원에 다니는 아동 73만 명에게 식사를 제공했다.

하루는 방글라데시 제소레의 한 학교에서 교실 한구석에 앉은 일곱 살쯤 되어 보이는 사내 녀석이 책상에 오트밀과 콩깍지가 담긴 그릇을 그대로 놓아둔 채 손도 대지 않는 광경을 목격했다. 녀석은 고개를 푹 숙이고는 꼼짝도 하지 않고 가만히 앉아 있었다. 나는 세계식량계획의 지역 책임자인 S. M. 무시드에게 이유를 물었다.

그는 어물어물 회피성 대답만 늘어놓았다. 말하기 거북한 눈치였다. 한참을 망설이더니 그가 결국 털어놓았다.

"여기 제소레엔 언제나 문제가 산적해 있습니다······. 우리는 아이들에게 집으로 가져갈 식량을 지급할 여력이 없습니다. 저 녀석은 그래서 먹지 않는 겁니다······. 지금 녀석 앞에 놓여 있는 식사를 집으로 가져가고 싶은 거죠."

나는 깜짝 놀랐다.

"그러면 아이가 원하는 대로 하게 해주시면 되지 않나요······? 아이가 가족을 얼마나 사랑하면 그런 생각을 하겠습니까!"

무시드가 반박했다.

"저 어린 녀석은 배가 고픕니다. 저 녀석은 밥을 먹어야 한다고요. 게다가 규정상 음식을 학교 밖으로 가지고 나갈 수는 없습니다."

세계식량계획이 학교 급식을 제공하는 곳에서는 어디에서나 똑같은 문제가 반복된다. 세계식량계획(그리고 세계식량계획을 지원하는 비정부단체)의 예산이 어린이들에게 집으로 가져갈, 다시 말해서 학교에 오지 않고 집에 남아 있는 식구들에게 가져다 줄 식사까지 제공할 만큼 충분하지 못한 곳에서는 이 같은 규칙이 엄격하게 지켜진다.

한 예로 에티오피아 남부의 시다모에서는 식사가 준비되는 대로 학교 교사가 식당을 열쇠로 잠그기까지 한다. 아이들이 학교 현장에서 식사를 하도록 하기 위해서다. 아이들이 식사를 마치고 학교 식당에서 나와 안뜰에 마련된 수돗가로 가서 양치질을 하고 손을 씻는 동안 교사는 아이들이 주어진 식사를 모두 먹었는지, 책상 밑에 음식물이 가득 혹은 반쯤 담긴 접시들을 숨겨 두지는 않았는지 검사한다.

어린아이들의 마음엔 가족에 대한 사랑이 하나 가득이다. 집에 남은 식구들은 굶주리는데 자기만 혼자서 밥을 먹자니 가족에 대한 의리나 연대감 때문에 자꾸만 어린 마음에 갈등이 생기는 것이다. 그래서 몇몇 아이들은 먹고 나서 내내 후회하느니 아무리 배가 고파도 굶는 쪽이 더 낫다고 생각한다. 그런데 비극적인 이유로 이런 문제가 더 이상 발생하지 않게 되었다.

2008년 10월 22일 유로존 17개국의 정상들과 행정수반들이 파리의 엘리제궁에 모였다. 저녁 6시, 앙겔라 메르켈 독일 수상과 니콜라 사르코지 프랑스 대통령은 기자들이 모여 있는 엘리제궁 계단 앞에 모습을 드러냈다. 두 사람은 기자들에게 "우리는 은행 간 대출을 원활하게 하고 은행의 자기자본 비율을 3퍼센트에서 5퍼센트로 상향 조정하기 위해 1조 7천억 달러를 풀기로 결정했다"고 발표했다.

2008년 연말을 앞두고 유로존 국가들의 긴급 식량 지원금은 거의 절반으로 줄었다. 평소 세계식량계획의 예산은 60억 달러였으나 2009년엔 32억 달러로 삭감되었다. 따라서 세계식량계획은 전 세계 곳곳에서 학교 급식 사업을 중단해야 했으며 특히 방글라데시가 가장 큰 피해를 입었다.

이 때문에 방글라데시의 어린 소년 소녀 100만 명가량이 학교 급식 혜택을 받지 못하게 되었다. 2005년 내가 방글라데시에서 수행했던 업무에 대해서는 뒤에서 다시 설명하겠다. 그때 나는 다카, 치타공을 비롯한 여러 도시의 많은 학교를 방문했다. 커다란 검은 눈에 너무도 살이 없는 빼빼 마른 몸을 가진 그 어린아이들에게는 학교에서 먹는 식사가 하루의 유일한 식사임은 따로 물어볼 필요도 없을 만큼 명백했다.

다카의 교육부 장관실에서 여러 시간을 보냈던 일도 생각난다. 유엔개발계획 지역 대표의 지원을 받은 동료들과 나는 방글라데시 학교들이 방학 동안 문을 닫지 않도록, 다시 말해서 아이들이 1년 열두 달 빠짐없이 다만 한 끼라도 먹을 수 있도록 하기 위해서 결사적으로 투쟁했다. 하지만 장관은 우리의 요청을 거부했다. 오늘에 와서 그런 문제는 거론할 필요조차 없게 되어버렸다. 세계식량계획 측에서 한 나라씩 차례로 학교 급식을 중단했기 때문이다.

2011년의 경우 세계식량계획은 절대로 줄일 수 없는 예산을 70억 달러 정도로 예측한다. 그런데 2010년 12월 초까지 모인 돈은 27억 달러에 불과했다. 이처럼 극단적인 수입 감소는 당연한 말이지만 비극적인 결과를 초래한다.

나는 방글라데시 사례를 꼼꼼히 살펴보았다. 2009년 인구는 많고 가난하며 변덕스러운 기후로 인한 천재지변에 고스란히 노출되어 있는 이 나라에서는 800만 명 주민이 모든 수입이 끊겨 세계식량계획에서 쓰는 용어로 "기아한계선on the edge of starvation" 상에 놓이게 되었다. 두 가지 재앙이 겹친 것이 직접적인 원인이었다. 예년보다 훨씬 강도 높은 열대계절풍이 몰아닥침으로써 농토가 초토화된데다 세계 금융 위기로 직격탄을 맞은 상당수 섬유 공장들이 문을 닫은 것이다. 세계식량계획 아시아지부는 2009년 방글라데시를 돕기 위해 2억 5,700만 달러를 요청했으나 실제로 받은 것은 7,600만 달러에 불과했다.

2010년 사정은 한층 악화되었다. 아시아 지부는 방글라데시 지원용으로 고작 600만 달러를 확보하는 데 그쳤다. 2011년 세계식량계획 아시아 지부는 기부국들이 지급하는 지원금이 이보다 훨씬 더 줄어들 것으로 전망한다. 이 말은 기아로 목숨을 잃게 되는 사람이 더욱 증가할 것이라는 말과 다르지 않다.

　　지구상의 다른 지역에서도 상황은 만만치 않게 비극적이다. 2011년 7월 31일 유엔은 다음과 같은 성명서를 발표했다.

　　아프리카 소말리아 반도에서 1,240만 명이 기아로 위협받고 있다. 아프리카 대륙의 동부에 해당되는 이 지역은 다섯 개 나라로 이루어져 있는데 이 중에서 에티오피아와 소말리아의 기근 상황이 가장 염려스럽다. […] 소말리아 남부에서만도 120만 명의 어린이들이 죽어가고 있다. 기력을 잃고 허약해질 대로 허약해진 이 아이들은 질병과의 싸움을 버텨낼 힘이 없기 때문에 죽을 위험에 놓이게 되는 것이다.

　　세계식량계획은 16억 유로를 요청했으나 이 액수의 3분의 1에 해당되는 지원금을 모으는 데 그쳤다.

　　케냐 영토 내의 다답 수용소에는 무려 45만 명의 이재민이 몰려들었다. 이외에도 수십만 명이 유엔이 오가덴에 세운 수용소에 들어가기 위해 갖은 애를 쓰고 있다. 매일 100킬로미터, 아니 150킬로미터를 걸어온 수천 가구가 자욱한 아침 안개를 헤치며 수용소 주변에 모습을 드러낸다. 다답 수용소에서는 이름을 등록하는 데만도 약 40일이 걸린다. 담당 관리들이 부족하기 때문이다. 필수 영양소 강화식품(곡물들을 압착시켜 만든 시리얼 바, 강화 비스킷 등)[1], 치료용 앰풀 등이 태부족이다. 수많은 아이들이 수용소나 수용소 울타리 바로 밖에서 죽음과 사투를 벌인다.

가뭄으로 황폐화된 마을을 떠난 가족들은 살인적인 더위 속에서 초원의 먼지를 뒤집어쓰면서 여러 날, 여러 밤, 때로는 여러 주일씩 걸어서 이재민 수용소를 찾아온다. 도중에 죽는 사람들도 부지기수다. 많은 어머니들이 체력이 너무 약한 자녀들은 뒤로하고 길을 재촉해야 한다. 길가에서, 수용소에서, 또는 주변에 임시로 마련해 둔 대피소에서 만나는 수천, 수만 명의 주민들은 이미 죽은 목숨이나 다름없다.

2011년 8월 초 유엔아동기금은 극도의 영양실조로 곧 죽을 수도 있는 열 살 미만 아동의 숫자를 57만 명으로 집계했다. 유엔아동기금은 2011년 8월 18일을 기해 발표한 호소문에서 220만 명의 어린이들은 기아의 위협에서 용케 살아남는다고 해도 영양실조로 인한 후유증을 평생 안고 살아야 할 것으로 전망했다. 0세부터 2세까지, 다시 말해서 뇌세포 발달에 결정적인 시기에 제대로 영양을 공급받지 못한 아이들은 평생 장애를 안고 살아가게 된다는 사실을 다시 한 번 상기할 필요가 있다.

앙겔라 메르켈과 니콜라 사르코지, 사파테로, 베를루스코니를 비롯한 다른 유럽 정상들, 그러니까 2008년 파리 회담에서 세계식량계획에 제공하던 지원금을 줄이는 대신 은행 구제에 1조 7천억 유로를 쓰자고 결정한 이들에게 비난의 화살을 날리는 건 솔직히 부당한 처사일 것이다.[2]

앙겔라 메르켈과 니콜라 사르코지는 선출과 동시에 각각 독일과 프랑스의 경제를 굳건하게 운영하고 필요하다면 회복시키라는 임무를 부여받은 사람들이다. 그들은 지구상의 기아를 몰아내라고 선택받은 사람들이 아니라는 말이다. 게다가 치타공, 울란바토르, 테구시갈파의 아이들에게는 선거권도 없다. 또 그 아이들이 파리의 샹젤리제 거리나 베를린의 쿠르퓌르스텐담, 또는 마드리드의 아르마스 광장에서 죽어가는 것도 아니니 말이다.

이러한 참혹한 상황을 초래한 진짜 책임자들은 투기꾼들, 그러니까 각종 헤지펀드 운용자, 명망 높은 대형 은행 수장들을 필두로 하는 글로벌 금융 자본 포식자들이다. 이들은 기업의 이익 혹은 사리사욕, 그리고 냉소주의에 사로잡혀 세계 금융 시스템을 파산으로 이끌었으며 수천 억 유로에 해당되는 자산을 공중분해시켰다.

이들 포식자들은 반인류 범죄를 재판하는 법정에 세워야 마땅하다. 하지만 이들은 워낙 막강한 권력을 지녔고 그에 반해 국가는 너무도 허약하다 보니 그런 일은 결코 일어나지 않는다.

오히려 그 반대다. 2009년 이후 투기 세력은 바젤은행감독위원회가 새롭게 제시한 지극히 소극적인 몇몇 규정에 의해 잠시 주춤하는가 싶더니 이내 아무 일도 없었다는 듯 활력적으로 이전의 그릇된 관행을 다시금 추스리고 있다. 참고로 일종의 부자 나라 중앙은행들의 조정 기관이라고 할 수 있는 바젤은행감독위원회는 자기자본 비율을 상향 조정하거나 금융파생상품에 대한 감시를 약간 강화한다는 식의 결정을 내리는 선에서 개입을 제한했다. 바젤위원회는 은행가들의 급여나 보너스 문제에 대해서는 어떠한 결정도 내리지 않았다. 때문에 크레디트스위스 은행의 브래디 더간 총재는 2010년 개인 보너스로 7,100만 스위스 프랑(6,500만 유로)을 챙겼다.

세계식량계획, 생명을 선별하다

로마의 낡은 세계식량계획 본부 건물 내부엔 두 개의 방이 있다. 이 두 개의 방에서는 매일 수십 만 명의 운명, 아니 좀 더 구체적으로 말하자면 목숨이 결정된다.

첫 번째 방은 '상황실'로 여기엔 세계식량계획의 모든 자료가 보관되어 있다. 세계식량계획의 강점은 재앙이 닥쳤을 때 최대한 신속하게 반응하여 가장 빠른 시간 안에 이재민들의 생존에 필수적인 식량과 식수를 실은 선박과 비행기를 동원하는 실력에서 비롯된다. 세계식량계획이 반응하는 데에는 평균적으로 48시간 정도가 소요된다. '상황실'의 벽은 온통 거대한 세계지도와 화면들로 도배되어 있다. 검정색 긴 탁자 위에는 일기예보도, 위성사진 등이 수북하게 쌓여 있다.

전 세계의 수확 상황은 매일 매일 점검된다. 메뚜기 떼의 이동, 해양 운송 요금, 시카고 농산물 거래소에서 거래되는 쌀이나 옥수수, 팜유, 조, 밀, 보리 등의 가격을 비롯하여 다른 원자재 거래 동향 등은 물론 제반 경제 지표들도 상시적으로 조사되고 검토되며 분석된다.

예컨대 쌀을 실은 선박이 베트남에서 다카르 항구까지 오려면 6주가 걸린다. 운송비용의 변화 추이는 매우 중요한 변수가 된다. 배럴당 원유 값의 변화 또한 꼼꼼하게 챙겨야 할 변수이므로 상황실에서 일하는 경제학자들, 보험과 운송 전문가들이 주시하는 부분이다. 이들 전문가들은 매우 효율적인 집단이므로 조금이라도 이상 징후가 발견되면 즉시 필요한 정보들을 제시할 수 있다.

세계식량계획 본부에 위치하고 있는 또 하나의 전략실은 얼핏 보기엔 상황실보다 훨씬 한가하고 방을 가득 메운 각계 전문가들도 눈에 띄지 않아 훨씬 덜 강한 인상을 주는 VAM(Vulnerability Analysis and Mapping Unit), 즉 취약점 분석과 도표화 담당실이다. 현재 VAM의 책임자는 조이스 루마라고 하는 열성적인 여성이다. 5대륙에서 취약한 집단을 선별해내는 상세한 조사가 시작되는 곳이 바로 이곳이다. 조이스 루마는 말하자면 궁핍을 서열화하는 작업을 진두지휘한다고 할 수 있다.

조이스는 유엔의 다른 모든 기구들과 비정부단체, 교회, 각국 보건복지부들과 밀접한 공동 작업을 펼치고 있으며 특히 세계식량계획의 지역 책임자들과 긴밀하게 협력하고 있다.

캄보디아, 페루, 방글라데시, 말라위, 차드, 스리랑카, 니카라과, 파키스탄, 라오스 등지에서 조이스 루마는 유엔의 지역 대표부에 현장 조사를 위임한다. 상세한 설문지를 든 조사자들은 이 동네 저 동네, 이 빈민가 저 빈민가, 이 마을 저 마을을 돌며 각 세대주들, 1인 가족, 싱글맘 등을 대상으로 그들의 수입과 직업, 식량 상황, 집안 식구들의 질병, 식수 혜택 여부 등을 묻는다.

일반적으로 설문지는 로마 본부에서 작성한 30개에서 50개가량의 문항으로 이루어져 있다. 일단 작성이 끝난 설문지는 다시 로마로 보내지며 조이스 루마와 그녀의 팀이 그것을 분석한다.

엘리 비젤은 분명 우리 시대의 가장 위대한 문인 중의 한 사람으로 추앙받을 만한 인물이다. 그는 아우슈비츠-비르케나우 수용소에서 살아남은 생존자이기도 하다. 그런 그가 인종말살을 자행하던 수용소에 관해 언급하는 모든 글이 안고 있는 극복하기 어려운 모순을 명쾌하게 지적한 바 있다. 나치 수용소는 너무도 끔찍한 만행이었으므로 인간의 언어로는 차마 그것을 제대로 표현할 수가 없다. 아우슈비츠에 대해 말한다는 건 도저히 말로는 표현조차 할 수 없는 것을 보편화하는 것이다. 그런데 다른 한편으로 우리는 기억해야 한다는 의무를 저버릴 수 없다. 그처럼 짐승만도 못한 참혹한 범죄행위가 언제라도 또다시 재현될 수 있기 때문이다. 그러므로 이 말로 표현할 수 없는 만행을 겪지 않은 세대들에게 그 같은 위험에 대해 거듭 말하고 경고하며 경각심을 불어넣어야 한다.

나치의 만행이 실행되는 데에는 이른바 선별 작업이 중추적인 역할을 담당했다. 이를테면 아우슈비츠의 언덕은 새로 도착하는 포로의 운명이 결정되는 장소였다. 금방 죽을 사람은 왼쪽으로, 언제까지인지는 모르지만 그래도 당분간은 목숨을 부지하게 될 사람은 오른쪽으로 보내지는 식이었던 것이다.

조이스 루마가 맡은 임무에서도 이 같은 선별작업이 핵심을 이룬다. 세계식량계획의 가용 예산이 대폭 감소한데다 도움을 기다리며 손을 내미는 수백만 명을 모두 먹이기에는 비축한 식량이 부족하므로 선택은 불가피하다.

조이스 루마는 공정하고자 최선을 다한다. 세계에서 가장 큰 인도주의 단체가 사용할 수 있는 모든 기술적 방법을 동원하여 조이스는 기아가 창궐한 나라별로 가장 고통 받는 집단, 가장 취약한 집단, 가장 빠른 시일 안에 목숨을 잃을 위험에 처해 있는 집단을 가려낸다. 그리고 나면 불행하게도 '극도로 취약한' 부류에는 포함되지 않았지만 그렇다고 해서 심각한 영양실조 위험에서 멀찌감치 비껴서 있는 것도 아닌, 따라서 당장은 아니더라도 멀지 않은 장래에 죽음의 위협에 노출될 수도 있는 이른바 차상위 집단이 남게 된다.

    요컨대 인간미와 연민으로 똘똘 뭉친 조이스 루마는 살 사람, 죽을 사람을 결정해야 한다. 비록 말은 똑같이 선별작업이라고는 해도 조이스가 세계식량계획 본연의 목적을 달성한다는 객관적인 필요에 따라 행하는 일은 나치의 만행과는 엄연히 구분된다.

방글라데시의 빈민, 잘릴 질라니와 그녀의 자식들

　　　　　　　　　　　　방글라데시는 면적이 무려 14만 3천 평방킬로미터나 되는 거대한 녹색의 삼각주다. 인구는 1억 6천만 명이나 되며 지구상에서 인구밀도가 가장 높은 나라이기도 하다. 말없이 미소만 지으며 끊임없이 옮겨 다니는 방글라데시 사람들은 도처에 깔려 있다. 내가 처음으로 방글라데시 방문길에 오르기 전에 속 깊은 제네바 주재 방글라데시 대사 알리 투픽 알리는 이렇게 말했다. "아마 절대 혼자가 되시는 일은 없을 겁니다. 곧 아시게 되겠지만 어디를 가든 사람들이 바글거릴 테니까요."

　　정말로 북쪽에서 남쪽으로, 제소레에서 자말푸르로, 망그로브 습지대에서 벵갈 만으로, 어디를 가든 나는 비록 해진 옷이지만 말끔하게 빨아서 빳빳하게 다림질한 옷을 정갈하게 차려입은 사람들에 둘러싸였다.

　　또한 방글라데시는 세계에서 가장 부패가 심한 나라 가운데 하나이기도 하다. 유엔 식량특별조사관으로 재직하는 기간을 통틀어 나는 딱 한 번 매수공작의 대상이 된 적이 있는데, 바로 2005년 다카에서였다. 크리스토프 골레이와 뛰어나고 우아한 두 여자 동료 샐리-앤 웨이, 두티마 바괄리와 동행한 나는 장관의 접견실에서 방글라데시 외무부 장관과 그의 의회 담당 보좌관과 마주보고 앉았다.

적어도 한 시간 넘게 우리는 영리해 보이는 눈에 몸집이 커서 천장에 달린 선풍기가 만들어주는 바람에도 연신 땀을 흘리는 장관(장관은 방글라데시 섬유 산업계의 거물 가운데 한 명이었다)에게서 인도 다국적기업들이 해안 가까이에 위치한 망그로브 습지대에 거대한 새우 양식장 건설 허가를 받게 된 이야기를 끌어내고자 애를 먹고 있었다.

그 허가 사건으로 해당 지역 어부들은 나에게 불만을 호소했다. 새우 양식장 때문에 가내 수공업 상태에 머물러 있는 그들의 고기잡이가 파산 지경에 이르렀다는 것이었다. 요컨대 인도 새우 양식업자들이 수백 킬로미터에 이르는 해안 출입을 막아선 것이다.

이로써 나는 방글라데시 어부들의 식량권이 다른 사람도 아닌 바로 방글라데시 정부에 의해 유린되는 사건과 당면하게 되었다. 따라서 나는 장관에게서 정부와 해당 인도 다국적기업 간에 체결된 계약서의 사본을 얻어내야 할 필요가 있었다.

그런데 나는 장관의 완강한 거부에 부딪쳤다. 장관은 나의 질문에 대답하는 대신 젊고 아름다운 나의 두 여자 동료에게 작업을 거는 데 열중했다. 장관의 이 같은 태도에 두 여자가 어이없어 했음은 두말할 필요도 없다.

그런데 문득 의회 담당 보좌관이 함께 앉아 있는 자리에서 장관의 얼굴에 의미심장한 미소가 번졌다. "우리 회사에서는 외국 고객들을 위해서 정기적으로 수준 높은 국제회의를 개최하고 있습니다. 그 자리에는 전 세계의 학자들이나 대학 교수들을 초청하는데 특히 미국과 유럽 측 인사들이죠. 우리나라 학자들도 물론 참가합니다. 참석하신 분들에게는 사례도 두둑하게 합니다. 혹시 여러분들께서도 시간이 되시겠습니까?

괜찮으시다면 여러분 모두를 그 자리에 초청하고 싶군요."

프랑스령 기아나 출신으로 불같은 성격을 지닌 두티마는 벌써 자리를 박차고 일어났고 샐리-앤 웨이와 크리스토프도 문을 박차고 나갈 참이었다. 나는 그들을 만류했다. 장관의 의회 담당 보좌관은 겸연쩍게 웃었다. 장관은 내가 어째서 그처럼 급하게 서둘러 면담을 끝내고 작별인사를 하는지 이해하지 못하는 눈치였다.

다카. 끈적끈적한 열기 때문에 입은 옷이 자꾸 몸에 달라붙었다.[1] 나는 협력부 장관실에서 정무장관 왈리우르 라만을 만났다. 1971년 젊은 학생이었던 그는 무지부르 라만의 특사로 제네바에 파견되었다. 파키스탄 점령군과 맞서 싸우는 방글라데시 해방전쟁(당시엔 동파키스탄)이 한창이던 시절이었다.

세계식량계획 지역 사무소에서 일하는 무아마르 무르시드와 라네 사라바나무투가 나와 왈리우르에게 합류했다. 함께 골샨 빈민가를 돌아볼 예정이었다. 그곳에는 무려 80만 명이나 되는 주민들이 흙탕물이 흐르는 강을 따라가며 세워진 오두막집이나 양철과 나무판자를 엉성하게 엮어 만든 판잣집에서 살고 있었다.

방글라데시 사람들의 표현대로 "천 개의 강이 흐르는" 이 거대한 나라에는 여러 민족들이 함께 모여 산다. 열대 계절풍이 한 해 전에 1만 2천 명의 목숨을 앗아간 자마푸르의 이재민 수천 가구를 비롯하여 망그로브 습지대 출신인 샤오탈족, 당고르족, 오상족 가구, 애니미즘을 믿는 가장 헐벗고 이슬람교도들에게서 가장 천대받는 "부족들"에 이르기까지 그야말로 온갖 인종이 총망라되어 있다.

골샨에는 또한 상시적인 실업자 또는 섬유 회사의 하청 공장에서 일하다가 최근 해고된 도시 빈민들도 수십만 가구씩 모여 산다. 그러다보니 당연히 이 빈민촌에는 온갖 종교들도 뒤섞여 있다. 이슬람교도들이 지배적인 가운데 북부 지역 출신 힌두교도들과 가톨릭 신도들이 비슷한 세력을 형성한다. 이들 가톨릭 신자들은 애니미즘을 믿다가 식민지 시대에 유럽 선교사들에 의해 개종한 경우가 대부분이다.

나는 몇몇 판잣집을 방문하겠다고 요청했다. 왈리우르는 동네 책임자를 불렀다. 대문이라고 할 만한 것이 달린 집은 거의 없었다. 그저 색깔 있는 천으로 만든 가리개 한 장이 대문과 현관을 대신했다. 동네 책임자가 가리개를 들어올렸다.

양초 하나가 타오르면서 희미하게 밝혀주는 공간 속에 낡은 사리를 입은 젊은 여인 한 명과 네 명의 어린 자녀가 앉아 있었다. 모두들 비쩍 마른데다 핏기라고는 없었다. 그 사람들의 검고 커다란 두 눈이 우리를 뚫어져라 응시했다. 아무도 입을 열지 않았고 아무도 자리에서 움직이지 않았다. 아이들의 엄마만 보일 듯 말 듯 수줍은 미소를 지어보였을 뿐이다. 젊은 엄마의 이름은 잘릴 질라니, 아이들은 각각 두 살, 네 살, 다섯 살, 여섯 살이었다. 아들 둘에 딸 둘. 릭샤를 끌던 남편은 몇 달 전에 결핵으로 세상을 떠났다.

방글라데시는 섬유 부문 서양 다국적기업들이 주문한 청바지, 스포츠 셔츠, 남성 정장 등을 제작하는 봉제 공장이 밀집한 남아시아, 동남아시아의 주요 생산 거점 가운데 하나다. 이 공장들은 주로 여성 인력을 고용하며 생산단가는 누구도 따라올 수 없을 만큼 싸다. 이 하청 공장들의 소유주는 대개 한국이나 대만 의류 회사들이다.

다카의 남부 교외는 거의 전체가 자유생산지역으로 지정되어 있으며 7, 8층짜리 거대한 공장들이 치열한 경쟁을 벌인다. 이 지역에서는 어떤 위생 관련 규정도 임금 관련법도 전혀 적용되지 않는다. 노동조합 설립은 금지되어 있으며 직원의 고용과 해고는 뉴욕이나 런던, 홍콩, 파리 등에서 오는 주문량에 따라 결정된다.

잘릴은 다카 인근 사바르에 위치한 스펙트럼 스웨터라는 회사에서 미싱공으로 일했다. 거의 5천 명에 달하는 직원들이 그곳에서 미국이나 유럽, 오스트레일리아 등지에 본사를 둔 기업들을 위해 원단을 자르고 재봉틀을 돌려 티셔츠와 운동복 바지, 청바지 등을 만들어 상자에 담고 포장을 했다. 직원의 90퍼센트 이상은 여성이었다. 법으로 정한 도시 근로자의 한 달 최저임금은 930타카지만, 스펙트럼 스웨터는 다달이 700타카, 즉 12유로만 지불했다.[2]

스위스 비정부단체들이 규합하여 시작한 클린 클로스 캠페인Clean-Close Campaign, 다시 말해서 섬유 관련 작업이 적절한 환경에서 이루어질 것을 촉구하는 캠페인이 제시한 몇 가지 숫자를 보자. 스펙트럼 스웨터에서 생산한 데님 청바지는 제네바에서 66스위스 프랑, 즉 57유로에 팔린다. 이 57유로 중에서 방글라데시 미싱공이 받는 돈은 고작 25유로 센트에 불과하다.[3]

2005년 4월 10일 일요일에서 11일 월요일로 넘어가는 밤에 스펙트럼 스웨터사의 10층짜리 콘크리트 건물이 무너졌다. 부실 공사와 관리 소홀이 원인이었다.[4] 자유생산지역에서는 공장들이 하루 24시간 내내 돌아간다. 그러므로 사고가 나던 순간 직원들은 모두 공장 안에서 작업 중이었다. 건물이 주저앉으면서 수백 명의 직원들이 매몰되었다. 방글라데시 정부는 끝까지 정확한 희생자 수를 공개하지 않았다. 한편 스펙트럼 스웨터는 생존한 직원들을 모두 해고했다. 단 한 푼의 보상도 없었다.

잘릴과 그녀의 네 자녀가 극심한 영양실조에 시달린다는 건 한눈에 봐도 명백했다. 나는 무아마르 무르시드 쪽을 쳐다보았다. 그가 고개를 저었다. 젊은 엄마와 그녀의 네 자녀는 세계식량계획 수혜자 명단에 올라 있지 않다는 표시였다. 이유는 뭘까? 잘릴은 구제할 도리가 없었다. 4월에 해고되었기 때문이었다.

세계식량계획의 방글라데시 책임자인 무르시드로서도 어쩔 수 없는 노릇이었다. 그는 로마에서 내려온 규정을 그대로 준수해야 했다. 잘릴 질라니는 1년 중 3개월이 넘는 기간 동안 정기적으로 일을 했으며 이 때문에 세계식량계획 수혜자 명단에 오를 수가 없었다. 조이스 루마가 로마에서 정한 궁핍의 서열에 따라 기아에 허덕이는 잘릴 질라니와 그녀의 네 자녀는 지원을 받을 수 있는 부류에서 밀렸다.

무르시드는 벵갈어로 서둘러서 "잘 있으라"는 인사를 남기고 그 집을 나섰다. 나는 내가 가지고 있던 타카를 전부 그 집 침대 구석에 꺼내 놓았다. 왈리우르가 천 가리개를 내렸다.

세계식량농업기구 대표 디우프, 다국적기업에 무너지다

세계식량농업기구 본부는 아주 으리으리하다. 파라솔 소나무와 그윽한 향기가 뿜어져 나오는 정원으로 둘러싸인 건물은 베니토 무솔리니 통치 시절 식민부 청사로 쓰였다. 최근까지 이 건물과 마주보는 광장을 장식했던 희귀한 기념비 악숨 오벨리스크는 2005년 에티오피아에 반환되었다.

기억하겠지만 조수에 데 카스트로와 그의 동지들의 활약에 힘입어 1946년 10월 국제연합이 창립된 지 1년 반 만에 창설된 세계식량농업기구는 매우 야심찬 사명을 가지고 출발했다. 정관 제1조를 인용해보겠다.

1. 본 기구는 영양과 식량, 농업과 관련한 모든 정보를 수집하고 분석하며 해석하고 배포한다. 본 증서에서 "농업"이라고 하는 용어는 어업, 해산물, 숲, 숲에서 생산되는 가공 이전 모든 산물을 포괄적으로 지칭한다.
2. 본 기구는 다음과 관련 있는 모든 국가적, 국제적 차원의 행동을 북돋으며 필요한 경우 이를 권장한다.

영양과 식량, 농업 분야에서 과학적, 기술적, 사회적, 경제적 연구, 영양과 식량, 농업에서 교육과 행정의 질 향상, 영양과 농업과 관련된 이론적 지식과 실천 사항의 대중화, 자연 자원 보존과 향상된 농업생산 방식 채택, 농업 생산품의 가공 기술과 상품화 기술, 유통 기술의 향상, 국가적, 국제적 수준의 각종 계획에서 농업 예산과 관련한 만족할 만한 체제 정립, 농산품 협약과 관련하여 국제적인 정책 채택.

흰 대리석으로 지어진 고대 로마식 건물의 웅장한 로비에 들어서면 오른쪽 벽에 새겨진 FAO라는 약자가 눈에 들어온다. 파란 바탕에 그려진 밀 이삭 아래쪽에는 "피아트 파니스Fiat panis"[(모두에게 돌아갈) 빵이 있기를]라는 라틴어 문장이 적혀 있다.

현재 세계식량농업기구의 회원국은 191개국이다. 이 거대 기구의 최근 근황은 어떠한가?

세계 농업정책, 특히 식량 안보 문제는 세계은행과 국제통화기금, 세계무역기구에 의해 결정된다. 세계식량농업기구는 이들이 벌이는 전투 현장에서 거의 언제나 눈에 띄지 않는다. 이유는 간단하다. 피를 너무 많이 흘려 수혈이 필요한 환자 상태이기 때문이다.

잘 알려져 있다시피 세계식량농업기구는 여러 국가들로 이루어진 기구다. 그런데 세계 농가공식품 시장의 상당 부분을 장악한 거대 다국적기업들이 이 기구를 상대로 전의를 불태운다. 이들 거대 다국적기업들은 서양 주요 국가들의 정책에 적지 않은 영향력을 행사한다. 그 결과 서양 주요 국가들은 세계식량농업기구에 대한 관심을 접고 관련 예산을 제한하며, 로마에서 개최되는 식량 안보에 관한 회의에 불참한다.

얼마 되지도 않는 세계식량농업기구의 예산 가운데 약 70퍼센트가 직원들의 인건비로 나간다.[1] 나머지 30퍼센트 중에서 15퍼센트는 수도 없이 많은 외부 '컨설턴트'의 사례비로 지급된다. 그러니 겨우 예산의

15퍼센트만이 기술 협력, 남반구 지역 농업개발, 기아와의 투쟁 등에 쓰이는 셈이다.[2]

몇 해 전부터 세계식량농업기구는 격렬한 비판에 시달려왔다. 하지만 세계식량농업기구가 적극적으로 행동에 나설 힘을 빼앗은 장본인이 바로 선진국들임을 고려한다면 이 같은 비판은 대부분 부당하다.

1989년 영국 출신 문필가 그레이엄 핸콕은 『빈곤의 제후들Lords of Poverty』이라는 제목의 책을 출판했는데, 이 책은 그 후 여러 차례에 걸쳐서 판을 바꿔가며 계속 발간되었다. 저자에 따르면 세계식량농업기구는 몸집만 거대할 뿐 활력이라고는 없는 관료 체제에 불과하다. 끊임없이 각종 총회, 회합, 위원회, 돈만 많이 드는 온갖 종류의 전시성 행사들을 통해 빈곤과 영양실조, 기아를 처방할 뿐이라는 것이다. 일상적인 실천 사항들을 보면, 과거 카라칼라 온천장이었던 자리에서 일하는 관료들은 조수에 데 카스트로가 구상한 원래의 목적과는 정반대되는 것을 구현했을 정도라고 그는 지적한다. 핸콕의 결론엔 한치의 망설임도 없다.

> 현재 남아 있는 것이라고는 길을 잃고 방황하는 어이없는 기구에 불과하다. 현재의 세계식량농업기구는 원래의 임무를 저버렸다. 이 세계에서 자신이 지켜야 할 자리에 대한 세계식량농업기구의 입장은 상당히 모호하며 자신이 무슨 일을 하는지, 왜 그런 일을 하는지 그 이유조차 전혀 모르고 있다는 인상을 준다.[3]

그런가 하면 《이칼러지스트The Ecologist》의 평가는 한층 더 가혹하다. 1991년에 나온 특별호에서 이 잡지는 「세계의 FAO. 세계의 기아 진작 World UN Food and Agricultural Organization. Promoting World Hunger」이라는 제목으로

반다나 시바, 에드워드 골드스미스, 헬레나 노르베리-호지, 바바라 딘햄, 미구엘 알티에라 등 국제적으로 명망 높은 전문가들의 글을 모았다.

전문가들은 잘못된 전략, 불필요한 사업에 낭비된 천문학적 액수의 기금, 그릇된 경제 분석 등으로 말미암아 전 세계에서 기아로 인한 비극은 줄어드는 것이 아니라 오히려 증가했다고 꼬집었다.[4]

한편 런던의 BBC 방송은 세계식량농업기구가 정기적으로 개최하는 정상회담에 대해 혹독한 비판을 내놓았다. 그 같은 정상회담은 한 마디로 완전한 "시간낭비"에 돈 낭비라는 것이다.[5]

내가 보기엔 일부 비판은 받아들여야 마땅하지만 어떠한 비판이 있더라도 세계식량농업기구는 옹호되어야 한다. 특히 농가공식품업계의 문어발 업체들과 그들과 공모하는 서구 선진국 정부들에 대해서는 철저히 맞서야 한다.

2010년 경제협력개발기구(OECD, Organization for Economic Cooperation and Development) 모임에 참석한 선진국들이 자국 농민들에게 생산과 수출 지원금이라는 명목으로 지출한 돈은 3,490억 달러에 이른다. 이 중에서 특히 수출 지원금은 부자 나라가 가난한 나라의 시장에서 자행하는 농업 덤핑의 주범이 되고 있다. 남반구 지역에서 이 수출 지원금은 빈곤과 기아를 초래한다.

세계식량농업기구의 통상적인 1년 예산은 3억 4,900만 달러다. 이는 부자 국가가 각종 농업 지원금으로 지출하는 돈을 모두 합한 액수의 1,000분의 1에 지나지 않는다. 사정이 이럴진대 세계식량농업기구가 무슨 수로 부분적으로나마 주어진 임무를 수행할 수 있겠는가?

세계식량농업기구에서 '모니터링monitoring' 이란 용어는 투명성과 소통 제고, 영양실조와 기아의 세계적 추이에 대한 상시적이고 구체적인 문제 제기 전략을 가리킨다. 지구상의 5대륙을 통틀어 취약 계층이 다달이 집계되고 분류된다. 다양한 종류의 부영양소(비타민, 무기질, 미량원소) 결핍 현상은 영양소별, 지역별로 조사되고 등록된다.

로마의 세계식량농업기구 본부에서는 각종 통계와 그래프, 보고서가 파도처럼 끊임없이 밀려온다. 기아 군단의 규모가 아무리 어마어마하다고 해도 세계식량농업기구의 그래프 위에 흔적을 남기지 않고 죽어가는 기아 군단의 병사는 한 명도 없다.

세계식량농업기구에 대해서 노골적으로 적대적인 입장을 취하는 반대자들은 '모니터링'에 대해서도 비판의 수위를 높인다. 세계식량농업기구가 기아로 신음하는 자들에 관한 상세한 통계자료를 수립하고 굶주림의 고통을 수학적 모델로 만들거나 사망자들을 표시하는 색색가지 그래프를 그리는 대신 그 돈과 노하우, 에너지를 직접적으로 기아 희생자를 줄이는 데 사용하는 편이 백 번 옳지 않겠느냐고 그들은 반문한다.

내가 보기에 세계식량농업기구에 쏟아지는 이러한 비판은 부당하다. 모니터링은 앞날을 내다볼 줄 아는 양심에게 정보를 제공한다. 모니터링을 통해서 양식 있는 자들은 미래에 일으키게 될 항거에 필요한 밑작업을 시작한다. 더구나 세계식량농업기구가 산출해내는 그처럼 방대한 통계와 세세한 목록, 그래프가 없었다면 이 책은 세상에 나올 수도 없었을 것이다.

세계식량농업기구에서 모니터링이라는 기법을 사용하게 된 데에는 자크 디우프라는 한 특출한 인물의 공이 크다. 세네갈 출신의 사회주의자이자 영양학자였던 자크 디우프는 2000년부터 2011년까지 세계식량농업기구의 책임자로 일했다.[6] 레오폴드 세다르 셍고르 대통령 행정부에서 여러 부처의 장관직을 역임한 그는 세네갈 국립 쌀 연구소의 유능한 소장으로도 일했다. 잘 웃고, 세심하며, 똑똑하고 활력 넘치는 디우프는 카라칼라 온천장에서 일하는 관료들의 의식을 흔들어 깨웠다.

각국 정상들을 대하는 그의 공격적이며 때로는 거칠다고도 할 수 있는 어법이며, 패권국가의 여론에 경각심을 불어넣기 위해 전 세계의 신문이나 라디오, 텔레비전 등의 언론 매체를 통해 그가 전하는 메시지 등은 일부 서양국가의 정상이나 장관의 심기를 몹시 불편하게 만드는 것이 사실이다. 그들 가운데 상당수가 기회만 있으면 그를 해임시키려고 백방으로 구실을 찾아다닌 것 또한 사실이다.

2002년 로마에서 열렸던 제2회 세계 식량 총회를 예로 들겠다. 세계식량농업기구 본부 건물 제일 꼭대기 층에는 사무총장 전용 식당이 마련되어 있으며 사무총장은 다른 모든 유엔 산하 전문기구의 수장들과 마찬가지로 이곳에서 그를 예방하는 각국 정상이나 행정부 수반과 식사를 한다.

회의가 시작된 지 사흘 째 되는 날, 그러니까 디우프 사무총장이 농가공식품업계의 거대 다국적기업들을 겨냥하여 특별히 독기를 품은 연설을 한 다음 날, 영국 언론은 그가 전날 세계 각국 정상들에게 대접한 식사 메뉴를 1면에 소상하게 게재했다. 물론 상당히 푸짐한 메뉴였다.

영국 대표는 그 자신도 문제의 식사 자리에 초대받아 잘 먹었음에도 신문 기사를 구실 삼아 총회장에서 디우프 총장을 향해 매우 신랄한 독설을 날렸다. 그가 "공개적으로는 기아에 대해 말하면서 사적인 자리에서는 세계식량농업기구 회원국 국민들의 세금으로 게걸스럽게 배를 채운다"는 것이었다.

나는 자크 디우프를 존경한다. 실제로 그가 일하는 모습을 여러 차례 내 눈으로 똑똑히 보았기 때문에 하는 말이다. 예를 들어 2008년 여름만 해도 그렇다. 그해 7월 세계시장에서 기초식량 가격이 처음으로 폭등하면서 가파르게 증가한 기아가 원인이 되어 37개국에서 폭동이 일어났음은 앞에서도 이미 언급했다.

유엔총회는 9월에 열릴 예정이었다. 디우프는 총회를 기회로 삼아 투기꾼들의 관행을 근절시킬 것을 목적으로 하는 대대적인 국제 캠페인을 시작해야 한다고 확신했다. 따라서 그는 사회주의 인터내셔널의 동지들을 규합했다. 스페인의 호세 루이스 사파테로 수상이 기꺼이 이 캠페인의 선봉장이 되겠다고 수락했다. 총회 첫날 스페인 정부의 이름으로 결의안을 제출하기로 한 것이다.

다가올 전투를 준비하기 위해 디우프는 기아와의 투쟁과 관련이 있는 모든 국제기구의 책임자들 가운데 사회주의 인터내셔널의 123개 회원에 속하는 자들을 소집했다.

회합은 스페인 정부 청사, 즉 마드리드의 몬카다궁에서 열렸다. 카스티야 지방의 햇살이 환하게 밝혀주는 백색의 대연회실의 검은 탁자 주변으로는 사회주의 인터내셔널의 전 총재이자 포르투갈 수상직을 역임하고 현재 유엔 고등난민판무관직을 맡고 있는 안토니오 구티에레스, 프랑스 사회주의자로 세계무역기구의 수장인 파스칼 라미, 브라질 노동당 간부 몇몇, 영국 노동당 정부의 장관 한 명이 자리를 잡고 앉았다. 루이스 사파테로 수상, 그리고 스페인 외무장관 미구엘 앙헬 모라티노스와 그의 유능한 비서실장도 함께 자리했다. 나도 인권위원회 자문위원회의 부의장 자격으로 그 자리에 참석했다.

디우프는 마치 폭풍처럼 우리를 뒤흔들었다. 결의안 작성과 관련하여 투기꾼들을 묶어두기 위한 일련의 구체적이고 확실한 조치들을 경제, 사회, 문화적 권리에 관한 국제협약 서명국을 향한 협약 환기에 연계시킴으로써 서명국들이 식량권에 관한 의무 사항을 준수하도록 하자는 그의 제안은 그날 참석한 인사들 사이에 격렬한 토론을 유발했다. 디우프는 자신의 의견을 방어하는 데 능했다. 마침내 새벽 두 시경에 합의가 도출되었다.

9월 뉴욕에서 열린 유엔총회 석상에서 브라질과 프랑스의 지원을 받은 스페인은 디우프의 주도로 작성된 결의안을 제출했다. 하지만 그 결의안은 미국과 몇몇 식량 관련 다국적기업들의 조종을 받는 일부 대사들의 연합전선에 의해 파기되었다.

덧붙이는 글: 이라크 어린이들을 죽게 만든 유엔의 경제 봉쇄

현재 세계식량계획과 세계식량농업기구가 처한 어려움과 실패를 전적으로 이 두 기구만의 책임으로 돌릴 수는 없다.

하지만 유엔 스스로 기아를 통해 수십만 명을 죽음으로 몰아넣은 한 가지 사례만큼은 짚고 넘어가자. 이 끔찍한 범죄는 1991년부터 2003년까지의 기간 동안 발생한 두 차례의 걸프 전쟁에서 이라크 주민들에게 강요된 "식량과 맞바꾸는 원유Oil for Food" 프로그램 때문에 빚어졌다. 이 문제를 이해하기 위해서는 역사적 맥락을 알아야 할 필요가 있다.

1990년 8월 사담 후세인은 군대를 보내 쿠웨이트를 침공, 쿠웨이트를 병합하여 이라크의 27번째 주라고 선포했다. 유엔은 이라크에 대한 경제 봉쇄령을 의결하고 이라크인들에게 즉각적으로 쿠웨이트 영토에서 철수하라고 요구했으며 1991년 1월 15일까지 철수를 끝내야 한다는 최후통첩도 곁들였다.

미국의 지휘를 받는 서방국과 아랍국 연합 세력이 형성되었으며 이들의 연합군은 최후통첩 시한이 끝나는 대로 쿠웨이트를 정복한 이라크 군대를 공격했다. 이로써 이라크 군인 12만 명과 민간인 2만 5천 명이 목숨을 잃었다.

하지만 연합군 사령관 슈바르츠코프 장군의 지휘를 받는 기갑부대는 바그다드에서 100킬로미터쯤 떨어진 곳에서 전진을 멈추었다. 독재자 사담 후세인의 정예부대인 이라크 기병대는 건드리지 않고 고스란히 남겨두었다는 말이다.[7]

유엔은 봉쇄령을 강화하는 동시에 "식량과 맞바꾸는 원유" 프로그램을 실행에 옮기기 시작했다. 봉쇄령이 발효 중인 가운데에서도 사담 후세인에게 6개월마다 세계시장에 일정 분량의 원유를 내다팔 수 있도록 허락해준 것이다.[8] 원유 판매 수입은 BNP-파리바 은행의 뉴욕 지점에 개설한 계좌에 입금되고 이를 통해서 이라크가 세계시장에서 주민들의 생존을 위해 필요한 물자를 구입할 수 있으리라는 의도였다.

이 내용을 좀 더 구체적으로 들여다보자. 이라크 정부와 물자 인도 계약을 맺은 기업은 뉴욕에서 이른바 '해제' 요청을 한다. 유엔은 '이중 사용 기능dual use function'이라는 기준에 따라 이 요청을 받아들이거나 거부한다. 무슨 말인가 하면 유엔이 이라크로 인도되는 물자(기계, 부품, 화학 물질, 건축자재 등)가 만에 하나 군사적 목적으로 사용될 수 있다고 판단하면 요청이 거부될 수 있다는 말이다.

이 프로그램 운영 담당자는 유엔 사무부총장과 같은 서열을 부여받아 800명의 유엔 소속 부하 직원과 1,200명의 현지 직원들을 데리고 바그다드에 상주했다. 뉴욕에서는 그의 상관에 해당되는 프로그램 담당국이 기업 측의 '해제' 요청을 검토했다. 이 담당국을 지휘한 키프로스 출신 베논 세반은 유엔 안보를 담당하다가 미국 측의 입김으로 부총장까지 승진했으며 몇몇 사기 혐의로 의심을 받기도 했다. 세반은 결국 뉴욕 지방 법원에 의해 피소되었으나 키프로스로 피신해서 그곳에서 평온한 여생을 보내고 있다.

담당국 위에 위치하는 안전보장이사회의 제재위원회는 전반적인 프로그램 전략을 검토한다. 서류상으로 볼 때 "식량과 맞바꾸는 원유" 프로그램은 유엔에서 통상적으로 적용하는 보편적 원칙에 의거하여 구상되었다. 그런데 현장에서의 실제적인 운영 면에서 보자면 고의적으로 원래의 취지에서 멀어진 감이 있으며 이라크 민간인들에게는 살인적 결과를 초래했다.[9] 사실상 프로그램이 실행되면서 제재위원회는 식량과 약품, 그 외 다른 생필품의 수입에 점점 더 자주 거부권을 행사했다. 식량은 사담 후세인의 군량미로 사용될 수 있다는 이유로, 약품은 군사적 목적으로 유용할 수 있는 화학 물질을 함유했다는 이유에서, 또 일부 의료기기 부품들은 무기 제조에 사용될 수 있다는 이유로 각각 수입이 거부되었다.

때문에 이라크의 병원에서는 약과 수술 장비, 소독 장비 등이 없어서 환자들이 죽기 시작했다. 가장 거품이 덜 낀 통계에 의하면 아주 어린 이라크 어린이 55만 명이 1996년부터 2000년 사이에 기아로 목숨을 잃었다고 한다.

이처럼 1996년부터 점차적으로 "식량과 맞바꾸는 원유" 프로그램은 원래 목적에서 벗어나 한 국가 구성원들에게 집단 처벌을 가하는 무기로 변칙 운용되었다. 다시 말해서 식량과 약품 결핍은 그 자체로 대단한 형벌이었다.[10]

국제적 권위를 누리는 법률 전문가 가운데 한 사람으로 유엔인권위원회 의장직을 역임한 마크 보쉬트 교수는 이러한 기업 상벌위원회식의 전략을 "집단 학살"이라고 정리했다.

인구 2,600만 명의 대국 이라크에 적용된 이처럼 살인적인 전략이 빚은 결과를 숫자로 살펴보자. 암 치료에 필수적인 약품의 60퍼센트 미만이 이라크 수입 허가를 받았다.[11] 신장병 환자들의 치료를 위한 투석 장비 수입은 완전히 금지되었다. 바그다드 주재 세계보건기구 대표 굴람 라바니 포팔은 2000년에 이라크 병원들이 긴급하게 필요로 하는 장비 31대를 수입하겠다고 요청했다. 뉴욕 측에서 허락한 건 고작 11대뿐이었으며 그나마도 요르단 국경에 2년 동안 오도 가도 못하게 발이 묶여 있었다.

1999년 유엔아동기금의 미국 출신 사무총장 캐롤 벨라미는 개인 자격으로 안전보장이사회에 호소했다. 그러나 제재위원회는 심각한 영양 실조에 걸린 신생아와 나이 어린 유아들의 치료를 위해 혈액에 주입하는 영양제 앰풀의 이라크 수입을 거부했다. 캐롤 벨라미는 강력하게 항의했으나 위원회는 다시 한 번 거부 입장을 천명했다.

전쟁으로 티그리스 강과 유프라테스 강, 차트 엘-아랍 강의 거대한 정화 시설도 파괴되었다. 제재위원회는 이를 재건하고 수리하는 데 필요한 건축 자재 및 부품들의 수입도 거부했다. 오염된 식수로 인한 전염성 질병이 점점 확산되었다.

이라크에서 한여름 기온은 45도까지도 올라간다. 봉쇄령으로 인하여 냉장고와 에어컨을 수리하는 데 필요한 부품 수입도 거부되었다. 정육점에서는 고기들이 상해갔으며 식료품점의 우유와 과일, 채소 등은 더위 속에서 썩어버렸다. 병원에서는 얼마 남아 있지 않은 약품마저 보관할 수 없게 되었다.

구급차의 수입도 거부되었다. "구급차의 통신 장비가 사담 후세인 군대에 의해 사용될 염려가 있다"는 것이 제재위원회가 내세운 구실이었다. 프랑스를 필두로 독일 대사들까지 나서서 가령 전화 같은 통신장비는 전 세계의 모든 구급차에 필수적이라고 주장해도 미국 대사의 태도는 완강했다. 통신장비가 장착된 구급차는 이라크에 들어갈 수 없다는 것이었다.[12]

유프라테스 강과 티그리스 강 사이의 지역에서는 수만 명의 이집트 출신 자작농들, 다시 말해서 관개 전문가들이 나일 강 계곡과 삼각주 지역에서 대를 이어가며 전수받은 우수한 전통에 따라 농사를 짓고 살았다. 이라크는 그럼에도 80퍼센트 이상의 식량을 수입해야 했다. 그런데 봉쇄령이 내려진 이후로는 제재위원회에 의해 식량 수입이 고의로 늦어지는 일이 빈번하게 발생했다.

요컨대 제재위원회의 독재적 전횡은 가혹했다. 위원회는 학교 체제까지 걸고 넘어졌다. 안전보장이사회가 연필의 수입마저 거부한 것이다. 연필 속에 군사적 목적으로 이용될 수도 있는 흑연이 들어 있다는 것이 그 이유였다. 한마디로 유엔의 봉쇄령으로 이라크 경제는 완전히 초토화되었다.

뉴욕 주재 브라질 대사인 세우수 아모링은 이렇게 말했다. "비록 이라크 주민들이 현재 겪고 있는 모든 고통이 전적으로 외부적 요인(봉쇄령) 탓이라고는 할 수 없겠으나 어찌되었든 안전보장이사회가 그 같은 조치만 취하지 않았어도 이들은 그처럼 큰 고통을 겪지는 않았을 것이다."[13]

유엔 주재 말레이시아 대표단의 책임자 하스미 아감의 표현은 이보다 훨씬 노골적이다. "이 무슨 역설인가! 이라크를 대량 살상무기에서 해방하겠다는 정책이 오히려 대량살상을 자행하는 무기로 사용되고 있다니 말이다!"¹⁴ 유엔의 이 같은 파행은 어떻게 설명될 수 있는가?

1992년 미국 대통령에 선출된 클린턴은 2차 걸프전쟁을 일으키고 싶은 마음이 전혀 없었다. 그럴 경우 이라크 주민들은 너무도 심한 고난에 시달리게 될 터이므로 독재자에게 맞서기 위해 분연히 일어나 독재자를 몰아낼 것이었다.

클린턴 행정부의 마들렌 올브라이트 국무장관이야말로 "식량과 맞바꾸는 원유" 프로그램이 언제부턴가 은밀하게 이라크 주민에게 가해지는 집단 처벌 형태로 변하게 된 직접적인 책임자로 지목받을 만하다. 1996년 5월 올브라이트 장관은 NBC 방송의 〈60분〉이라는 프로그램과 인터뷰를 가졌다. 언론에서 유엔 봉쇄령이 초래한 인도주의적 재앙에 대한 기사들이 나돌기 시작할 무렵이었다. NBC 기자도 이 문제에 대해 언급했다. 기자가 "우리가 어린이 50만 명의 죽음이라는 커다란 대가를 치러야만 했다면…"이라며 질문을 이어가자 올브라이트 장관은 기자가 질문을 마치기도 전에 "우리는 그 정도의 대가는 치러야 한다고 생각합니다"라고 답변했다.

올브라이트 장관은 당연히 어린아이들에게 가해진 형벌에 대해 소상하게 알고 있었다. 유엔아동기금이 발표한 숫자는 다음과 같다. 유엔의 집단 처벌이 실시되기 이전 이라크의 유아 사망률은 1,000명당 56명 수준이었다. 1999년의 경우 이 숫자는 131명으로 증가했으며 이들의 사망 원인은 기아와 약품 결핍이었다. 11년 동안 지속된 봉쇄령으로 어린이 수십만 명이 목숨을 잃었다.

사담 후세인이 악랄하고 범죄적인 독재 체제를 구축했다는 사실엔 한 치의 의혹도 있을 수 없다. 그가 아랍 세계에서 유례를 찾아볼 수 없을 정도로 고약한 체제를 유지해왔다는 사실에 대해서는 그 누구도 이의를 제기하지 않을 것이다. 더구나 11년 동안 봉쇄령이 지속되는 가운데에서도 사담과 그의 가족들은 온갖 호사를 다 누렸다. 이들은 해마다 터키와 요르단으로 원유를 빼돌렸으며 그 액수는 무려 100억 달러에 이른다. 그럼에도 불구하고 기아로 이라크인 수십만 명을 죽게 만든 책임자는 유엔 안전보장이사회의 제재위원회다.

1998년 10월 코피 아난 유엔 사무총장은 한스 크리스토프 폰 스포네크 백작을 바그다드 주재 유엔 부총장이자 "식량과 맞바꾸는 원유" 프로그램 책임자로 임명했다. 그의 전임자였던 아일랜드 출신 데니스 할리데이가 소란스럽게 사직서를 제출하고 난 후 단행된 인사였다.

튀빙겐 대학에서 공부한 역사학자 폰 스포네크는 전형적인 관료와는 대척점에 있는 인물이었다. 유엔에 몸담은 37년 동안 그는 늘 현장을 지켰다. 처음엔 가나와 터키의 유엔개발계획 책임자로 시작해서 보츠와나와 인도, 파키스탄 주재 유엔 대표로 일했다.

그의 경력 가운데 개발 현장에서 멀리 떨어진 유일한 자리는 제네바 주재 유엔개발계획 지역 담당자직이었다. 그의 말을 빌면 이때 그는 지루해서 몸이 쑤실 지경이었다고 한다.

이스트 강가에 자리 잡은 뉴욕 유엔 본부 청사 39층[15]에서는 아무도 폰 스포네크의 가족사를 의심하지 않았다. 그런데 그 이야기가 어느 날 갑자기 세간에 나돌기 시작했다.

바그다드에 도착한 폰 스포네크는 그제야 그곳에 몰아닥친 극심한 재앙의 정도를 가늠할 수 있었다. 유엔의 모든 간부들과 세계 여론이 그랬듯이 그도 역시 그때까지는 이라크에서 무슨 일이 일어났는지 전혀 알지 못했다. 봉쇄령이 집단 처벌 방식으로 악용되었으며 기아가 대량 살상 무기로 사용되었음을 깨달은 폰 스포네크는 적개심을 적극적으로 드러냈다. 그는 언론과 자국 정부, 그리고 특히 안전보장이사회에 이 사실을 알리고자 노력했다. 미국인들은 그에게 안전보장이사회에서 증언할 기회를 주지 않기 위해 방해 작업을 벌였다.

마들렌 올브라이트 장관의 대변인인 제임스 루빈은 그에 관한 아무런 근거도 없는 주장을 늘어놓음으로써 폰 스포네크를 음해하려고 백방으로 노력했다. "그 자는 일하라고 월급을 주었더니 전 세계를 다니며 하품 나오는 이야기만 떠들어댄다"[16]는 식이었다. 한편 영국 대사는 그를 향해 "당신에겐 사담 후세인 편을 드는 용지에 유엔의 도장을 찍을 권리가 없다"[17]고 빈정댔다. 마들렌 올브라이트 장관은 그의 해임을 요구했으나 코피 아난 사무총장은 이를 거부했다.

폰 스포네크에 대한 마들렌 올브라이트 장관의 증오심, 루빈의 근거 없는 흑색선전은 점입가경이었다. 하지만 무엇보다도 부친에 대한 그의 기억 때문에 상황은 점점 더 견디기 힘들게 되었다. 그는 일부 사람들이 집단 학살이라고 이름 붙인 정책을 가까이에서건 멀리에서건 자신이 수행해야 한다는 사실을 도저히 받아들일 수 없었다.

2000년 2월 11일 그는 결국 뉴욕으로 사직서를 발송했다. 세계식량계획의 지역 책임자 유타 버그하트도 같이 사직했다. 그 후 개성이라고는 없는 밋밋한 미얀마 출신 관료가 그의 후임으로 임명되었다.

2003년 3월 7일에서 8일로 넘어가는 밤을 틈타 미군의 바그다드 폭격이 시작되면서 육군이 투입되자 "식량과 맞바꾸는 원유" 프로그램도 종식되었다.[18]

베어마흐트Wehrmacht, 즉 나치 독일 군대의 한스 에밀 오토 장군, 일명 폰 스포네크 백작은 러시아 전선 주둔 사단의 사령관으로서 비인간적인 상부의 지시에 따를 수 없었다. 그러자 전시 군법회의가 소집되었고 그에게 사형이 선고되었다.

부인은 히틀러에게 남편의 사면을 요청했다. 히틀러는 사형 선고를 종신 징역으로 바꾸어 그를 게르머스하임 정치범 감옥에 가두었다. 그곳엔 노르웨이와 덴마크 출신 저항군들이 대거 수감되어 있었다.

1944년 7월 20일 클라우스 폰 슈타우펜베르크 대령의 지휘를 받은 독일군 장교들은 프로이사 동부 볼프산체 사령부에 체류 중이던 히틀러의 암살을 시도했다. 이 계획은 안타깝게도 실패로 끝났다.

나치 비밀경찰의 우두머리인 하인리히 힘러는 장교들 가운데 불순분자를 모조리 색출하겠노라고 장담했다. 그는 수감 중이던 폰 스포네크 장군을 끌어내어 1944년 7월 23일 총살했다.

나는 총살당한 장군의 아들, 유엔의 침묵을 깨고 무소불위의 제재위원회에 반기를 들었으며 이제까지 쌓아올린 경력마저 포기해버릴 정도로 대단한 힘과 용기를 지닌 한스 크리스토프 폰 스포네크에게 어떻게 그토록 여러 해 동안 마들렌 올브라이트의 모욕적인 언사와 제임스 루빈의 거짓말을 견딜 수 있었느냐고 물었다.

한스 크리스토프 폰 스포네크 백작은 매우 겸손한 사람이었다. 그는 "내 아버지 같은 분을 아버지로 갖게 되면 거기에 따르는 약간의 의무들이 있다"고만 대답했다.

5.

'녹색 금'을 노리는 독수리 떼

바이오연료, 기아의 새로운 원흉

바이오연료(또는 농업연료)를 생산하는 방식은 크게 두 가지로 구분된다. 바이오에탄올(또는 바이오알코올)과 바이오디젤 방식이다. 바이오bio라는 접두사는 그리스어에서 생명을 의미하는 bios에서 유래하였으며, 연료(에탄올 또는 디젤)가 유기물질(즉 바이오매스 biomasse)에서 생산되었음을 가리킨다. 그러니까 바이오연료의 bio는 유기농을 가리킬 때의 bio와는 직접적인 연관이 없다고 할 수 있다. 하지만 이로 인한 혼동으로 바이오연료는 긍정적인 이미지를 얻을 수 있다. 대부분의 사람들이 은연중에 바이오연료는 청정하며 환경친화적이라고 믿게 된다는 말이다.

바이오에탄올은 자당(사탕무, 사탕수수 등)이나 녹말(밀, 옥수수 등)을 함유한 식물을 변형시켜 얻을 수 있다. 전자의 경우는 당분을 함유한 식물에서 추출해낸 당분을 발효시키며, 후자의 경우는 곡물에 함유된 녹말의 효소 가수분해를 통해 연료를 만들 수 있다. 한편 바이오디젤의 경우는 식물성 또는 동물성 기름을 에스테르화 반응이라는 화학적 과정을 거쳐 변화시킨 후 알코올(메탄올 또는 에탄올)과 함께 반응시킴으로써 얻는다.

'녹색 금'은 지난 몇 해 전부터 '검은 금', 즉 원유의 보완재로서 큰 돈을 벌게 해주는 마법의 물질로 각광받고 있다. 농업연료의 제조와 상용화 과정을 장악한 농가공식품 분야의 메이저 기업들은 이 새로운 분야를 업고 반박할 수 없는 논리를 내세운다. 고갈되어가는 화석연료를 식물연료로 대체하는 것은 점점 가속화되는 기후 변화에 대항할 수 있는 절대적인 무기를 확보하는 것이며, 따라서 기후 변화가 환경과 인류 전체에 미칠 막대한 피해를 막는 길이라는 주장을 늘어놓는 것이다.

몇 가지 수치를 보자. 2011년에는 1,000억 리터가 넘는 바이오에탄올과 바이오디젤이 생산될 것이다. 같은 해 1억 헥타르의 농경지가 농업연료 생산지로 탈바꿈한 것이다. 농업연료의 세계 총생산량은 2006년부터 2011년까지의 5년 사이에 두 배로 늘어났다.[1]

기후 변화는 현실이 되었다. 세계적 차원에서 볼 때 현재 사막화와 토질 악화는 100여 개 국가의 10억 명 이상에게 직접적인 손실을 입히고 있다. 토질이 건조하거나 반 건조 상태라 쉽게 악화될 수 있는 건조 지역이 지구 전체 경작 면적의 44퍼센트 이상을 차지한다.[2]

토양의 악화는 특히 아프리카에서 심각한 결과를 초래한다. 수백만 명의 아프리카 주민들은 농부 또는 목축업자들로 이들은 생존을 위해서 전적으로 땅에 의존할 수밖에 없다. 다른 생존 수단이 없기 때문이다. 아프리카 대륙 전체 인구 10억 명 중에서 무려 3억 2,500만 명가량이 메마른 땅에서 살아가고 있다. 이들은 주로 나이지리아, 에티오피아, 남아프리카공화국, 모로코, 알제리에 밀집해서 살거나 서부 아프리카 혹은 다카르와 바마코, 와가두구를 잇는 선 이남에 모여 산다. 현재 아프리카의 경작지 중에서 약 5천만 헥타르 정도가 토양 악화 현상을 보이고 있다.

높은 산악 지대에 위치한 지역에서는 어디를 가나 빙하가 후퇴하고 있다. 볼리비아의 경우도 예외가 아니다. 볼리비아의 최고봉이라고 할 수 있는 네바도 사하마는 해발 6,542미터로 안데스 고원 지대 위를 훌쩍 넘어서는 높이에서 위용을 자랑한다. 라파스(볼리비아의 행정수도-옮긴이)가 세워진 분화구 위로 보이는 일리마니 봉은 해발 6,450미터의 높이에서 만년설을 이고 있다. 근엄한 산맥이 이어지는 6,088미터의 고도에 위치한 와이나 포토시의 빙탑을 비롯한 다양한 형태의 빙하도 장엄한 광경을 선사한다. 이 높은 봉우리들을 덮고 있는 만년설은 햇빛과 달빛을 받으면 찬란한 광채를 뿜어낸다. 아이유스ayllus족들[3]과 사제들은 이 만년설이 신성하고 영원하다고 믿는다. 그런데 실상은 이와 다르다. 만년설이 만년설이 아닌 것이다.

기후 온난화 현상으로 눈밭은 멀찌감치 후퇴했으며 빙하는 녹는다. 때문에 강물은 계속 불어난다. 상황은 재앙에 가깝다. 특히 눈이 녹은 물이 급류가 되어 흘러내리면서 계곡 주변 마을들을 휩쓸고 주민들과 가축 떼를 죽음으로 몰아가며, 교량을 파괴하고 깊은 골짜기를 파는 융가스 지역의 피해가 극심하다. 때가 되면 줄어든 빙하는 본질적으로 수자원 문제로 귀착될 것이다.

전 세계 곳곳에서 사막화가 진행되고 있다. 중국과 몽골의 경우 고비 사막 주변 지역에서는 내륙으로 점점 파고 들어오는 모래언덕 때문에 해마다 초지와 식량 재배지가 잠식당하고 있다.

아프리카의 사하라 사막 이남 일부 지역에서도 사막이 해마다 5킬로미터씩 전진하고 있다. 나는 에티오피아 북부 티그레이의 메켈레에서 해골처럼 뼈만 앙상하게 남은 아녀자들이 토양부식으로 먼지만 풀풀 날리는 척박한 토지로 변한 좁은 땅뙈기에서나마 살아남기 위해 애를 쓰는 광경을 지켜보아야 했다. 에티오피아의 주곡인 테프는 그 같은 땅에서는 채 30센티미터도 자라지 못한다. 비옥한 곤다르나 시다모 지역에서 테프가 1.5미터를 훌쩍 넘어서는 것과는 사뭇 대조적이다.

생태계 파괴와 광대한 면적의 농토 황폐화 문제는 세계가 공통으로 안고 있는 우려 사항이긴 하나, 아프리카의 영세농과 목축업자들에게는 특별히 치명적인 비극으로 다가온다.[4] 아프리카의 경우 유엔은 "생태 난민" 또는 "환경 이민", 즉 천재지변(홍수, 가뭄, 사막화 등)으로 인하여 고향을 등져야 하고 결국 대도시 외곽 지대의 빈민가에서 생존을 위해 처절한 투쟁을 벌이게 되는 사람들의 수를 2,500만 명 정도로 집계한다. 토양 악화는 이웃 간의 갈등을 야기한다. 특히 농부와 목축업자 사이에 갈등이 잦아진다. 예컨대 수단의 다르푸르 지역을 포함하는 사하라 사막 이남 아프리카에서는 이러한 갈등이 가뭄, 사막화 현상 등과 밀접하게 연결되어 있다. 자연적 상황이 악화되면서 유목민과 정착 농민들이 물을 차지하기 위해 목숨을 건 다툼을 벌이게 되는 것이다.

농업연료를 생산하는 거대 다국적기업들은 서방 국가들 거의 전부와 세계 여론의 상당 부분을 그들 편으로 만드는 데 성공한 것처럼 보인다. 식물 에너지가 기후 변화에 맞설 수 있는 기적 같은 방편이라는 이들의 논리에 설득당한 것이다.

하지만 이 논리는 기만에 불과하다. 농업연료를 생산하는 데 사용되는 방법과 환경 비용에 대해서는 함구하기 때문이다. 요컨대 농업연료를 생산하려면 엄청난 양의 물과 에너지가 필요하다. 그런데 지구상 곳곳에서 식수원은 점점 더 귀해지고 있다. 현재 세 명 가운데 한 명은 오염된 물을 마시는 형편이다. 매일 10세 미만 어린이 9천 명이 오염된 물을 마신 탓에 목숨을 잃는다.

전 세계를 놓고 볼 때 해마다 20억 명이 설사에 시달리며, 이 중에서 220만 명에게 설사는 치명적이다. 제일 큰 피해를 보는 집단은 어린이와 신생아들이다. 설사는 질 나쁜 물을 마심으로써 걸리게 되는 트라코마, 빌하르츠 주혈흡충병, 콜레라, 장티푸스, 이질, 간염, 말라리아 등의 수많은 질병 가운데 하나에 불과하다. 이 많은 질병들은 대체로 물속에 포함되어 있는 병원체(세균, 바이러스, 기생충 등) 때문에 발생한다. 세계보건기구에 따르면 개발도상국들의 경우 질병의 80퍼센트, 사망의 3분의 1 이상이 적어도 부분적으로는 오염된 물 때문이라고 한다.

또한 세계 인구의 3분의 1은 건강한 물을 적절한 가격에 제공받지 못하고 있으며, 세계의 절반은 물 정화 시설의 혜택을 받지 못한다고 세계보건기구는 밝힌다.[5] 사하라 사막 이남 아프리카의 주민 2억 8,500만 명은 깨끗한 물을 정기적으로 공급받지 못한다. 동아시아와 태평양 연안 지역의 경우 똑같은 상황에 처한 주민의 수가 3억 9,800만 명에 달하며, 라틴 아메리카와 카리브 해 연안 지역과 아랍 지역에서는 각각 9,200만 명, 6,700만 명으로 집계된다.

식수 부족으로 가장 큰 고통을 받는 자들은 두말할 필요 없이 가장 가진 것 없이 헐벗은 자들이다. 그러니 지구상의 수자원 비축 현황이라는 관점에서 보면 해마다 수백억 리터의 농업연료를 생산한다는 건 한마디로 엄청난 재앙이다. 바이오에탄올 1리터를 제조하기 위해서는 4천 리터의 물이 필요하다는 한 가지 사실만으로도 재앙의 규모는 쉽게 짐작할 수 있다.

에바 졸리와 노엘 마메르처럼 '교조주의적' 환경주의자로 이름난 자들뿐만 아니라 세계 농가공식품업계의 1위 자리를 차지하는 네슬레[6]의

회장 피터 브라베크 레트마테마저 우려를 표명한다. 그의 말을 들어보자. "바이오연료를 계속 생산한다면 우리는 수억 명을 극심한 빈곤으로 몰아넣게 될 것이다."[7]

한편 파리에 본부를 둔 선진국가들의 기구인 경제협력개발기구는 바이오에탄올 1리터를 생산하기 위해서 필요한 화석연료의 양을 계산한 결과를 공개했다. 한마디로 기가 막힐 정도로 엄청난 양이다. 《뉴욕타임스》는 이 결과에 대해 간략한 논평을 곁들였다. 제조에 그처럼 많은 양의 에너지가 필요한 만큼, "농업연료는 대기 중의 이산화탄소 함량을 감소시키는 데 일조하는 것이 아니라 오히려 증가시킬 것이다."[8]

버락 오바마 대통령의 집착

세계에서 타의 추종을 불허할 정도로 막강한 힘을 자랑하는 바이오연료 제조자들은 예외 없이 미국 다국적기업들이다. 해마다 이 기업들은 정부로부터 수십억 달러의 지원금을 받는다. 버락 오바마 대통령이 2011년 연설에서 말했듯이 미국에 있어 바이오에탄올과 바이오디젤은 '중대한 국사', 즉 국가의 명운이 걸린 문제다.

2011년 60억 달러의 공적 자금 지원을 받은 미국 기업들은 국내 옥수수 생산량의 38.3퍼센트를 연료 생산에 투입했다. 2008년의 30.7퍼센트에 비해 현저하게 늘어난 양이다. 그런데 공교롭게도 2008년 이후 세계시장에서 옥수수 가격은 48퍼센트나 급등했다.[1]

미국은 세계에서 가장 역동적이고 중요한 제조 강국이다. 3억 명이라는 인구수로만 본다면 13억의 중국이나 인도에 비해서 상대적 약세일 수 있지만 미국은 엄연히 연간 전 세계에서 제조되는 재화의 25퍼센트를 점유하고 있다.

이처럼 놀라운 생산력을 가능하게 하는 으뜸가는 원료는 석유다. 미국은 하루 평균 2천만 배럴의 원유를 소비한다. 이는 전 세계 원유 생산량의 4분의 1에 해당된다. 이 중에서 61퍼센트, 그러니까 1일 평균 1,200만 배럴을 수입에 의존한다. 텍사스와 멕시코 만(해양), 알래스카에서 생산되는 원유는 800만 배럴에 그친다.

미국 대통령 입장에서는 이처럼 외국에 석유를 의존해야 하는 상황이 상당히 우려스러울 수 있다. 특히 수입 원유 대부분이 정치적 불안이 전염병처럼 번져나가고 있고 미국에 대한 적대감이 팽배한 지역에서 생산된다는 사실이 가장 큰 걱정거리다. 요컨대 원유 생산이나 수입, 두 가지 모두가 확실하게 보장되지 않는다는 점 때문에 미국 대통령의 고민이 끊이지 않는 것이다.

그 같은 의존이 초래한 결과는? 워싱턴 행정부는 엄청난 비용을 감수하며 중동, 페르시아 만, 중앙아시아 지역 등지에서 군사력을 유지해야 한다.

2009년 유엔 가입국들의 군비 지출(고유한 의미에서의 군대 기능을 유지하는 데 드는 비용은 제외)은 역사상 처음으로 1조 달러를 넘어섰다. 이 액수 중에서 미국의 지출이 41퍼센트를 차지한다. 세계 2위 군사 대국인 중국은 11퍼센트를 차지했다. 또한 미국 납세자들은 해마다 이스라엘에 군사 지원금으로 제공되는 30억 달러도 부담한다. 이들은 사우디아라비아, 쿠웨이트, 바레인, 카타르 등지에 설치된 '돈 먹는' 군사 기지 운영비도 부담해야 한다.

2011년 1월 이집트를 흥분의 도가니로 몰아넣었던 시민혁명이 일어났음에도 이집트는 여전히 미국의 보호령으로 남아 있다. 미국 납세자들은 해마다 13억 달러를 카이로의 장성들에게 지불한다.

오바마 대통령이 그가 추진하는 사회개혁 프로그램, 특히 의료체제를 개선하려면 서둘러서 국방 예산을 대폭 삭감해야 한다. 이 같은 예산 감축은 상당 부분 수입에 의존하는 화석 에너지를 미국 국내에서 제조가능한 식물 에너지로 대체해야만 가능하다.

바이오연료 프로젝트는 오바마의 전임인 조지 부시 대통령이 시작했다. 2007년 1월 부시 대통령은 향후 10년 동안 미국의 화석 에너지 소비량을 20퍼센트 줄이고 대신 바이오연료 생산량을 7배 늘린다는 목표를 설정했다.[2]

5초마다 10세 미만 어린이 한 명이 기아로 목숨을 잃는 이 세계에서 수백만 톤의 식량을 연료로 태워 없앤다는 건 정말이지 천인공노할 일이다. 농가공식품업계의 홍보 담당자들은 비난의 목소리를 잠재우기 위해 무진 애를 쓴다. 이들은 본래 인간을 먹여 살리기 위해 생산된 식량을 원래의 용도와는 전혀 다른 에너지 자원으로 유용하는 것이 도덕적으로 부적절하다는 점을 부인하지는 않는다. 하지만 너무 염려 말라고 큰소리친다. 머지않아 농업 찌꺼기, 즉 톱밥이나 건조한 땅(식량 농사가 불가능한 땅)에서만 자라는 식물 자트로파 등을 이용하여 제조하는 '2세대' 농업연료가 개발된다는 것이다. 게다가 옥수수의 이삭은 다치지 않고 대만 처리하는 기술이 벌써 개발되었다는 말도 잊지 않는다. 하지만 그것을 얻기 위해서 또 어떠한 대가를 치러야 한단 말인가?

'세대'라는 용어는 논리와 필연의 연속을 상기시키며 이는 곧 생물학으로 연결된다. 그런데 이 용어는 사실 기만적이다. 왜냐하면 이른바 '2세대' 농업연료라는 것이 실제 존재한다 치더라도 그것을 생산하기 위해서는 그에 필요한 선별작업과 중간 처리 과정을 감안할 때 훨씬 많은 비용을 감수해야 하고, 그렇게 되면 이익 최대화라는 원칙에 지배되는 세계시장에서 이렇다 할 주목을 받지 못할 것이 뻔하기 때문이다.

일반적으로 바이오에탄올로 가는 중형차의 연료탱크 용량이 50리터 정도 된다고 할 때, 50리터의 바이오에탄올을 생산하려면 옥수수 358킬로그램을 분해해야 한다.

멕시코나 잠비아 같은 나라는 옥수수를 주식으로 먹는다. 옥수수 358킬로그램이면 잠비아나 멕시코 어린이 한 명이 1년 내내 배불리 먹을 수 있다. 국제 앰네스티가 내 입장을 한 마디로 요약한다.

"농업연료=가득 찬 연료탱크와 텅 빈 뱃속."[3]

사탕수수의 저주

농업연료는 해마다 옥수수, 밀을 비롯한 다른 식품 수억 톤을 분해시켜버릴 뿐 아니라 이렇게 해서 생산된 제품은 대기 중에 수백만 톤의 이산화탄소를 쏟아낸다. 그것으로도 모자라 이를 생산하는 거대 다국적기업들이 패권을 장악한 나라에서는 각종 사회적 재앙마저 불거진다.

브라질의 경우를 예로 들겠다.

지프차는 바퀴자국이 마구 패인 카피바리베 계곡 오르막길을 힘들게 나아간다. 푹푹 찌는 듯한 더위로 숨이 턱턱 막힌다. 녹색 사탕수수의 바다가 끝도 없이 펼쳐진다. 제임스 솔비는 운전석 옆 조수석에 앉아 있다. 우리는 말하자면 적진을 향해 돌진하는 중이다. 계곡에 자리 잡은 몇몇 엥겡오$_{engenhos}$[1], 즉 사탕수수 농장은 MST, 무농지 농업노동자 운동에 속한 노동자들이 가꾼다. 제당계의 거물들은 군인 경찰, 곧 국가 헌병대에 깊숙하게 줄을 대고 있다. 살인 부대라고 할 수 있는 대농장의 총잡이 $_{pistoleros}$들이 주변을 배회하는 건 두말할 필요도 없다.

솔비는 스코틀랜드 출신 사제다. 바히아에서 피아우이에 이르는 노르데스테 지방 전역에서 그는 티아고$_{Tiago}$ 신부[2]라는 이름으로 알려졌다.

그의 친구 치코 멘데스는 살해당했지만 그는 아직 건재하다. 잠정적으로는 그렇다고 그가 덧붙인다. 티아고 신부는 능숙하게 블랙 유머를 구사한다. "난 앞장서서 싸우는 걸 좋아하는 편이오. 총잡이들은 대개 미신을 믿지……. 그자들은 제네바에서 온 사회주의자보다 사제에게 총 쏘는 걸 훨씬 주저하게 마련이거든." 어쨌거나 그날 우리를 공격한 건 극성스러운 모기 떼뿐이었다!

이글거리는 붉은 태양이 지평선 쪽으로 내려앉을 때쯤 우리는 마침내 농장이 한눈에 들어오는 곳에 도착했다. 자동차를 덤불숲에 세운 뒤 제임스 솔비와 노동조합원, 샐리-앤 웨이, 크리스토프 골레이, 그리고 나 이렇게 다섯 명은 걸어갔다.

사탕수수 자르는 노동자들과 가족들이 사는 진흙을 이겨 만든 작은 집들이 질퍽거리는 도랑 양쪽으로 이어졌다. 집은 하나같이 파란색이었다. 집의 입구는 약간 높은 곳에 위치하고 있었다. 그러니까 계단을 세 개 올라가야 집이 세워진 작은 석재 테라스가 나왔다. 이러한 아주 영리한 구조 덕분에 이들은 갑자기 불어나는 도랑물이나 들쥐들로부터 집을 보호할 수 있다.

아이들은 앙상한 팔다리만으로도 금방 알 수 있는 영양실조 상태임에도 불구하고 즐겁게 뛰어다녔다. 카보클로, 즉 피부가 검은 아이들이나 인디언에 가까운 모습을 한 아이들이 대다수였다. 많은 아이들이 기생충 때문에 배가 볼록 튀어나왔으며 붉은색 머리카락이 드문드문 머리를 덮고 있었다. 콰시오커에 걸렸을 때 나타나는 전형적인 증세였다. 여인들의 차림새는 남루했고 흑단처럼 검은 머리채 때문에 뼈만 남은 얼굴 윤곽이 한결 또렷해 보였다. 여인들은 낯선 이들에게 딱딱하게 굳은 시선을 던졌다. 치아가 성한 남자들은 보기 드물었다. 담배 때문에 손들은 진한 노란색으로 물들었다.

대들보 아래로 색색의 해먹들이 걸려 있었다. 앵무새들은 처마 밑에 걸어놓은 새장 속에서 푸드득거렸다. 집 뒤쪽에서는 당나귀들이 풀을 뜯었다. 털빛이 갈색인 염소들은 풀밭에서 보잘것없이 돋은 풀이나마 뜯어 먹는 중이었다. 옥수수 볶는 냄새가 코를 찔렀다. 모기들이 왱왱거리는 소리가 마치 멀리서 전투기가 날아다니는 소리처럼 들렸다.

트라피체 엥겡오 노동자들이 벌이는 투쟁은 모범적 사례로 소개될 만하다. 저녁 안개 속에 끝도 없이 이어지는 광대한 토지는 원래 국가 소유였다. 그 땅은 몇 년 전까지만 해도 식량이 되는 곡물을 재배하는 소규모 농장들이 1~2헥타르 정도씩 나누어 경작했다. 농부와 가족들은 비록 가난하지만 나름대로의 안정과 상대적인 자유를 누리며 살 수 있었다.

그런데 수도 브라질리아 권력층과의 친분과 엄청난 자본을 무기로 금융가들은 관계당국으로부터 '공유 폐기', 다시 말해서 그 땅의 사유화를 얻어냈다. 이렇게 되자 콩과 곡물들을 키우며 그 땅에서 살던 소규모 경작자들은 헤시피 외곽 빈민가로 쫓겨났다. 쥐꼬리만한 임금을 받으며 사탕수수 자르는 노동자가 될 것을 수락한 자들만 예외였다. 오늘날 이들은 혹독하게 착취당하고 있다.

새 소유주들을 상대로 무농지 농업노동자 운동 측에서 제기한 길고 지루한 소송은 우리가 그곳을 방문했을 무렵 원고 측의 패소로 끝났다. 재판 결과가 그렇게 된 데에는 지방 판사들 역시 공공 토지의 사유화를 통해 적잖은 금전적 이익을 보는 집단이라는 점이 분명 작용했을 것이다.

브라질에서 농업연료 생산 프로젝트는 거의 절대적으로 우선시된다. 알다시피 사탕수수는 바이오에탄올을 생산하는 데 가장 효과적인 원료 가운데 하나로 손꼽힌다.

바이오에탄올 생산량을 대대적으로 증가시키고자 하는 브라질의 전략엔 프로-알코올Pro-alcool이라는 희한한 이름이 붙어 있다. 이 전략은 브라질 정부의 야심이자 자랑거리이기도 하다. 2009년 브라질은 140억 리터의 바이오에탄올(과 바이오디젤)을 소비했으며 40억 리터를 수출했다. 정부는 2천억 리터 수출을 꿈꾼다.

국영기업 페트로바스는 산토스(상파울루 주)와 과나바라(리우 데 자네이루 주) 만에 새로운 항구를 건설하기 위해 굴착 작업에 착수했다. 앞으로 10년에 걸쳐 페트로바스는 신항만 설비 건설을 위해 850억 달러를 투자할 것이다.

브라질리아 정부는 사탕수수 재배 면적을 2,600만 헥타르까지 늘릴 예정이다. 바이오 에탄올계의 거물들에 맞서야 하는 트라피체 농장의 이빨 빠진 사탕수수 노동자들에겐 아무런 희망이 없다. 브라질이 추진하는 프로-알코올 계획으로 말미암아 토지는 순식간에 몇몇 토착 기업과 다국적기업의 손으로 들어갔다.

상파울루 주에서 사탕수수를 가장 많이 재배하는 곳은 리베이랑 프레토 일대 지역이다. 1977년에서 1980년까지 평균 농지 규모는 242헥타르에서 347헥타르로 껑충 뛰었다. 토지 소유가 몇몇 거대 기업 또는 대농장주에게 집중되는 현상, 즉 경제권력의 집중 현상은 꾸준히 보편화되다가 2002년부터는 급작스럽게 가속화되었다.

이와 같은 부의 집중 추세는 당연히 중소 규모의 영세 가족 농장에 피해를 안겨준다.3 세계식량농업기구의 한 전문가는 이렇게 진단한다.

상파울루 주 농장의 평균 면적은 1970년에는 8천 헥타르였으나 오늘날(2008년)엔 1만 2천 헥타르로 늘어났다. 1970년에 면적이 1만 2천 헥타르 또는 그 이상 되는 범주에 들어갔던 농장의 오늘날 평균 면적은 3만 9천 헥타르 이상이다. 4만에서 5만 헥타르 급의 농장도 드물지 않다. 반대로 면적 1,000헥타르 미만 급에 속하는 농장의 경우, 평균 면적은 476헥타르로 줄어들었다. 토지의 집중(상파울루 주의 경우) 현상은 단순히 매수/매도로 인한 결과만은 아니다. 예전엔 독립적인 농장주였던 농민들이 대지주들에게 울며 겨자 먹기로 자기 땅을 임대하는 경우까지도 여기에 포함된다.[4]

이처럼 농업이 자본 지향적 단일경작 모델로 조정되면서 값비싼 각종 농기계를 장만하고 비료나 토지를 구입하여 사탕수수 집약 농업에 뛰어들 여력이 없는 사람들은 자연스럽게 대열에서 낙오되었다. 이들 낙오자들은 이웃 땅을 새롭게 차지하게 된 대지주들에게 그들이 지니고 있던 농지를 임대하거나 팔라는 압력에 시달려야 했다. 1985년부터 1996년 사이에 자기 땅에서 쫓겨난 농부는 540만 명을 넘었으며 중소 규모 농장 941,111군데가 사라졌다.

농지의 독점화는 불평등을 심화시키며 빈농(빈농들의 농촌 탈출로 도시 빈민도 늘어난다)을 양산한다. 뿐만 아니라 소규모 자영농들의 소외는 식량 안보를 위협한다. 중소규모 자영농들이 이제까지 식량 생산을 보장해왔기 때문이다.[5] 여성 혼자 이끌어가는 농촌 가구는 농지를 보유하기가 훨씬 어려울 뿐 아니라 훨씬 심한 차별에 시달리게 된다.[6]

요컨대 농업생산이라는 수익 모델에 따라 '녹색 금' 생산을 발전시켜나가는 것은 사탕수수계 거물들의 배는 불리지만 가뜩이나 힘없는 소규모 자영농들이나 소작인들, 보이아 프리우들을 한층 더 약화시키는 결과를 초래한다. 중소 규모 가족농에게는 사형선고나 마찬가지이기 때문이다. 이는 결국 식량주권의 포기를 의미한다.

프로-알코올 프로젝트는 브라질 국내의 사탕수수 거물들 외에 루이스 드레퓌스, 번지, 노블그룹, 아처 대니얼스 미들랜드 등의 외국 거대 다국적기업들, 빌 게이츠나 조지 소로스 혹은 중국 국부펀드에 속하는 금융 집단들에게도 엄청난 이익을 안겨준다.

비정부단체 윤리적 설탕Ethical Sugar이 발표한 보고서에 따르면 중국과 브라질의 바히아 주(브라질 북부)는 2013년까지 중국이 레콘카보에 20개의 에탄올 공장을 여는 데 동의한다는 계약을 체결했다.[7] 조그만 땅뙈기라도 갖게 해달라고 아우성치는 사람이 수백만 명에 이르며, 식량 안보가 첨예하게 위협받는 브라질 같은 나라에서 몇몇 다국적기업들과 국부펀드들의 토지 매점이 버젓하게 이루어진다는 사실은 치욕적이다.

유엔의 인권위원회나 총회에서 나는 기회가 있을 때마다 브라질의 프로-알코올 프로젝트를 상대로 투쟁을 벌였다. 내 바로 앞에는 나의 친구이자 왕년의 무장 혁명 게릴라로 군부독재에 저항한 영웅으로 추앙받으며 현재 장관으로 일하는 파울로 바누치가 앉아 있었다. 그는 심히 유감스러워 했다. 루이스 이냐시오 룰라 다 실바 대통령마저도 2007년 안전보장이사회를 방문한 자리에서 연단에 올라 노골적으로 나를 공격했다. 바누치와 룰라는 상대방을 꼼짝 못하게 하는 논리를 들이댔다. "어째서 사탕수수 밭의 확대를 염려해야 하는가? 지글러는 식량특별조사관이다. 그런데 프로-알코올 프로젝트는 식량과는 전혀 무관하다. 사탕수수는 식량이 아니다. 미국인들과는 달리 우리 브라질인들은 옥수수나 밀을 태우지 않는다."

그러나 이 같은 논리는 받아들일 수 없다. 브라질의 식량 농업 경계선이 자꾸 이동하기 때문이다. 사탕수수가 끊임없이 내륙 고원 쪽을 파고드는 바람에 여러 세기 동안 그곳에서 풀을 뜯던 가축들은 할 수 없이 서쪽과 북쪽으로 이동할 수밖에 없다. 새로운 초지를 확보하기 위해 대농장주들과 거대 다국적기업 경영진은 숲을 태운다. 이렇게 해서 해마다 수만 헥타르의 숲이 사라진다.

파괴는 이제 돌이킬 수 없는 지경에 이르렀다. 원시림으로 덮여 있던 아마존 강 유역과 마토 그로소 습지대의 토양은 이제 얇은 이끼층만 남았다. 물론 그럴 리야 없겠지만, 브라질리아의 정치 지도자들이 어느 날 갑자기 정신이 번쩍 든다고 해도 이미 사라져버린 '지구의 허파'[8] 아마존 정글을 복원해낼 수는 없는 노릇 아니겠는가. 세계은행이 인정하는 시나리오에 의하면 지금과 같은 속도로 초지에 불 놓는 작업이 진행된다면 2050년엔 아마존 숲의 40퍼센트가 사라질 것이다.[9]

식량 농업을 점진적으로 사탕수수 경작으로 대체해간다면 브라질은 세계 식량시장이 빚어낸 악순환의 톱니바퀴 속으로 들어갈 수밖에 없다. 자국이 생산할 수 없는 식량을 수입에 의존하게 되면 브라질은 원하건 원하지 않건 세계의 식량 수요를 증가시키며, 이는 곧 가격 인상으로 이어진다.[10]

결국 프로-알코올 프로젝트는 브라질 인구의 상당 부분이 겪는 식량 불안 문제와 밀접하게 연결되어 있음을 인정해야 한다. 이 프로젝트는 특히 사탕수수 재배 지역에 치명적이다. 왜냐하면 기초식량을 거의 전적으로 가격변동이 심한 수입 곡물 매입에 의존해야 하기 때문이다. "가족들을 먹여 살릴 만큼의 식량을 생산할 만한 토지를 소유하지 못한 많은 소규모 자영농과 농업노동자들이 수입 식량 구매자들이다."[11] 이런 사연 때문에 2008년 농민들은 가격이 폭등한 식량을 충분히 구입하지 못했다.

브라질의 사탕수수 밭에서는 1888년 이전에 행해지던 노예제도와 비슷한 관행이 오늘날까지도 여전히 잔존하고 있다.[12] 사탕수수를 자르는 일은 무척 고된 노동이다. 노동자들은 작업량에 따라 임금을 지불받는다. 이들에게 주어지는 연장이라고는 큰 칼이 전부다. 다만 조금이라도 인간미가 있는 십장을 만나면 그나마 가죽 장갑이라도 껴서 손에 상처가 나는 것을 방지할 수 있다. 농촌에서는 법으로 정한 최저임금 따위는 거의 지켜지지 않는다.

그런데 프로-알코올 프로젝트라는 명분 때문에 사탕수수 밭에서 헤어나지 못하는 인부들은 늘어만 가고 있다. 사탕수수 자르는 노동자들은 가족들과 더불어 수확 일이 있는 대규모 농장을 찾아 이동한다. 트라피체 엥겡오의 정착 노동자들은 이제 예외적인 존재들이 되어버렸다. 다국적기업들은 이주 노동자들을 고용하는 편을 선호한다. 그렇게 함으로써 사회적 비용 부담금을 절약할 수 있고 생산단가를 낮출 수 있기 때문이다. 이러한 관행엔 당연히 가혹한 사회적, 인간적 비용이 따르기 마련이다.

비용 절감에만 치중하다 보니 농업연료 생산자들은 극도의 자유주의 자본집약적 농업 모델에 걸맞게 수백만 명의 이주 노동자들을 고용한다. 고용된 노동자들은 저임금에 살인적인 노동 시간, 최소한의 복지 시설마저도 전무한 열악한 작업 환경, 노예 상태에 가까운 근무 조건 등에 시달리게 된다. 이러한 악조건은 당연히 노동자들과 가족들의 건강에 치명적이다. 때문에 사탕수수 자르는 노동자는 물론 그들의 처자식들은 결핵과 영양실조로 목숨을 잃는 경우가 다반사다.

브라질의 경우 땅 없는 농업노동자들이 480만 명에 이를 것으로 추산된다. 이들은 집도 없어서 계절에 따라 노동력을 제공해가며 거의 길

위에서 산다. 촌락이나 농촌의 중소 규모 도시 또는 대규모 영지 근처의 오두막집에 사는 사람들은 그나마 공공 서비스의 혜택을 조금이라도 받을 수 있다.

광활한 지역이 사탕수수 단일경작 지대로 탈바꿈하게 되자 사탕수수 자르는 계절에만 일거리가 생기게 됨으로써 고용 불안이 야기되었다. 남부 지방에서 수확이 끝나면 노동자들은 그곳에서 2천 킬로미터 떨어진 노르데스테로 이동한다. 그곳은 남부와 계절이 반대이기 때문이다. 노동자들은 이렇듯 6개월마다 엄청난 거리를 이동해야 한다. 가족들과 멀리 떨어져 지내야 하는 이들의 삶은 뿌리가 뽑힌 채 부유하며 나날이 취약해진다. 이동하지 않는 보이아 프리우들이라고 해서 사정이 나은 건 아니다. 하루, 한 주, 한 달? 언제까지 고용 상태가 유지될 지 알 수 없어 불안하기는 매한가지다.

이러한 취약점과 이동성으로 말미암아 이들은 자신들에게 부여된 보잘것없는 권리마저 제대로 사수하지 못한다. 일반적으로 사탕수수 노동자들은 고용주들의 잦은 직권 남용을 고발할 수 없는 형편이다. 더구나 이들을 보호해야 할 법적 장치는 거의 전무하다. "(농장 안에서 지켜지는) 법을 정하는 건 카팡가capangas, 즉 설탕업계가 고용한 용병들이다. 간혹 국가가 고용한 공무원들이 개입하기도 하지만 이들은 지극히 소수에 불과할뿐더러 땅덩어리는 광대하다. […] 공식적으로 카팡가들은 농장을 지키는 일종의 보안 요원들이다. 그러나 현실에서 이들은 사나운 개들이 양떼 주변을 어슬렁거리듯이 노동자 주위를 맴돌며 이들을 감시한다."[13]

여자들은 사탕수수 밭에서 일하는 경우가 아주 드물다. 여자들은 하루에 10~12톤으로 정해진 작업량을 완수하기가 대단히 어렵기 때문이다. 세계식량농업기구에 따르면 계절적인 고용 혹은 일용직과 관련하여 여자들은 남자들에 비해서 특히 임금이나 근로 조건, 교육면에서 훨씬 부당한 대우를 받으며, 작업상 또는 위생적인 면에서 위험에 노출될 확률이 훨씬 높다. 어린아이들도 수천 명씩 농장에서 일한다. 국제 노동 사무국(BIT, Bureau international du travail)에 의하면 17세 미만 미성년자 240만 명이 농업 부문에서 임금 노동자로 일한다. 이 중 22,876명은 사탕수수 농장에 몰려 있다.[14]

로제 바스티드Roger Bastide가 프랑스어로 번역한 질베르투 프레이리Gilberto Freyre의 유명한 저서 『주인과 노예. 브라질 사회의 형성』은 사탕수수의 저주를 고발한다.[15]

토메 데 소우자의 쾌속 범선은 1526년 10월 어느 날 아침에 투레생만으로 들어왔다. 17세기에도 벌써 사탕수수는 레콘카보 데 바히아를 가득 채우고, 이어서 페르남부쿠의 카피바리베 계곡까지도 잠식했으며 해안지대, 세르지페의 아그레스테와 알라고아스 지방 전역을 뒤덮었다.

사탕수수는 노예무역 경제의 근간이 되었다. 엥겡오는 노예들에게는 지옥이나 다름없었으며 이들을 부리는 주인들에게는 엄청난 부의 원천이었다.

당시 브라질은 단일경작 때문에 파산했다. 그런데 오늘날 단일경작이 되돌아왔다. 사탕수수의 저주가 또다시 브라질을 뒤흔들고 있다.

덧붙이는 글: 구자라트의 지옥

사탕수수 자르는 노동자들의 노예 같은 삶은 브라질에만 국한되지 않는다. 다른 나라들에서도 수천 명의 이주 노동자들이 비슷하게 착취당하고 있다.

바르돌리 제당 공장의 농장은 인도 구자라트 주의 수라트에 위치하고 있다. 이 농장에서 일하는 사람들의 대다수는 아디바시 원주민들이다. 이들은 바구니 만드는 기술이나 갈대로 가구 만드는 기술로 유명하다.

농장 생활은 한마디로 끔찍하다. 주인이 제공하는 식사에서는 벌레가 나오고 깨끗한 식수도 없거니와 음식을 익힐 땔감도 없다. 아디바시족 노동자들과 가족들은 나뭇가지들로 엮어 만든 샤크shacks라는 움막에 산다. 나뭇가지를 얼기설기 엮은 집에 전갈이나 뱀, 들쥐, 떠돌이 개들이 제집처럼 드나든다.

기가 막히게도 바르돌리 제당 공장은 협동조합으로 등록되어 있다. 그런데 인도에서 가장 엄격하고 구속력 있는 법들 가운데 하나가 바로 협동조합의 설립과 의무, 공공 감시 등을 규정하는 이른바 협동조합 단체법이다. 특수 공무원들이 협동조합을 감시하도록 정해져 있다. 하지만 사탕수수 노동자들은 이들을 한 번도 본 적이 없다. 구자라트 주 정부는 이들의 고통에 전혀 관심을 보이지 않는다.

사법 기관에 호소하면 되지 않겠느냐고? 아디바시들은 무카담mukadam, 즉 농장의 고용담당자를 끔찍하게 무서워한다. 구자라트 주의 실업률이 너무도 심각한 지경이라 조금이라도 불평을 하는 노동자는 그 자리에서 해고되고, 한 시간도 채 못 되어 고분고분한 새 사람이 그 자리를 채우기 때문이다.

아프리카, 다시 식민지가 되다

2011년 3월에 열린 유엔인권위원회의 16차 회의 기간 동안 비아 캄페시나Via Campesina는 비정부단체 FIAN[1], CETIM[2]과 공동으로 부대행사를 개최했다. 농민들의 권리(농지와 종자 소유권, 관개용수 사용권 등) 보호를 위한 비공식적 자문 시간을 가진 것이다.

타협이라고는 모르는 인권 담당 남아프리카공화국 대사 피조 모베디는 이 기회를 이용해 다음과 같이 선언했다.

"그 자들은 처음엔 사람들을 잡아가더니 이젠 우리 농지를 빼앗더군요……. 우리는 아프리카의 재식민지화 시대를 살고 있습니다."

실제로 '녹색 금'의 저주는 오늘날 아시아, 라틴 아메리카, 아프리카의 여러 나라로 확산되고 있다.[3] 세계의 거의 전역, 그중에서도 특히 아시아와 라틴 아메리카에서 바이오에탄올 생산업자들에 의한 농지 점령은 극단적인 폭력을 동반한다.

콜롬비아의 사례가 대표적이 될 수 있다.[4] 콜롬비아는 세계 5위의 팜유 생산국이다. 생산량의 36퍼센트는 주로 유럽으로 수출된다. 2005년 이 나라의 야자수 재배 면적은 27만 5천 헥타르였다. 팜유는 농업연료 제조에 사용된다. 야자수 농장 1헥타르에서는 5천 리터의 바이오디젤을 생산할 수 있다.

야자수 단일경작이 이루어지는 콜롬비아의 거의 모든 지역에서는 예외 없이 불법적인 농지 점령, 강제 이주, 선별적 살해, '실종' 등의 인권 침해 사례가 보고되었다.

거의 모든 해당 지역에서 되풀이 되는 시나리오를 볼 것 같으면, 우선 주민의 강제 이주가 출발점이 되어 그 후 거대 다국적기업들을 위해 일하는 유사 군대 조직에 의해 주민들이 떠난 지대에 '평화'가 정착하는 식이다. 2002년부터 2007년 사이에 이들 유사 군대 조직의 공격을 받아 목숨을 잃은 사람이 무려 13,634명이다.[5] 이 중 1,314명은 여자이며 어린이도 719명이나 포함되어 있다.

최초로 보고된 사례는 1993년으로 거슬러 올라간다. 그해에 콜롬비아 정부는 법 70조에 의거해 전통적으로 쿠르바라도 강과 히과미안도 강 유역에서 농사를 짓던 흑인 공동체의 토지 소유권을 인정했다. 이 법에 따르면 공동체 대표들의 동의 없이는 아무도 두 강 유역에 위치한 15만 헥타르의 토지를 차지할 수 없다. 그런데 현장에서 겪는 현실은 이와는 전혀 다르다.

농민 가구들은 유사 군대 조직의 등살을 피해 고향을 등졌다. 그러자 팜유를 생산하는 다국적기업들이 들어와 아무런 방해도 받지 않고 그 땅에 야자수를 심었다. 유사 군대 조직은 1997년에 그 지역에 도착하면서 주택에 불을 지르거나 농민들을 선별적으로 살해하고, 온갖 위협을 가하며 때로는 대량 살상도 마다하지 않았다.

인권 보호 단체들은 인명 살해 120에서 150건, 강제 이주자 1,500명 정도로 집계했다. 주민들의 강제 이주 직후 기업들은 야자수를 심기 시작했다. 2004년 공동체가 집단으로 소유하는 농지의 93퍼센트는 팜유

생산용 야자수에 점령당했다.[6]

다른 예를 하나 더 들어보자. 세르조 페라리가 묘사한 라스 파바스 농민 가족들의 승산 없는 기나긴 투쟁의 예다.[7] 이곳에서는 범죄 조직 대부들이 대규모 농장주들과 손을 잡고 콜롬비아 북부 볼리바르 주에서 600가구 정도로 이루어진 공동체가 일구던 농토를 손에 넣었다.

비극은 이들 농민들이 대규모 농장주들에 의해 추방당한 1970년대로 거슬러 올라간다. 농민들의 땅을 손에 넣은 대규모 농장주들은 이 땅을 마약의 제왕 파블로 에스코바르의 친척인 헤수스 에밀리오 에스코바르에게 팔아넘겼다. 1997년 에스코바르는 이 땅의 소유를 포기했고 농민들은 되찾은 예전의 땅에 쌀과 옥수수, 바나나 등을 재배했다. 라스 파바스의 용감한 농민들은 강제 이주된 농민들을 위한 수용소에서 식물인간처럼 지내는 생활을 도저히 받아들일 수 없었던 것이다. 고향을 등졌던 농민들이 차츰차츰 돌아왔다. 2006년 이들은 농업부에 자신들의 소유권을 인정해달라고 요청했다. 에스코바르는 이 기회를 놓치지 않았다. 그는 농민 가족들을 완력으로 쫓아냈으며 그들이 기른 농작물을 파괴하고, 토지는 팜유 생산을 위한 야자수 집중 경작 전문 콘소시엄 엘 라브라도르에 팔아버렸다. 이 콘소시엄은 아포르테스 산 이시드로와 테켄다마라는 두 회사가 합작으로 결성했다.

2009년 7월 줄기차게 이어지는 위협에도 일부 토지에서 경작을 계속해온 농민들은 또 다시 경찰에 의해 쫓겨나는 수모를 겪었다. 농업부조차도 경찰의 이 같은 조치는 불법이라고 판단했다.

2011년 보고타에는 새로 대통령에 당선된 후안 마누엘 산토스가 취임했다. 그의 전임자 알바로 우리베가 유사 군사 조직들과 연계되었다면 산토스는 대규모 농장주들과 친분이 두터운 인물이다. 야자수 재배 관련 농가공식품업계 지도자, 특히 테켄다마 사의 경영진은 그의 친구들이다. 따라서 라스 파바스 농민 가구들이 사법적 정의를 쟁취할 승산이라고는 전무하다고 보아야 할 것이다.

이제 라틴 아메리카를 떠나 아프리카 대륙의 경우를 보자.[8] 앙골라 정부는 농업연료용 작물 재배를 위해 50만 헥타르의 농지를 확보하겠다는 계획을 발표했다. 이 계획이 치키타와 론호 같은 다국적기업들을 비롯하여 일부 중국 기업이 진행하는 대규모 쌀 혹은 바나나 단일경작 확산사업과 연계되면 공동 효과가 나타날 예정이었다. 2009년 바이오콤(앙골라 국영 바이오에너지 회사)은 3만 헥타르의 면적에 사탕수수를 심었다. 바이오콤은 브라질의 오데브레트, 앙골라의 다메르, 소난골(앙골라 국영 석유회사) 등의 사업 파트너다.

한편 포르투갈의 천연자원 관련 기업 키펠은 남부의 쿠네네 지방에서 해바라기, 콩, 자트로파 등을 재배하려는 계획을 갖고 있다. 이곳에서 생산한 작물을 유럽으로 수출하여 농업연료로 바꾸겠다는 계산이다. 역시 포르투갈 기업인 글레이놀은 2009년부터 1만 3천 헥타르에서 바이오디젤 원료를 생산하고 있다. 소난골은 이탈리아의 국립 탄화수소 공사(ENI, Ente Nazionale Idrocarburi)와 공동으로 이미 존재하는 팜유 생산용 야자수 농장을 크완자 노르테 지방까지 확대하겠다는 계획을 세웠다. 물론 농업연료를 생산하려는 목적에서다.

카메룬의 경우를 보자면 국영기업 소카팜이 오늘날 부분적으로나마 프랑스 그룹 볼로레의 손에 넘어간 상태다. 소카팜 역시 팜유 생산량을 늘리겠다고 발표했다. 소카팜은 카메룬의 중부, 남부, 그리고 해안 지대에 농장을 소유하고 있다. 소카팜은 2000년에 볼로레 그룹과 5만 8천 헥타르의 토지를 60년간 임대한다는 계약을 체결했다. 이 외에 볼로레 그룹은 사카팜 농장의 8,800헥타르의 직접적인 소유권을 가지고 있다.

이 나라에서 팜유용 야자수 농장들은 원시림을 파괴함으로써, 목재용 벌채와 개간의 여파로 벌써 오래전부터 진행 중이던 산림 파괴 현상을 한층 가속화시키고 있다. 카메룬은 1990년대 이후 줄곧 소카팜, 카메룬 개발공사, 카메룬 채유식물공사 등의 국영기업들을 통해 팜유 개발을 추진해왔다. 그런데 중앙아프리카의 열대림은 그 규모로 볼 때 아마존 정글에 이어 세계에서 두 번째로 큰 숲 지대로서 지구의 주요 '탄소 저장고'[9]의 하나로 손꼽힌다. 또한 수많은 공동체들의 생존이 이 숲과 이 숲이 보유하고 있는 생물 다양성에 달려 있음을 기억해야 할 필요가 있다. 이들의 생존 방식인 사냥과 채집을 위해서 이 숲이 반드시 살아남아야 하는 것이다. 숲이 사라지면 이들 공동체의 생존 또한 위협받는다.

베냉 정부는 남부에 위치한 습지대 30만에서 40만 헥타르를 팜유 농장으로 개발하겠다고 제안했다. 팜유용 야자수는 원래 습지대에서 자생하는 식물이긴 하지만 대규모 농장이 들어설 경우 불가피하게 토양의 물기를 빼는 작업이 선행될 것이며, 이로 인하여 이 지역의 풍부한 생물 다양성은 파괴될 확률이 높다.

농업연료와 관련하여 가장 거대한 계획을 발표한 나라 가운데 하나가 콩고민주공화국이다. 2009년 7월 중국 기업인 ZTE 애그리비지니스는 100만 헥타르의 야자수 농장을 세워 농업연료를 생산하겠다고 발표했다. ZTE는 이에 앞서 2007년에도 300만 헥타르의 농장에 10억 달러를 투자하겠다고 발표한 바 있다. 그런가 하면 이탈리아의 국립 탄화수소 공사는 콩고에 7만 헥타르에 달하는 팜유 농장을 보유하고 있다.

마르크스주의자들이 집권한 에티오피아라고 해서 사정이 다르지 않다. 에티오피아도 자국 농지를 소외시키는 데 열을 올리고 있다! 에티오피아는 거의 160만 헥타르의 땅을 사탕수수와 팜유 개발을 원하는 자들에게 양도해주었다. 2009년 7월 현재 8,420명의 국내외 투자자들이 이를 위해 필요한 허가를 받았다.

이 나라에서 활동하는 가장 막강한 농업 투자자는 사우디아라비아 출신 억만장자 모하메드 알-아무디다. 그가 이끄는 사우디 스타 농업개발회사는 시다모, 감벨라 등 에티오피아에서 몇 안 되는 비옥한 지역에 수만 헥타르의 토지를 보유하고 있다. 이 회사는 그것으로 만족하지 못하고 50만 헥타르를 더 확보하여 사탕수수를 재배할 예정이다. 이 사탕수수 역시 바이오에탄올을 생산하기 위한 원료로 사용될 것이다.[10]

케냐에서는 2007년 일본 기업 비와코 바이오-래버러토리가 3만 헥타르의 농지에서 자트로파를 재배했다. 자트로파유 생산이 이들의 목표였다. 비와코는 향후 10년 동안 재배 면적을 10만 헥타르까지 늘리겠다는 야심도 감추지 않았다. 벨기에 기업 HG 컨설팅은 니마 프로젝트에 필요한 자금을 대고 있다. 니마 프로젝트는 계약을 체결한 소규모 자영농들이 4만 2천 헥타르의 농지에서 기른 사탕수수를 사용하여 연료를 만드는 것을 골자로 한다. 캐나다 기업 베드포드 바이오퓨얼스는 16만 헥타르의 농지를 확보하여 자트로파를 재배한다. 이 회사는 20만 헥타르를 추가로 매입할 수 있는 옵션도 보유하고 있다.

2008년 마다가스카르의 마르크 라발로마나나 대통령은 한국의 다국적기업 대우와 비밀리에 협약을 맺었다. 100만 헥타르의 경작지를 대우에 양도하겠다는 내용의 협약이었다. 대우는 99년 동안 무료로 이 땅을 임대해서 사용하게 되며, 이에 대해서 어떠한 금전적인 보상도 지불하지 않는다는 조건이었다. 대우는 그 땅에 팜유용 야자수를 심어 바이오에탄올을 생산할 예정이었다. 대우는 오로지 도로와 관개운하, 창고 등을 지어주기만 하면 된다는 조건이었다.

2008년 11월 28일 런던의 《파이낸셜 타임스》는 이 계약의 내용을 폭로했다. 마르크 라발로마나나는 분노한 국민들에 의해 대통령궁에서 쫓겨났고 그의 후임자는 문제의 계약을 파기했다.

시에라리온은 세계에서 가장 가난한 나라다.[11] 로잔에 본사를 둔 민간 다국적기업 아닥스 바이오에너지는 이 나라에서 비옥한 2만 헥타르의 땅을 불하받았다. 아닥스는 유럽 시장에 내놓을 바이오에탄올을 생산하기 위해 이곳에 사탕수수를 심을 예정이다. 더구나 5만 7천 헥타르까지 면적을 확대해주겠다는 약속도 받아낸 상태다.[12]

아닥스 바이오에너지는 스위스의 보 주 출신 억만장자 장-클로드 강뒤르가 소유한 기업이다. 활력이 넘치며 뛰어난 지능과 지칠 줄 모르는 원기를 겸비한 60대의 노련한 사업가이자 예술 애호가 강뒤르는 상반되고 모순적인 성격과 행동으로 대단히 호기심을 자극한다.[13]

그는 아제르바이잔에서 태어나 이집트에서 성장했으며 로잔에서 공부했다. 또한 추크 주에 체류하면서 불같은 성격으로 유명한 마르크 리치 밑에서 트레이더로서의 입지를 다졌다.[14] 2009년 강뒤르는 30억 달러를 받고 다국적기업 아닥스 퍼트롤리엄을 중국의 시노펙에 팔았다.[15]

강뒤르라는 인간의 개인적 관대함은 가히 전설적이다. 그는 자신이 소장했던 골동품 컬렉션과 프랑스 추상화 컬렉션을 모두 제네바 미술사박물관에 기증했으며, 박물관 확장을 위해 4천만 스위스 프랑을 기부하겠다고 약속했다.[16] 그가 세운 재단은 부르키나파소에서 노마 퇴치를 위해 애쓰고 있다. 조안 박스터는 그가 불하받은 시에라리온의 농장을 방문했다.

> 시에라리온 중부 지역의 스물다섯 개 마을에 산재해 있는 영세 농민들은 자신들이 쓸 파종을 직접 생산해서 쌀과 카사바, 채소들을 재배한다. 카사바를 심고 있던 아다마는 농작물을 수확하여 번 돈으로 몸이 마비된 남편의 치료비를 대고 세 자녀의 학비도 마련할 수 있다고 말한다. 밭일을 마치고 오후의 무더위 속에서 집으로 돌아온 샤를은 작은 농장에서 나는 작물들 덕분에 세 자녀를 학교에 보낼 수 있다. 그런데 내년엔 이들 농부들 대다수가 그들의 작은 땅에서 농사를 지을 수 없을 것이다. [...] 아다마는 아직 카사바와 후추를 기르는 언덕 너머 밭을 빼앗기게 된다는 사실을 모르고 있다.[17]

아닥스 바이오에너지는 프리타운 정부와 계약을 체결했다. 스물다섯 개 촌락에서 살던 농부들은 소문을 통해 자신들의 파산이 멀지 않았음을 알았다.

이 문제는 사하라 사막 이남 아프리카에 공통으로 적용된다. 농촌의 토지에는 일반적으로 토지대장이 존재하지 않는다. 도시의 땅으로 말하자면 그래도 몇몇 도시엔 토지대장이 존재한다. 그러므로 이론적으로 모든 토지는 국가에 귀속된다. 농촌 공동체들은 그들이 점유하는 토지에 대한 사용권을 지닐 뿐이다.

아닥스는 위험을 감수하는 모험 따위는 하지 않는다. 아닥스는 유럽투자은행과 아프리카 개발은행을 통해 필요한 자금을 대출받았다. 시에라리온에서는 남반구의 다른 많은 나라들에서와 마찬가지로, 이 두 은행이 손을 맞잡고 아프리카 농민 가족의 삶의 조건을 피폐화시키는 데 앞장서고 있다. 시에라리온 정부와 아닥스 바이오에너지는 이 외에도 세 개의 추가 계약 체결을 협상 중이다. 협상은 물론 위의 두 은행의 지원을 담보로 진행되고 있다. 추가 계약은 팜유 생산을 위한 거대한 농장들이 우후죽순 격으로 들어선 땅을 대상으로 삼고 있다.

시에라리온은 11년 동안이나 끔찍한 내전에 시달렸다. 2002년 내란이 종식되었음에도 불구하고 국가 재건은 진행되지 않았다. 80퍼센트 이상의 주민이 극빈자에 속한다. 이들은 심각하고 지속적인 영양실조에 시달린다.

아닥스 바이오에너지의 사업 타당성 조사에서는 농기구, 트럭, 제초제 분무기 등의 수입을 언급하고 있으며 화학 비료, 살충제, 살진균제 등의 사용도 예견한다.

아닥스 사는 아주 명확한 이유 때문에 그 땅을 선택했다. 다름 아니라 시에라리온에서 가장 중요한 하천 중의 하나인 로켈 강을 끼고 있다는 지리적 조건 때문이었다. 계약서에는 농장에 물을 대기 위해 끌어 쓸 수 있는 지하수의 양이나 오염된 물의 처리에 대해서는 어떠한 조항도 없다. 따라서 시에라리온 전역의 농부들은 식수와 관개용수 부족의 위험에 노출될 형편이며, 오염의 위험 또한 배제할 수 없게 되었다.

형식적으로 아닥스 사는 1헥타르당 1유로를 지불하기로 하는 50년 임대 계약을 맺었다. 이 계약에 따르면 아닥스 사는 임직원들의 소득에 대한 세금 면제, 수입 자재에 대한 관세 면제를 약속받았다.

스위스인들은 매우 능란하다. 아닥스 사 측은 영향력 있는 지역 기업가 뱅상 카뉴, 그리고 특히 지역 국회의원 마르탱 방구라를 계약에 끌어들였다. 시에라리온은 서류상으로는 민주국가임에 틀림없다. 하지만 실제적으로 지역구 국회의원들은 마치 지방 태수들처럼 군림한다.

아닥스 바이오에너지는 지역 주민들에게 프로젝트를 상세하게 설명하는 임무를 국회의원 방구라에게 맡겼다. 방구라에 따르면 농지를 몰수당한 농민들에게는 그 대가로 아닥스 바이오에너지가 만들어낼 4천개의 일자리 혜택이 돌아갈 것이다. 하지만 현지에서 이루어진 다른 연구 조사는 이 약속을 부인한다. 새로 만들어질 일자리는 거의 없다는 것이다.[18] 게다가 만에 하나 일자리가 있다한들, 어떤 근무 조건에서 일하게 될지 어떻게 알 수 있단 말인가? 그 점에 대해서 언급하는 사람은 아무도 없다.

한 가지 단서는 있다. 현재 아닥스 바이오에너지는 로켈 강의 제방에 심은 사탕수수와 카사바의 새순을 보호하기 위해 50명 정도를 고용하고 있으며 이들에게 하루 1만 레온, 다시 말해서 1.8유로를 지급하고 있다.[19]

아닥스 사가 시에라리온에서 벌이는 사업은 '녹색 금' 분야의 거물들이 토지를 손에 넣기 위해 사용하는 대부분의 방식을 전형적으로 답습하고 있다. 게다가 이들의 동업자로 계약에 개입하는 일부 지역 인사들의 부패는 토지 몰수에 중요한 역할을 한다. 여기에다가 납세자들의 세금으로 운영되는 공공 은행(세계은행, 유럽투자은행, 아프리카 개발은행 등)이 이 같은 토지 몰수 작업에 자금을 댄다는 사실이 더해지면 부조리 스캔들의 퍼즐은 완성된다.

아다마와 샤를, 그리고 그들의 자녀, 친척, 이웃들은 어떻게 될 것인가? 그들은 쫓겨날 것이다. 어디로?

들쥐들이 태연하게 돌아다니고 어린아이들이 매춘부로 나서며, 가장은 항구적 실업 상태와 절망에서 헤어나지 못하는 프리타운의 처참한 빈민가로 가지 않으면 달리 무슨 수가 있겠는가?

농업연료는 사회적으로도 기후 면에서도 재앙을 초래한다. 농업연료는 식량 재배지 면적을 줄이고 가족 단위 농업을 파괴하며 세계의 기아를 악화시킨다. 농업연료는 생산하는 과정에서 많은 양의 이산화탄소가 발생하며 엄청난 양의 식수를 필요로 한다.

화석연료의 소비는 빠른 시일 내에 대대적으로 감소되어야 한다. 이건 분명하다. 하지만 농업연료 생산은 결코 해결책이 되지 못한다. 에너지 절약과 풍력 발전이나 태양력 발전 같은 엄밀한 의미에서의 대안 에너지만이 그 해결책이다.

베르트랑 피카르는 내가 아는 가장 빛을 발하는 사람들 가운데 한 명이다. 그는 브라이언 존스와 함께 1999년 3월 1일부터 21일까지 최초로 기구 세계 일주를 했다. 이 기간 동안 두 사람을 태운 기구는 한 번도 멈추지 않았다. 그가 이번엔 솔라 임펄스라고 이름 붙인 태양열 비행기로 세계 일주를 하겠다고 준비 중이다. 비행기는 전적으로 태양 에너지만으로 작동한다. 베르트랑 피카르는 웃으면서 나한테 말했다. "나는 인류를 석유로부터 해방시키고 싶습니다."

2007년 뉴욕에서 열린 유엔총회 석상에서 나는 "식량으로 농업연료를 생산하는 것은 범죄행위"라고 선언했다. 그러니 농업연료 생산을 금지하라고 요청했다.

나의 요청에 대해 '녹색 금' 거물들은 격렬하게 반응했다. 캐나다 재생가능연료협회, 유럽 바이오에탄올연료협회, 브라질 사탕수수 산업협회(바이오에탄올 제조자들의 단체 중에서 가장 막강한 3개 단체)는 코피 아난 유엔 사무총장에게 나의 선언이 "묵시록적이며", "부조리하다"고 항의했다.[20]

그래도 나는 나의 입장을 바꾸지 않았다. 5초마다 열 살 미만의 어린이 한 명이 기아로 죽어가는 세상에서, 연료를 만든다는 명목으로 식량을 생산해야 할 땅을 빼돌리고 굶주린 배를 채워줘야 할 식량을 태워버린다는 건 반인류 범죄에 해당된다.

6.
식량 투기꾼들

헤지펀드, 식량을 노리는 뱀상어들

뱀상어는 흉상어과에 속하는 아주 큰 육식 동물로, 성질이 매우 난폭하고 왕성한 식욕을 지닌 것으로 알려져 있다. 흉측하고 커다란 이빨과 검은 눈을 가진 이 녀석은 지구상에서 가장 사나운 짐승 가운데 하나다. 온대나 열대 지방 전역에 분포하며 특히 요동치는 물을 좋아하는 편이다. 막강한 턱으로 먹이를 물 때면 1평방센티미터당 가해지는 압력이 수 톤에 이른다고 한다. 녀석은 자기 몸에 산소를 공급하기 위하여 끊임없이 헤엄을 쳐야 한다. 뱀상어는 무려 460만 리터의 물에 떨어진 단 한 방울의 피 냄새도 감지할 정도로 뛰어난 후각을 지니고 있다.

시카고의 농업 원자재 거래소에서 활약하는 식품관련재 투기꾼들에게서는 어쩐지 뱀상어 같은 분위기가 느껴진다. 식품관련재 투기꾼들 역시 수십 킬로미터 떨어진 곳에서도 어느새 먹잇감을 알아보고 순식간에 그 먹잇감을 손에 넣기 때문이다. 그렇게 함으로써 그는 자신의 욕구를 충족시킨다. 다시 말해서 천문학적 이익을 얻는다.

시장의 법칙은 오로지 지불 능력이 뒷받침되는 요구만 충족시켜준다. 이 법칙은 식량은 인간의 권리, 모든 인간에게 보편적으로 부여된 기본권이라는 사실에 대해서는 일부러 모르는 척할 것을 강요한다.

농업 원자재 관련 투기꾼은 먹잇감이 있는 곳이라면 어디든 마다하지 않고 달려가 자신에게 소득이 될 만한 것이라면 무엇이든 꿀꺽 집어삼킨다. 그는 특히 땅과 생산요소, 비료, 종자, 신용 대출, 농산품 등을 투기 대상으로 삼는다. 원래 투기란 위험을 동반하는 활동이다. 불과 몇 초 만에 천문학적 액수의 차익을 실현할 수도, 거대한 손실을 감수하게 될 수도 있다는 말이다.

두 가지 사례를 보자. 소시에테 제네랄 은행 소속의 젊은 트레이더였던 제롬 케르비엘은 약 500억 유로에 상당하는 선물거래 매입 포지션을 취했다. 이 액수는 은행의 자기자본을 훌쩍 넘어서는 액수였다. 2008년 1월에 발각된 이 거래로 소시에테 제네랄은 48억 유로의 손해를 입었다.[1] 이와 반대로 2009년 세계 농가공식품 분야 관련 재화업계에서 가장 먹성 좋은 투기꾼들의 집단으로 제네바에 본사를 둔 가이아 월드 아그리 세계 농업펀드는 투자금의 51.9퍼센트에 해당되는 이익을 거두어들였다.[2]

영국의 경제학자 니콜라스 칼도어가 투기에 관해 내린 정의는 정석으로 통한다. 그는 투기를 "현재 통용되는 가격이 변화할 것이라는 전망 속에서 상품을 직접 사용 또는 변화시키거나, 한 시장에서 다른 시장으로 이동시킨 결과로 이익을 얻는 것이 아니라, 훗날 그대로 되팔(혹은 다시 사들일) 목적으로 상품을 구입(또는 판매)하는 행위"라고 정의했다.[3]

국제식량정책연구소International Food Policy Research Institute는 이보다 훨씬 간략한 정의를 제시한다. "투기는 불확실한 보상 가능성을 바라보며 손해의 위험을 감수하는 행위"라는 것이다.[4]

다른 경제 분야 중개인들과 투기꾼의 확실한 차이는 바로 투기꾼은 절대 자신이 사용하기 위해서 무언가를 사는 것이 아니라는 점이다. 투기꾼은 가격변동이 있을 때 다시 사들이려는 의도를 가지고 먼 장래 혹은 가까운 장래에 되팔기 위해 쌀, 밀, 옥수수, 기름 등의 재화를 사들인다. 투기꾼을 가격 급등의 원인이라고 지목할 수는 없으나 투기꾼의 개입으로 가격변동 움직임이 가속화되는 것은 분명하다.

주식 거래 시장에는 세 부류의 중개인이 존재한다. 첫 번째는 이른바 헤저라는 부류로 이들은 자산 가격변동(주식 변동, 환율 변동 등)에 따른 위험에 대비할 방편을 고려하는 자들이다. 두 번째는 금융거래자들로 이들은 금리 변화나 자산 평가 차액을 통해 이익을 실현하는 자들이다. 그리고 세 번째가 투기꾼들이다.

농업 원자재 분야 투기꾼들이 즐겨 사용하는 대표적인 수단은 파생상품과 선물거래다. 이러한 수단들의 출처에 대해서 한마디만 덧붙이겠다. 이 분야에 관한 전문가들 가운데 한 명인 올리비에 파스트레의 말을 인용한다.

최초의 파생상품 시장은 20세기 초 원자재 가격의 불안정한 변화 추이로부터 중서부 지역 농민들을 보호하기 위해 시카고에서 생겨났다. 그런데 이 새로운 형태의 금융상품이 1990년대 초부터 변질되었다. 일종의 보험에 해당하던 상품이 순전히 투기를 위한 상품으로 탈바꿈한 것이다. 2005년부터 2008년까지 3년이 채 안 되는 짧은 기간 동안, 옥수수 시장에서 상인이 아닌 중개인의 비율은 17퍼센트에서 43퍼센트로 급등했다.[5]

요컨대 세계시장에서 농산품은 오래전부터 교환되어왔고 2005년까지는 아무런 문제없이 거래가 진행되었던 것이다. 그렇다면 어째서 2005년부터 사정이 돌변했단 말인가?

여기서는 무엇보다도 농산품 시장의 특수성을 이해해야 한다. 파스트레의 말을 다시 인용하겠다.

> 이 시장은 잉여 내지는 초과 상품 시장이다. 농산품의 극히 일부만이 국제 시장에서 거래된다. 세계의 곡물 거래량은 모든 경작물을 다 합한다 해도 전체 생산량의 10퍼센트(이 중에서 쌀이 7퍼센트를 차지한다)를 넘지 않는다. 따라서 전체 세계 생산량의 지극히 일부만 어느 방향으로 이동한다고 해도 시장 전체가 크게 요동칠 수 있다. 농산물 시장을 특화시키는 이 같은 첫 번째 요소에 두 번째 요소가 첨가된다. 수요(소비)는 일정하게 경직되어 있는 반면 공급(생산)은 매우 산발적인데다(따라서 조직적으로 가격변동 추이에 영향력을 행사하기 어렵다) 다른 어떤 상품보다도 날씨 변화에 영향을 받는다. 이러한 두 가지 요인이 농산물 시장에서 관찰되는 극도의 가격 불안정성을 설명해준다. 투기꾼들의 개입은 이러한 불안정성을 한층 증폭시킨다.[6]

얼마 전까지만 해도 투기꾼들의 대다수는 금융시장에서 활동했다. 그러던 차에 2007년 이 시장이 폭발했다. 수천억, 아니 수조 달러의 자산이 공중 분해되어버린 것이다. 서양에서뿐만 아니라 동남아시아에서도 수천만 명이 일자리를 잃었다. 각국은 사회복지 예산을 대폭 축소했으며 중소기업 수십만 개가 파산했다. 파리, 베를린, 제네바, 런던, 로마 등의 대도시에서 내일에 대한 불안, 사회적 불확실성이 똬리를 틀었다. 디트로이트나 뤼셀스하임을 비롯한 일부 도시는 죽은 도시처럼 황폐화되었다. 남반구의 경우 수천만 명의 주민들이 추가로 영양실조와 그로 인한 질병, 기아로 인한 죽음의 나락 속으로 떨어졌다.

이와는 대조적으로 주식시장의 포식자들은 국가로부터 적지 않은 지원금을 챙겼다. 공적 자금이 이들의 천문학적 '상여금'이며 이들이 몰고 다니는 페라리 승용차, 이들의 손목을 장식해주는 롤렉스 시계 등은 물론 캘리포니아, 체르마트, 바하마 군도 등지에 위치한 이들의 화려한 저택 비용을 대주는 셈이다.

한마디로 서양 국가들이 투기꾼들의 활동에 일정 수준의 법적 규제를 가하는 데 완전히 무기력한 모습을 보여주었으므로, 오늘날 금융기관의 노략질은 다른 어느 때보다 극성을 부리고 있다. 이들 자신이 초래한 금융시장의 내부 폭발로 인하여 가장 포악한 '뱀상어들', 다시 말해서 미국 헤지펀드들은 이제 원자재 시장, 특히 농가공식품 시장으로 슬그머니 옮겨왔다.

투기꾼들의 활동 영역은 거의 무제한적이다. 지구상에 존재하는 모든 재화는 미래를 건 투기적인 도박의 대상이 된다. 이번 장에서 우리는 이들 투기꾼들 가운데 하나에만 집중하기로 하자. 바로 식품, 특히 기초 식량 가격을 쥐고 흔들며 경작 가능한 토지의 가격을 쥐락펴락하는 투기꾼이 우리가 이제부터 살펴볼 대상이다.

전 세계 식품 소비의 75퍼센트(이 중 쌀이라는 단일 곡물 소비가 50퍼센트)를 차지하는 쌀과 옥수수, 밀을 가리켜 기초식량이라고 한다는 점을 다시 한 번 기억해두자.

지난 4년 동안 투기꾼들은 2008년과 2011년, 이렇게 두 차례에 걸쳐서 식량 가격 급등현상을 조장했다. 2008년의 기초식량 가격 급등은 앞에서도 지적했듯이 37개국에서 "기아로 인한 폭동"을 촉발했다. 아이티와 마다가스카르 이렇게 두 나라는 그 충격으로 말미암아 정부가 전복되는 위기 상황을 맞이했다. 아이티의 빈민가 시테-솔레이유에서 진흙으로 어린아이들에게 줄 과자를 빚는 여인들의 영상은 연일 텔레비전 화면을 가득 메웠다. 카이로, 다카르, 봄베이, 포르토프랭스, 튀니스 등 여러 도시에서 폭력 사태와 약탈이 잇달았으며, 수십만 명의 시민들이 거리로 몰려나와 생존을 위한 빵을 요구하며 시위를 벌이는 모습이 여러 주 동안 신문 일면을 장식했다.

그제야 세계는 21세기에도 수천만 명의 시민들이 기아로 죽어간다는 사실을 불현듯 의식하게 되었다. 하지만 머지않아 이 비극 위로 또 다시 침묵이 내려앉았다. 이들 굶주린 자들에 대한 관심은 지푸라기를 태우는 불처럼 한낱 일시적인 격정에 지나지 않았으며 모두들 곧 평소의 무관심으로 돌아갔다.

2008년 기초식량 가격 급등에는 여러 요인이 작용했다. 농업연료에 대한 세계적 수요 증가, 가뭄, 그리고 가뭄으로 인한 일부 지역의 흉작, 지난 30년 이래 가장 낮은 수준으로 내려앉은 곡물 비축량, 신흥국 내부에서 늘어난 육류 수요 그리고 그에 따른 사료용 곡물 수요 증가, 석유 가격 인상 등을 원인으로 꼽을 수 있다. 이와 아울러 무엇보다도 투기가 가장 중요한 요인이었음을 지적할 수 있다.[7]

2008년 당시의 위기를 좀 더 상세하게 검토해보자. 농산품 시장은 수요와 공급의 균형 상태를 반영하며 당연히 여기에 영향을 주는 요소들의 리듬을 따를 수밖에 없다. 예컨대 기상 조건은 수급 균형에 변화를 초래하는 대표적인 요인이라고 생각할 수 있다. 지구상의 어느 한 지점에서 일어난 사소한 사고가, 인구(수요)는 계속 늘어나는 가운데 세계 전체의 식량 생산량(공급)에 차질을 빚게 할 수 있다. 때문에 시장에 엄청난 파급효과를 가져오고 급기야 가격 급등을 야기할 수 있는 것이다.

2008년의 위기는 2006년부터 시작된 엘니뇨현상에 의해 촉발되었을 것으로 추정된다.[8] 어쨌거나 아래에 소개하는 세계 곡물 가격 변화 추이 그래프를 보면 2006년부터 이미 가격이 점진적으로 상승하다가 어느 순간부터 가파르게 상승하여 2008년에 정점을 찍었음을 알 수 있다. 2008년 세계식량농업기구의 가격지수는 2007년 지수에 비해 평균 24퍼센트, 2006년 수치에 비해서는 무려 57퍼센트나 상승했다.[9]

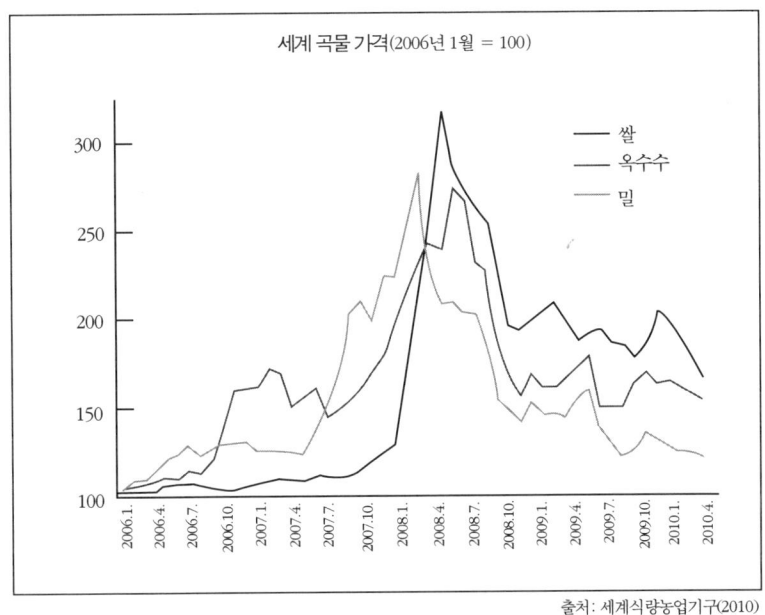

출처: 세계식량농업기구(2010)

이에 대해 필리프 샬맹은 다음과 같이 설명한다.[10]

[2008년] 3월 시카고에서 표준 품질 밀의 가격은 1톤당 500달러였다. 미니애폴리스에서 상급품 밀, 즉 다크 노던 스프링Dark Northern Spring은 1톤당 무려 800달러였다. 지중해 지역의 경우, 파스타와 쿠스쿠스 용으로 사용되는 딱딱한 종류의 밀 듀럼의 가격은 1톤당 1,000달러까지 치솟았다. […] 그런데 위기는 밀에만 국한된 것이 아니었다. 또 다른 대표적 식량 곡물인

쌀도 역시 비슷한 추세를 보였다. 방콕에서 250달러이던 1톤당 쌀 가격이 1,000달러까지 뛴 것이다.[11]

옥수수의 경우 미국에서 바이오에탄올 생산에 열을 올리고 미국 정부가 해마다 '녹색 금' 생산업자들에게 60억 달러 상당의 지원금을 지급하는 바람에 "시장에 풀리는 미국 측의 옥수수 양이 현저하게 줄어들었다."[12] 특히 옥수수는 부분적으로 가축의 사료로도 사용되는 터이므로 육류 수요가 점진적으로 늘어나는 데 반해 시장에 나오는 옥수수 물량이 줄어들게 되자 이는 자연스럽게 2006년 이후 육류 가격 인상으로 이어졌다.

보통 때 같으면 세계의 곡물 수확량은 20억 톤가량 된다. 이 중에서 4분의 1은 가축 사료로 사용된다. 육류 수요의 증가는 필연적으로 시장에 나오는 곡물의 물량 감소를 초래한다. 설상가상으로 2008년 아이오와 주를 필두로 하는 콘벨트, 즉 미국 중서부 곳간 지대에 홍수가 나면서 옥수수 가격은 더 올라갔다.

필리프 샬맹의 분석은 농업 원자재 시장에서 활동하는 중개인들의 행위가 갖는 경제적, 도덕적 차원을 잘 보여준다.

밀의 가격을 놓고 투기를 벌일 수 있다는 사실은 몹시 충격적이다 못해 부도덕해 보인다. 이는 몇몇 음흉한 금융가들의 이익을 위해 독점을 일삼고 가격을 조종하던 과거를 상기시킨다.[13]

그러나 투기꾼들에게는 농산품 역시 시장에서 거래되는 다른 상품들과 전혀 다를 바 없는 상품에 불과하다. 이들은 자신들의 행동이 가격 인상을 야기해 수백만 명의 주민들에게 어떤 치명적인 결과를 안겨줄지에 대해서는 아무런 의식조차 없다.

투기꾼들은 그저 '가격 상승' 쪽으로 몰아가면 그것으로 족하다. '뱀상어들'은 뒤늦게 피 냄새를 맡았다. 하지만 일단 먹잇감을 발견한 순간부터는 인정사정 볼 것 없이 끈질기게 그 먹잇감을 물고 늘어졌다. "투기성 자금이 농산품 시장으로 유입되면서 시장의 불안정성은 한층 증폭되었다. 〔…〕 이제 농업 원자재 역시 시장에서 거래되는 품목으로 보편화되었다. 2004년 이래로 투기성 자본은 저평가되었다고 판단된 이 분야에 지속적인 관심을 보였다. 선물시장의 활성화는 바로 이 때문이다. 2005년부터 2007년 사이에 파리에서 성사된 밀에 관한 계약 건수는 21만 건에서 97만 건으로 껑충 뛰었다"[14]고 래티시아 클라브뢸은 분석한다.

식료품을 대상으로 하는 투기가 너무도 큰 폭으로 늘어나자 미국 상원마저도 우려를 표명하기 시작했다. 미국 상원은 일부 트레이더들이 동시에 5만 3천 건씩이나 되는 계약을 보유했다고 지적하면서 밀 시장에서 벌어지는 "과도한 투기" 현상을 비판했다. 미 상원은 또한 "여섯 개의 지수 펀드가 밀 관련 계약 13만 건을 동시에 보유하고 있는데, 이는 평균적 금융 중개인들에게 허락된 한계를 20배나 웃도는 어마어마한 양"[15]이라는 비판도 덧붙였다.

가격이 미친 듯이 폭등하자 전통적인 농산물 수출 대국들은 국경을 아예 폐쇄해버렸다. 이렇듯 국내에서 기아로 인한 폭동이 발생할까 우려한 이들 국가들이 수출을 중단하자 시장에서는 품귀 현상이 심화되고 이는 다시 가격 상승으로 이어졌다. 래티시아 클라브뢸의 관찰에 따르면 "적지 않은 생산 국가들이 〔…〕 수출을 중단하거나 제한했다. 밀(우크라이나, 아르헨티나 등)에서 시작된 이 현상은 곧 이어 쌀(베트남, 인도 등)로도 옮겨갔다."16

2009년 5월 어느 날 세네갈에서…. 농업 기사이자 스위스 대사관의 협력참사관인 아다마 파예, 그의 운전기사 이브라히마 사와 나, 이렇게 세 사람은 세네갈의 대규모 농지들이 위치한 노르 지방을 향해 차를 달렸다.

나는 무릎 위에 아프리카 개발은행에서 발표한 가장 최근 통계자료들을 올려놓고 훑어보았다. 직선으로 쭉 뻗은 아스팔트 포장 도로는 단조롭기 그지없었다. 바오밥나무들이 줄지어 서 있는 풍경 사이로 이른 아침 시간임에도 먼지를 풀풀 날리는 누런 대지가 보였다. 낡은 검정색 푸조 자동차 내부는 숨쉬기 힘들 정도로 답답했다.

나는 쉴 새 없이 아다마 파예에게 질문을 퍼부었다. 그는 명석하고 유머 감각도 있는데다 출중한 능력을 겸비한 자였다. 그럼에도 나는 그가 슬슬 짜증을 내기 시작한다고 느꼈다. 끊임없이 이어지는 나의 질문이 성가신 모양이었다.

우리는 페를로 지역을 지났다. 이 목가적인 반건조 지대에서는 젊은 사람이라고는 거의 눈에 띄지 않았다. 원래 페를로에는 50만 명 정도의 주민이 살았다. 그런데 그중 수만 명이 다카르의 빈민가로 이주했다. 카나리 쪽으로 가기 위해 위험한 밤에 길을 떠난 이들도 적지 않다. 쥐도 새도 모르게 완전히 자취를 감춰버린 자들도 있다.

물이 부족했다. 다카르와 생루이를 이어주는 기차는 이미 오래전에 멈추었다. 무심한 철로만 햇빛 아래서 평화롭게 녹슬어가고 있었다. 모래 먼지가 녹슨 철길의 군데군데에 살포시 내려앉았다. 정부 기능의 약화 내지는 태만함, 모든 것을 무기력하게 만들어버리는 궁핍함이 이 멋진 지역의 활력을 송두리째 앗아가고 있었다.

우리는 루가에 들어섰다. 생루이까지는 아직도 100킬로미터 정도를 더 가야 했다. 갑자기 아다마가 기사에게 자동차를 세우라고 했다.

"자, 따라오시죠. 내 여동생을 만나러 갑시다……. 그애라면 당신이 애지중지하는 통계자료 따위 없이도 얼마든지 이곳 사정을 설명해줄 수 있을 테니까요."

우리는 길을 따라가며 늘어선 진열대 몇 군데가 고작인 보잘것없는 시장에 도착했다. 생긴 모양 때문에 블랙-아이드 피black-eyed pea라고도 불리는 니에베, 카사바가 수북하게 쌓여 있는가 하면 닭장 속에서는 닭 몇 마리가 꼬꼬댁 소리를 내며 푸덕거렸다. 땅콩, 쪼글쪼글한 토마토, 감자. 오렌지와 스페인산 귤. 희한하게도 세네갈의 대표적 과일로 명성이 자자한 망고는 전혀 눈에 띄지 않았다.

초라한 판자 진열대 뒤로 노란색의 풍성한 부부(아프리카의 소매 없는 긴 옷-옮긴이)를 입고 머리엔 같은 옷감으로 만든 두건을 두른 젊은 여자가 앉아 있었다. 명랑해 보이는 여자는 주변 상인들과 수다를 떠는 중이었다. 아다마가 우리에게 아이샤를 소개했다. 그의 친 여동생이 아니라 사촌 누이였다. 아이샤는 나의 질문에 활기찬 목소리로 거침없이 대답했다. 하지만 이야기가 진행됨에 따라 나는 젊은 여인의 목소리가 분노로 격앙되는 것을 느꼈다.

이웃 상인들도 끼어들었다. 우리들 주변으로는 곧 코흘리개 어린 아이들은 물론 젊은 아낙, 나이든 할머니까지 온 동네 사람들이 모여들었다. 노르 지방으로 난 먼지 나는 국도 변 초라한 시장 안에서 왁자지껄하면서도 즐거운 이야기판이 벌어졌다. 저마다 하고 싶은 말들이 많았다.

너도 나도 모두 치밀어 오르는 화를 발산하고 싶어 했다.

50킬로그램들이 수입쌀 한 포대를 사려면 1만 4천CFA(Communauté Financiére Africaine 아프리카 금융공동체)프랑을 지불해야 한다. 따라서 저녁식사로 먹는 수프는 점점 멀게진다. 물만 가득한 냄비 속에 쌀알 몇 알 동동 떠다니는 것이 고작이다. 마을을 통틀어 쌀 한 포대는 말할 것도 없고 4분의 1포대조차도 한꺼번에 살 형편이 되는 주민이 없다. 아낙네들은 가게에서 종이컵으로 쌀을 사온다.

그뿐 아니다. 작은 가스 한 통도 해를 넘기면서 1,300CFA프랑에서 1,600CFA프랑으로 올랐다. 당근 1킬로그램은 175에서 245CFA프랑으로, 바게트 빵은 140에서 175CFA프랑으로 각각 가격이 인상되었다. 1,600CFA프랑 하던 30개들이 계란 한 판의 값은 한 해 사이에 2,500CFA프랑으로 뛰어올랐다. 생선도 마찬가지였다. 하얀 트럭에 말린 생선을 싣고 프티트 코트나 엠부르에서 오는 상인들은 1킬로그램당 300CFA프랑을 부른다.

본격적으로 열이 오른 아이샤의 목소리가 점점 커진다. 그래도 이야기 중간 중간 웃음을 잃지 않는다. 봄철 계곡물처럼 맑고 청량한 웃음이다. 그러더니 이제 마을 사람들에게 괜히 시비를 건다. 상황을 설명하는 데 너무 수줍음을 타며 쭈뼛쭈뼛거리는 이웃 사람들을 보다 못해 아이샤가 이들의 전의를 끌어올리기 위해 생각해낸 전략인 것 같았다.

"쌀 1킬로그램을 사려면 얼마 내야 하는지 이 외국 분한테 솔직히 말하라니까……. 겁먹을 거 없어……. 자고 깨면 모든 게 다 올라간다고 왜 말을 못해?"

내가 묻는다. "누구 잘못일까요?"

아이샤가 대답한다. "트럭 몰고 다니는 장사꾼들……. 그자들은 모두 도둑놈들이라니까요……."

모든 상품은 국도를 따라 운반된다. 정부가 기차 운영을 중단한 이후 그렇게 되었다. 그러자 아다마가 끼어들어 트럭 기사들을 두둔한다. "주유소에서 휘발유 1리터당 618CFA프랑, 디젤 경유는 419CFA프랑을 내야 한다"[17]는 것이다. 요컨대 트럭을 몰고 물건을 파는 장사꾼을 언급한 아이샤는 수입 농산물의 가격만 조사하는 통계학자들은 고려하지 않는 재앙적 요소를 지적한 것이다.

쌀은 세네갈의 주식이다. 세네갈 정부는 해마다 국내 소비량의 75퍼센트를 수입한다. 물론 시장을 지배하는 거대 다국적기업들과의 협상을 통해서 수입한다. 그 쌀은 FOB(Free on Board), 즉 본선 인도 가격으로 세네갈 정부에 판매된다. 다시 말해서 그 가격 속에는 보험료나 운송비는 포함되지 않는다는 말이다. 그런데 2008년 로테르담 현물 시장에서 원유 가격은 배럴당 150달러라는 정점을 찍었다.

말하자면 아이샤와 그녀의 일곱 자녀가 이 인상분을 부담했다고 할 수 있다. 세네갈의 페를로에 위치한 작은 마을 루가에서 생활필수품의 가격은 1년 사이에 거의 두 배로 뛰었다. 여기에다 설상가상으로 원유마저도 진즉부터 '뱀상어들'의 먹잇감이 되고 있지 않은가. 이렇듯 요즘 세상에선 금융이 서서히 경제를 집어삼키고 있다.[18]

이번엔 2011년 초반 몇 개월간의 사정을 살펴보자. 또다시 가격 폭등이 있었고 이는 데자뷰, 곧 언젠가 경험했던 것을 되풀이하는 듯한 양상을 보였다.

세계은행은 "2010년부터 2011년 사이에 15퍼센트가량의 증가를 보였던 (세계은행의) 식량 가격 지수가 지난 해 같은 기간에 비해 29퍼센트 이상 올랐으며, 이는 최고 인상 기록을 세운 2008년에 비해 3퍼센트 못 미치는 수준이다. […] 최근 2011년 마지막 4분기에 나타난 증가의 주된 요인으로는 설탕 가격(20퍼센트), 각종 동물성 유지와 식물성 기름(22퍼센트), 밀(20퍼센트), 옥수수(12퍼센트) 가격 인상을 꼽을 수 있다"[19]고 발표했다.

세계은행은 소득이 아주 낮은 국가 또는 선진국과 개발도상국의 중간 정도 수준에 위치한 나라들의 취약 계층, 곧 2011년 초부터 기아로 인한 만성 영양실조에 시달리거나 가족 해체와 극도의 빈곤, 앞날에 대한 불안 속에서 사는 사람들을 약 4,400만 명 정도로 추산한다.

2011년의 첫 번째 4분기에 발표된 세계은행의 보고서에는 2011년 6월, 지난 20년 이래 최악의 기아가 몰아닥친 소말리아 반도 5개국에서 죽어가는 1,240만 명의 처절한 상황은 당연히 고려되지 않았다.

세계은행의 보고서를 조금 더 읽어보자.

세계시장에서의 밀 가격 인상은 많은 나라에서 국내 물가 폭등으로 나타났다. 세계 가격 인상과 국내 수준에서 밀 파생상품의 가격 인상은 여러 나라에서 밀접한 상관관계를 가진다. 2010년 6월부터 12월까지 밀 가격은 나라 별로 키르기스스탄공화국 54퍼센트, 스리랑카 31퍼센트, 아제르바이잔 24퍼센트, 아프가니스탄 19퍼센트, 수단 16퍼센트, 파키스탄 16퍼센트씩 인상되었다.

조금 더 뒤로 가면 이런 대목도 나온다.

2011년 1월, 2010년 6월에 비해 옥수수 가격은 73퍼센트 인상되었다. 이 같은 가격 인상의 원인으로는 여러 요인을 지적할 수 있다. 예컨대 수확

예상량의 하향 조정, 충분한 비축 물량 미확보(미국의 2010/2011년도 수확량의 비축 분량 대비 소비 분량의 비율은 5퍼센트로 이는 1995년 이래 가장 낮은 수준이었다), 옥수수 가격과 밀 가격 사이의 명백한 상관관계를 비롯하여, 옥수수가 농업연료 생산에 필요한 원료로 급부상하는 현상 등이 모두 원인으로 간주될 수 있다. 특히 마지막으로 지적된 원인을 보자면 원유 가격 상승 여파로 에탄올을 생산하기 위해 필요한 옥수수 수요도 덩달아 늘어났다. 아울러 현재 설탕 가격으로 인하여 사탕수수에서 뽑아내는 에탄올은 경쟁력이 떨어지기 때문에 옥수수 선호현상은 한층 뚜렷해지고 있다.

세계은행의 보고서는 계속된다.

일부 국가에서는 국내 쌀 가격이 급등 현상을 보였으나 나머지 나라에서는 비교적 안정세를 유지했다. 베트남에서는 2010년 6월부터 12월 사이에 무려 46퍼센트가 오른 반면, 인도네시아, 방글라데시, 파키스탄(대표적인 3대 쌀 소비국가로 특히 빈곤층이 주로 쌀을 소비한다)에서는 국내 가격 인상 폭이 세계 가격 인상 폭과 같은 수준에 머물렀다.(19퍼센트)[20]

투기꾼들 자신을 제외한 거의 모든 전문가들이 이구동성으로 자명한 하나의 사실을 지적한다. 식량 가격이 급등한 데에는 투기가 결정적이고 치명적인 역할을 했다는 점이다.
비중 있는 인사 두 명이 털어놓은 증언을 들어보자. 우선 나의 뒤를 이어 유엔 식량특별조사관에 임명된 올리비에 드 슈터의 말을 들어보자.

투기가 없었다면 식량 위기 따위는 없었을 것이다. 물론 투기만이 위기의 유일한 원인은 아니겠지만, 투기가 위기를 가속화하고 상황을 악화시킨 건 분명하다. 농산물 시장은 본질적으로 당연히 불안정할 수밖에 없으나 투기로 인하여 가격 급등이 증폭되었다. [⋯] 이 때문에 생산을 미리 계획하는 일이 어려워지다 보니 식품을 수입하는 나라에서는 갑작스럽게 가격이 인상되는 사태가 발생한다.[21]

이번엔 제1기 슈뢰더 수상 내각에서 재정부 장관직을 역임한 오스카 라퐁텐느의 정무차관이었던 하이너 플라스베크의 차례다. 그는 현재 제네바에 본부를 둔 유엔무역개발회의의 수석 경제학자로 일하고 있으며, 지구상에서 가장 영향력 있는 경제학자 가운데 한 명이다. 100명이 넘는 학자들과 더불어 그는 유엔 체제를 통틀어 가장 중요한 연구팀을 이끌고 있다. 그런 그가 내린 결론은 다음과 같다.

고위험 담보 대출(서브프라임)로 인한 위기의 여파가 미국 국내를 벗어난 곳으로도 널리 확산되면서 유동성과 신용 경색이 보편화되었다. 적어도 부분적으로는 생활필수품에 적용되는 금융 수단을 내팽개친 투기성 자본에 의해 촉발되었다고 할 수 있는 원자재 가격 인상은 인플레이션을 억제하면서 경기 침체를 막으려는 정책 입안 책임자들의 일을 한층 더 복잡하게 만든다.[22]

2003년부터 2008년 사이에 지수 연동 펀드를 이용한 원자재 관련 투기는 2,300퍼센트 증가했다. 세계식량농업기구의 2011년 보고서에 따르면 원자재 관련 선물 계약의 2퍼센트만이 실제 상품 인도로 이어진다. 나머지 98퍼센트는 투기꾼들에 의해서 만기일 전에 전매된다. 프레더릭 카우프만은 이 같은 상황에 대해 "시장에서 식량 가격이 올라가면 올라갈수록 이 시장엔 돈이 몰릴 것이고 그렇게 되면 가뜩이나 급등한 식량 가격은 더 올라갈 것"[23]이라고 정리한다.

2011년 1월 다보스에서 열린 세계경제포럼에서는 복지를 지향하는 각국이 신경 써서 대처해야 할 다섯 가지 위협 가운데 하나로 원자재, 특히 식량 가격 상승을 꼽았다. 사이버 전쟁이나 대량 살상 무기를 소지한 테러 집단만큼이나 직접적인 위험 요소로 식량 가격 상승을 지목한 것이다.

한편 다보스 세계경제포럼 참가 자격에 관해 포럼의 창시자인 클라우스 슈바프는 상당히 영리하면서 금전적인 이익도 챙길 수 있는 방법을 고안했다. 이른바 "세계 1,000위까지의 기업들", 즉 적어도 매출이 10억 달러 이상 되는 기업의 총수들만으로 회원사를 제한한 것이다.

회원 가입 자격을 얻은 기업은 1만 달러를 참가비로 내며 이들만이 포럼 기간 중에 열리는 모든 회합에 참석할 수 있다. 이들 중에는 당연히 '뱀상어들'이 우글거린다. 해마다 스위스의 그리종 주 다보스에 모여드는 이른바 세계의 주인이라는 자들의 위선엔 한계가 없는 것일까?

2011년 컨벤션 센터의 벙커에서 열린 개막 연설에서는 분명하게 이 문제에 대해 언급했다. 포럼 참석자들은 자신들의 이익을 위해서 식량시장을 파행으로 몰고 가며 세계의 기아 상황을 악화시키는 "무책임한 투기꾼들"을 열렬하게 비난했다. 개막 연설이 끝나자 수도 없이 많은 각종 세미나와 회의, 칵테일파티, 공개적인 대규모 만남, 소규모 회동 등이 눈 덮인 스위스의 작은 도시에 자리 잡은 호화판 호텔들에서 엿새 동안 줄줄이 이어졌다. 물론 그 문제에 대해 토론을 하는 공식적인 자리들이었다.

하지만 식당이나 바, 선술집처럼 비공식적인 자리에서 '뱀상어들'은 전략을 가다듬고 앞으로 취해야 할 행동을 조율하며, 다음번엔 어떤 물품(원유, 특정 국가의 화폐 등)을 표적으로 공격할 것인지를 논의했다. 그러니 다보스에서 세계의 기아 문제가 해결책을 찾을 수 있으리라고 기대해서는 안 된다.

필리프 샬맹은 묻는다. "인간이 먹을 빵, 쌀 한 공기의 가격을 결정하기 위해 고작 도박(예측에 따른 투기)이라는 방법만을 고안해내고 있으니, 과연 이것이 문명이란 말인가?"[24]

이익만 따지는 장사꾼 논리와 굶주리지 않을 권리, 즉 식량권 사이의 갈등은 절대 상쇄되지 않는다. 투기꾼들은 수백만 명의 목숨을 가지고 도박을 벌인다. 식품에 관해서는 완전히, 그리고 즉각적으로 모든 투기를 금지시켜야 한다고 우리의 이성은 요구한다.

영원히 '뱀상어들'을 굴복시키고 농업 원자재 시장을 이들의 반복적인 공격에서 수호하기 위해 하이너 플라스베크 역시 급진적인 해결책을 지지한다. "투기꾼들의 손아귀에서 원자재, 그중에서도 특히 식량을 탈취해야entreissen 한다."[25] 그는 모국어인 독일어 단어 중에서 유독 entreissen이라는 단어를 골라서 사용했는데 이로써 앞으로 투기꾼들과 얼마나 혹독한 투쟁을 벌여야 할지 그가 충분히 의식했음을 알 수 있다.

유엔을 향해 플라스베크는 특별한 임무를 요구했다. 유엔이 유엔무역개발회의에 농업 원자재의 전 세계 증시 거래 가격 형성 과정을 감시하는 임무를 맡겨야 한다는 것이다. 앞으로는 선물시장에서 생산자와 상인 또는 농업 원자재 사용자들만이 거래에 참가할 수 있어야 할 것이다. 또한 일정량 이상의 밀이나 쌀, 기름 등의 가격 협상에 나서는 사람은 누구나 협상한 물품을 반드시 인도받아야 할 것이다. 아울러 중개인들의 자체 자금 조달 능력의 하한선도 올려야 할 것이다. 가격 협상을 끝낸 물품을 사용하지 않는 자는 누구나 실질적으로 거래소에서 배제시켜야 할 것이다.

이러한 내용을 골자로 하는 '플라스베크 방식'이 실제로 적용된다면 '뱀상어들'을 지구상의 처참한 빈민들의 생존을 위협하는 수단으로부터 멀리 떼어놓을 수 있을 것이며, 농가공식품 시장의 금융화 현상을 근본적으로 차단할 수 있을 것이다.

하이너 플라스베크와 유엔무역개발회의의 제안은 비정부단체, 연구단체들의 연합 세력으로부터 열렬한 지지를 받고 있다. 이들의 논지는 요아힘 폰 브라운, 미구엘 로블레스과 워싱턴의 국제식량정책연구소 소장 막시모 토레로 등이 함께 쓴 뛰어난 저서 『투기가 문제될 때When Speculation Matters』[26]에 요약되어 있다.

이 제안에 대해 농가공식품 시장을 대상으로 하는 투기의 종말은 시장의 자유를 억압하는 것이라고 반대한다면 이는 한마디로 어불성설이다. 하지만 현재로서 가장 절실하게 부족한 것은 이 제안을 관철시키겠다는 각국의 의지다.[27]

제네바는 어떻게 식량 투기꾼들의 수도가 되었나

마르크 로시의 다음과 같은 말은 사실 당연하고 자명하다.

> [투기와 맞서는] 이 투쟁은 투기 전문 기업들의 본사가 설립되어 있는 조세 천국과 맞서는 투쟁과 불가분의 관계에 있다. 그런데 오늘날에도 여전히 G8-G20 참가국들은 위선을 떨쳐버리지 못하고 있다. 공식적으로는 목청껏 비판하면서 비공식적으로는 이들을 보호해주고 있기 때문이다. […] 규제를 제도화하려는 노력은 무소불위의 권능을 휘두르는 은행들의 막강한 로비에 번번이 가로막히고 있다.[1]

전 세계에서 국외로 빠져나간off-shore 모든 자산의 27퍼센트는 스위스가 관리하고 있다.[2] 스위스 연방공화국의 세법은 주에 따라 다르다. 가령 추크 주의 경우 지주회사holding엔 0.02퍼센트의 세율을 적용한다. 그 결과 추크 주에 등록된 지주회사의 수는 무려 20만 개나 된다.

한편 제네바, 보, 발레 주의 경우 돈이 많고 일은 하지 않는 외국인들이 주 정부와 직접 얼마의 세금을 낼 것인지 협상할 수 있다. 이렇게 해서 결정된 세금을 가리켜 '과세 사정액'³이라고 한다. 유럽연합, 경제협력개발기구 회원국은 스위스와의 줄다리기 끝에 다소 간의 조정을 얻어내긴 했으나 여전히 은행 거래 비밀은 이 나라의 지고한 법으로 군림한다.

스위스 프랑은 요즈음 유로의 뒤를 이어 세계에서 두 번째 가는 통화로 대접받는다. 유로의 뒤라지만 현재 유로를 턱밑까지 따라잡은 상태이며 달러보다는 원래 순위가 앞섰다. 은행의 로비는 제네바에서 거의 만능이라고 할 수 있다.

론 강 줄기에 면한 레만 호의 가장자리에 자리 잡은 이 놀라운 공화국은 총면적 247평방킬로미터에 인구라고 해야 고작 40만 명을 약간 넘어서는 정도에 불과하다. 그런데 세계에서 여섯 번째 가는 금융 중심으로서의 지위를 누리고 있다. 제네바공화국은 또한 지구상 5대륙의 내로라하는 권력가들의 재산에 은신처를 제공하는 조세 천국이기도 하다.

2007년 이후 제네바는 농가공식품 부문에서 세계적인 투기의 수도라는 명예까지 얻게 되었다. 이 분야에서 만큼은 런던의 시티를 보기 좋게 따돌린 것이다.⁴ 많은 헤지펀드, 즉 시장 예측에 토대를 둔 금융 상품, 다시 말해서 투기 회사들이 제네바로 옮겨왔다. 레바논 출신 필립 자브르가 운영하며 55억 달러의 자금을 관리하는 자브르 캐피탈 파트너스 같은 회사가 좋은 예라고 하겠다.⁵ 현 재무장관인 환경주의자 다비드 힐러가 운용하는 극도의 관용적 세제에 매력을 느낀 농가공식품 전문 거간꾼들이 스위스, 특히 제네바로 몰려들고 있는 것이다.

그러니 논리적으로 볼 때 제네바의 은행들이야말로 투기꾼들의 자금줄이다. 이 은행들은 투기꾼들을 위해서 지구상의 한 끝에서 다른 끝까지 어느 곳으로라도 엄청난 양의 쌀, 밀, 옥수수, 콩과식물 등을 운반하는 데 없어서는 안 될 대출 라인을 구비해놓고 투기꾼들을 끌어들인다. 세계에서 가장 막강한 상품 관리 회사인 SGS(Société générale de surveillance)는 상품 감시를 위해 세계 주요 항구에서만도 1만 명의 직원을 고용하고 있는데, 이 회사 역시 제네바에 본부를 두고 있다.

제네바에서 처리되는 원자재(이 중 상당 부분은 농가공식품 관련 원자재) 관련 매출 총액은 2000년의 경우 15억 달러에 불과했으나 2009년에는 120억 달러, 2010년에는 170억 달러로 급등했다.[6]

2010년 스위스 중앙은행은 투자 목적으로 스위스에 예치된 자금의 총액이 4조 5천억 스위스 프랑에 달할 것으로 추산했는데 이 정도 액수라면 스위스 국가 예산의 5배에 해당한다. 하지만 이 천문학적 액수의 자금 중에서 오직 3분의 1만이 스위스 투자 신탁에 예치되어 있다. 무슨 말인가 하면 이 3분의 1에 해당되는 자금의 운영만이 스위스 법의 지배를 받는다는 말이다.[7] 스위스에서 판매되는 헤지펀드의 대부분은 바하마나 카이만 군도, 퀴라소, 저지 섬, 아루바, 바르바도스 섬 등지에 등록되어 있으므로 스위스의 법적 통제권을 완전히 벗어난다.

거의 모든 서양 국가들은 자국 영토에 등록된 신탁자금이나 투자자금에 대해 엄격한 규제를 가하고 있다. 그런데 자국 영토를 벗어난 곳에 등록된 헤지펀드들은 이러한 규제를 전혀 받지 않는다. 그들이 회사를 등록한 곳은 그러한 활동에 대한 관계 법령이 전혀 없는 곳이기 때문이다. 이것이 바로 헤지펀드들이 그러한 곳을 선호하는 이유이기도 하다. 이들은 스위스 은행의 계좌를 이용하여 사업을 하지만 은행 사람들의 은어를 빌어 말하자면, 제네바에 있는 금융 기관에 "주소만 올려놓았을" 뿐 적법한 절차를 거쳐 스위스에 등록한 업체가 아닌 것이다. 헤지펀드들이야말로 가장 대표적인 투기 수단이다. 이 펀드들은 가장 이익이 많이 날 수 있는 작전을 펼치지만, 이는 동시에 가장 위험부담이 높은 작전이기도 하다. 예를 들어 공매도short selling, 즉 소유하지도 않은 재화를 파는 행위는 이들이 흔히 사용하는 수법이다. 또한 레버리지leverage, 즉 투자자들에게서 거두어들인 자본을 담보로 남의 자본을 차입하는 방식도 자주 사용된다.

제네바라고 하는 정글 사회에서는 경쟁이 극심하다. 헤지펀드들을 비롯하여 다른 농가공식품 관련 펀드들에게 기업 소개는 결정적인 역할을 한다. 비디오 영상, 통계자료 제공, 그래픽 이미지 등을 기본 골자로 하는 이 기업 소개를 통해 각각의 투기 회사들은 고객을 끌어 모으려고 안간힘을 쓴다. 칼뱅의 도시 제네바라는 이름과 분수, 몽블랑의 위용, 성당, 종교 개혁자들의 벽 등, 이 도시를 상징하는 기념물들이 이 소개 영상에서 중요한 비중을 차지한다. 홍보 당사자인 헤지펀드(카이만 군도나 퀴라소 등지에 등록된 업체) 회사가 스위스 법의 지배를 받는다는 암시를 주어 잠재 고객들을 안심시키려는 의도가 드러나는 대목이다. 제네바(정식으로는 제네바 칸톤 및 공화국)의 정치적 안정, 대다수 시민들의 정직함, 견고한 제도, 신중하고 진지한 은행 등은 프랑스, 미국, 카타르, 오스트레일리아 등 세계 각지의 투자자들에게 자신있게 내세울 수 있는 강점이다.

하지만 실제 현실은 이와 딴판이다. 헤지펀드들의 대다수는 앞에서도 여러 차례 언급했듯이 스위스 법의 통제를 받지 않는다. 바꿔 말해서 스위스 금융시장 감독 기관인 FINMA[8]의 통제를 받는 것이 아니다. FINMA의 현 총재인 안느 에리티에 라샤는 "우리는 역외 펀드는 감독하지 않는다. 법이 우리에게 그 같은 권한을 부여하지 않기 때문이다"[9]라고 솔직하게 고백한다.

제네바 정글에서 호시탐탐 기회를 노리는 투기꾼 중 3분의 2가량은 아무런 통제도 받지 않는다. 때문에 예금자와 정직한 투자자들이 골탕을 먹는다. 쌀이나 옥수수, 밀 등의 농산품 관련 투기를 전문으로 하는 헤지펀드에 가입한다. 제네바 정글에서 큰 액수의 돈을 잃은 어느 개인 투자자는 "FINMA의 감독을 받는다고 내세움으로써 우리를 감쪽같이 속이고, 실제로는 어떤 통제도 받지 않는 이런 금융회사들을 어떻게 버젓이 영업을 하도록 내버려 두는 겁니까?"[10]라며 울분을 토로했다.

제네바 정부는 '뱀상어들'에게 세심한 배려를 아끼지 않는다. 그들에게 여러 가지 세제 혜택을 제공하는 것은 물론이고, 이들이 제네바에서 개최하는 각종 연례 회합에 지원금을 주거나 기꺼이 협찬한다. 농가공식품 관련 헤지펀드 매니저들은 2010년 6월 20일 "젯핀 아그로 2010 회의JetFin Agro 2010 Conference"라는 이름으로 제네바의 몽블랑 부두에 위치한 켐핀스키 호텔에서 회합을 가졌으며, 이듬해 6월 7일에도 같은 곳에 모였다. 2011년 모임을 예고하는 안내 책자에는 "농업은 오늘날 투자자들에게 광명을 제공하는 세계"라는 표현이 등장한다. 높은 수익을 보장한다는 약속일까? 이곳에 모인 고위급 펀드 매니저들이 어떻게 하면 "흥미진진한 이 시장에서 고수익을 올릴 수 있는지" 설명해줄 것이다.

빨간색과 금색으로 그려진 제네바 칸톤 및 공화국의 문장이 모임 초대장을 장식한다. 아래쪽엔 '제네바 제도적 파트너Geneva Institutional Partner'라고 적혀 있다. 다시 한 번 강조하거니와, 정부가 나서서 전 세계로부터 '뱀상어들'이 모여드는 연못에 축복을 내리고 이들이 필요로 하는 자금을 대주고 있다.

제네바 관계 당국의 태도는 한 마디로 파렴치 그 자체라고 할 수 있다. 납세자들의 돈과 제네바의 명성을 고작 수백 명의 투기꾼들, 그것도 가장 질 나쁜 부류에게 잘 보이기 위해 이런 식으로 이용하는 것은 수치다. 보다 못해 막강한 위력을 자랑하는 두 개의 비정부단체(하나는 가톨릭 계통의 절식 행동Action de Carême이고 다른 하나는 개신교 계통의 이웃을 위한 빵 Pain pour le Prochain)가 2010년 6월 28일 결국 정부 측에 강력한 항의 서신을 보냈다. 하지만 우리의 '근엄하신 나리들'에게서는 아직 답신이 없다고 한다.

농지를 빼앗긴 자들의 분노와 저항

2008년 식량 위기 직후 자본은 풍부하나 땅이 부족한 많은 나라들, 예를 들어 걸프 연안 국가들이나 중국, 인도처럼 인구밀도가 높은 나라들이 식품(곡물 또는 육류) 공급의 안정을 위해 남의 나라의 땅을 대규모로 사들이거나 임대하는 현상이 부쩍 늘어나기 시작했다. 시장의 불안정성에 대한 의존도를 낮추고 국내 수요 증가에 대처한다는 목적에서였다.

2011년 또다시 식량 위기가 시작되는 기미가 보이자 농지 매점 소식이 잇달았다. 이러한 현상은 투기 목적으로 땅을 사들이는 행위에 더해져 확실한 재산 가치로서의 땅, 모든 부침에서 안전한 피난처 같은 재산, 금보다 훨씬 수익성 높은 재산으로서의 땅의 입지를 확인시켜준다.

실제로 북반구 지역 국가들에 비해서 개발도상국의 토지 가격은 평균 30분의 1 정도에 지나지 않으므로 토지 매입은 확실히 어마어마하게 남는 투자임이 분명하다. 게다가 국제사회는 아직 이 지역 주민들의 권리를 보호해주어야 한다는 의지를 보이지 않고 있으므로 투기 목적으로 토지를 매입하는 행위는 앞으로도 상당 기간 활성화될 것으로 보인다. 2010년 아프리카에서는 4,100만 헥타르의 경작지가 미국 헤지펀드나 유럽 은행, 사우디아라비아, 한국, 싱가포르, 중국 등지의 국부 펀드에 의해서 매입 또는 임대되었으며 아무런 보상도 없이 명의가 변경되기도 했다.

남수단의 사례가 특별히 교훈적이다. 26년 동안이나 계속된 해방전쟁으로 100만 명이 넘는 사상자가 발생한 후, 2011년 7월 9일 남수단은 드디어 새로운 국가로 태어났다. 하지만 신생국으로 첫발을 내딛기도 전에 주바의 임시정부는 텍사스 주 출신 농가공식품업체인 나일 무역개발회사에 60만 헥타르, 즉 국토 전체 면적의 1퍼센트에 해당되는 농지를 헐값에 팔아넘겼다. 텍사스 기업은 2만 5천 달러를 지불했는데, 그렇다면 헥타르당 고작 3센트라는 공짜나 다름없는 값에 땅을 손에 넣은 것이다. 게다가 이 회사는 또 다른 40만 헥타르에 대해서도 옵션을 행사할 수 있다.[1]

투기는 국내 세력에 의해 '내부적'으로 발생할 수도 있다. 나이지리아의 경우, 소코토나 카노의 부유한 상인들은 온갖 수단(관계 기관 매수가 가장 자주 사용되는 방식이다)을 동원해서 수만 헥타르의 식량 경작지를 손에 넣었다. 말리에서도 이와 비슷하게 수상쩍은 거래들이 늘어나고 있다. 바마코의 돈 많은 사업가들, 아니 그들보다 유럽이나 북아메리카 또는 걸프 지역에서 활동하면서 재산을 일군 말리인들이 토지를 사들이는 것이다. 이들은 물론 직접 그 땅을 경작하지는 않는다. 그저 가격이 오르면 사우디아라비아의 왕자나 뉴욕의 헤지펀드에 팔아넘길 작정으로 땅을 묵혀둘 뿐이다.

훗날 비싼 값에 전부 또는 일부를 되팔거나 수확한 농산물을 수출하여 돈을 벌려는 목적으로 식량 경작지에 눈독을 들이는 투기꾼들은 아프리카 농부들에게서 그들의 유일한 생존 수단인 농지를 빼앗기 위해 상상할 수 있는 모든 수단을 동원한다.

제네바나 취리히의 주식시장에서 활약하는 '뱀상어들'을 대상으로 비정부단체 절식 행동과 이웃을 위한 빵은 심층 조사를 벌였다.

스위스에서는 특히 은행과 투자 펀드들이 농지 매점에 깊이 관여하고 있다. 크레디 스위스와 UBS는 이러한 맥락에서 2009년 골든 아그리-리소스를 위한 주식 발행에 참여했다. [⋯] 이 인도네시아 기업은 열대 밀림을 대규모로 구입해서 그곳에 거대한 팜유 생산용 단일경작 농장을 지으려는 계획(이로 인하여 기후와 지역 주민들에게 재앙이 닥치게 될 것이 불을 보듯 뻔하다)을 가지고 있다. 이뿐 아니라 이들 두 거대 은행이 고객들에게 가입을 권유하는 펀드에서도 골든 아그리-리소스의 이름을 찾을 수 있다.

보고서를 더 읽어나가다 보면 다음과 같은 대목도 등장한다.

사라신, 픽테트 펀드는 코산(브라질의 사탕수수 생산업체-옮긴이)에 투자하는데 이 회사의 주요 기업 활동 가운데 하나가 바로 브라질의 농지와 농장 매입이다. 토지 가격이 상승하면 차익을 실현하려는 의도에서 구입 행위에 나서는 것이다. 코산은 노예제도를 방불케 하는 가혹한 농장에서의 작업 조건 때문에 빈축을 사고 있다. [⋯]
일부 스위스 펀드는 전통적인 펀드이건 투기성 펀드(헤지펀드)이건 농업 부문에 투자한다. 가령 취리히의 글로벌 아그리캡이나 제네바의 가이아 월드 아그리 펀드, 파피콘의 맨 인베스트먼트 등을 예로 들 수 있다. 이 펀드들은 모두 아프리카, 카자흐스탄, 브라질, 러시아 등지에서 토지를 매입하는 기업에 투자하고 있다.

'이웃을 위한 빵'과 '절식 행동'은 "이 모든 일들(투기꾼들에 의한 식량 생산 농지의 전용)은 재앙과도 같은 결과를 초래하며 배를 곯는 사람들의 수가 점점 증가하는 지역에서 갈등을 가중시킨다"[2]고 결론짓는다.

투기꾼들에 의한 농지 장악은 '녹색 금'을 노리는 독수리들에 의한 토지 매입과 사회적으로 같은 결과를 낳는다. 말리의 리비아인들이 되었건, 에티오피아의 중국인들, 세네갈의 사우디아라비아인이나 프랑스인들이 되었건 이러한 토지 장악은 지역 주민들의 희생을 전제로 이루어진다. 더구나 지역 주민들과 사전에 아무런 논의도 없는 경우가 비일비재하다.

이로 인하여 여러 가구 전체가 그들의 생존을 보장해주던 천연자원에 접근할 수 없게 되고 그들의 땅에서 축출 당한다. 다국적기업들이 본사 직원들을 현장으로 파견하여 정착시키지 않는 경우라면 소수의 현지 주민들이 일자리를 얻기도 하지만, 그래봐야 대체적으로 저임금과 비인간적인 근로 환경을 감수해야 하는 조건 나쁜 일자리에 불과하다.

대부분의 경우 원주민 가족들은 조상 대대로 살아오던 땅에서 쫓겨난다. 그들이 가꾸던 채소밭과 과수원은 곧 파괴되어버리고 합당한 보상을 해주겠다는 약속은 공염불일 뿐이다. 그런데 이처럼 소규모 땅을 일구던 농부들이 추방된다고 함은 곧 수천 명 주민들의 식량 안보가 위협받는다는 말과 다르지 않다. 이는 또 조상 때부터 세대를 거듭하며 전수되어온 노하우가 사라짐을 의미하기도 한다. 토양에 대한 경험적 지식, 토질에 따른 종자 선별, 일조량과 강수량에 대한 데이터 등이 순식간에 무용지물이 되어버리는 것이다.

원주민들을 내쫓은 자리에 다국적 농가공식품 기업들은 농업관련 산업 시스템을 토대로 하는 특정 작물의 단일경작 체제를 정착시킨다.

물론 그 작물은 잡종일 수도 있고 유전자 변형 작물일 수도 있다. 이들은 자신들이 장악한 땅을 울타리로 폐쇄함으로써 원래 주민들 또는 유랑민들이 강이나 숲, 초지에 접근조차 할 수 없게 한다.

식품과 농지를 대상으로 투기를 조장함으로써 트레이더들은 사실상 죽음을 상대로 투기를 벌이는 결과를 낳는다.

볼로레, 빌그랭처럼 아프리카에 뿌리를 내린 프랑스의 거대 다국적 기업들은 자신들이 지역 주민들의 토지에 투자함으로써 그들에게 좋은 일을 해주고 있다고 주장한다. 도로나 관개수로 등의 인프라 건설, 일자리 제공, 국내총생산 증가, 기술 이전 등이 이들이 내세우는 선행이다. 프랑스의 아프리카 투자자 이사회(CIAN) 의장직을 맡고 있는 알렉상드르 빌그랭의 말을 들어보자.

> 우리는 남반구 지역 국가들이 북반구 지역 국가들, 특히 프랑스를 평가할 때 개발 원조 정책보다는 기업들에게 현지 투자를 유도하는 정책을 더 높이 산다고 생각한다. [⋯] 우리 기업들이 오랜 진출 경험을 가지고 있으며 특히 같은 언어를 공유하는 아프리카 대륙은 이제 세계 투자자들의 각축장이 되었다. 우리 프랑스가, 우리 프랑스 기업들이 단결하여 집단적으로 행동에 나선다면 훨씬 더 많은 기회를 얻을 수 있다.[3]

빌그랭 의장이 언급한 "각축장"은 애통하게도 대부분의 경우 아프리카에는 절망의 현장이다.

파괴 현장엔 늘 언론이 나타나 소란을 피우기 마련이다. 투기꾼들은 늘 '소통'의 중요성을 강조하는 사람들이기 때문이다. 자신들이 저지른 행위가 초래할 부정적인 결과를 그럴듯하게 포장하기 위하여 이들은 필요하면 적절한 표현을 고안해내는데, 요즘 가장 널리 사용되는 대표적인 표현이 바로 '윈-윈'이다. 이들은 당사자 쌍방 모두의 필요를 충족시켜주는 데 토대를 둔 '윈-윈' 관계를 정착시키면 모든 갈등은 해결된다고 말한다. '윈-윈' 협약이란 본래 당사자 쌍방의 이익을 극대화시키는 협약을 뜻하니 말이다. 한마디로 농토를 빼앗김으로써 농민들이 그들의 땅을 빼앗아가는 농가공식품업계 다국적기업들과 같은 만큼의 이익을 얻는다니, 이 말을 과연 믿어야한단 말인가! 이 말대로라면 투기가 공동의 행복을 창출할 수 있어야 한다.

2011년 2월 다카르에서 열린 세계 사회 포럼을 통해 아프리카는 남다르게 활기 넘치는 시민 사회를 보유하고 있음을 다시 한 번 확인할 수 있었다. 아프리카 대륙의 이 끝에서 저 끝까지 '뱀상어들'에 맞서는 저항운동이 조직화되어가는 것이다. 몇 가지 사례를 소개하겠다.

알랭 빌그랭이 소유한 Sosucam(Société sucriére du Cameroun)은 카메룬에 수천 헥타르의 땅을 보유하고 있다. 카메룬은 시에라리온과 더불어 세계에서 가장 부패한 나라로 손꼽힌다.[4]

다음은 농민과 교회, 그 외 시민 단체 연합인 엔도지역발전위원회(CODEN, Comité de développement de la région de N'do)가 발표한 그간의 상황 분석 내용이다. 1965년 Sosucam은 카메룬 정부와 99년간 10,058헥타르의 땅을 빌어 기업 활동을 하겠다는 협약을 체결했다. 2006년 두 번째로 체결된 협약에서는 1차 협약에 명시된 땅 외에 11,980헥타르의 땅이 추가되었다. 이 협약을 체결하면서 Sosucam은 땅을 환수 당하게 된 공동체 주민들에게 해마다 보상금을 지급했는데 그 액수는 고작 2,062,985CFA프랑(3,145유로)에 불과했다. 1년에 가구당

겨우 5유로를 지불한 셈이다.[5]

Sosucam이 획득한 땅은 원래 6천 명가량의 주민이 식량을 경작하던 곳이었다. 카메룬 지도자들과 빌그랭 회장 사이에서 진행된 이 두 차례에 걸친 협약 과정에서 주민들의 의견이 전혀 반영되지 않았음은 두말할 필요도 없다. 항의에 나선 자들의 말을 들어보자.

"Sosucam의 직원 중에서 오직 4퍼센트만이 농사짓던 땅을 빼앗긴 농부들이다. 농장 노동자로 고용된 그들은 가족을 먹여 살릴 만큼 충분한 보상을 받지 못한다."

"토양과 수질 오염, 열악한 근로 조건, 유독성 물질과의 잦은 접촉으로 인한 건강 위험, 강제 수용 가구, 자원 향유권 박탈, 보상 부재……."

"[…] 빌그랭이 카메룬 땅을 장악함으로써 생겨난 직접적인 결과들이다."[6]

Sosucam 사의 모회사로 1947년부터 빌그랭 가家[7]가 경영권을 쥐고 있는 솜디아 그룹[8]의 홈페이지에는 "인간적 가치가 우리 그룹의 토대"라는 감동적인 구절이 등장한다.

엔도지역발전위원회를 구성하는 농지 경작자, 농민조합원, 종교 단체, 도시 거주 지지자들은 빌그랭 회장과 야운데 정부 각료들 사이에 진행된 3차 협약의 서명을 저지하는 데 성공했다. 3차 협약 역시 농지 환수와 그로 인한 농민 가구의 강제 이주를 골자로 삼았다.

이번에는 베냉의 사례를 소개한다. 베냉의 총인구 800만 명 중 거의 대다수가 1~2헥타르 정도의 농지를 경작하는 영세 농민들이다. 베냉 인구의 3분의 1은 하루 1.25달러 미만으로 생활하는 극빈층에 속한다.[9] 20퍼센트 이상의 가구가 영양실조에 시달린다.

베냉의 경우 제일 먼저 토지를 차지한 건 현 정권(또는 이전 정권)의 실세들이다. 기아로 목숨을 위협받던 농민들은 '카사바 한 줌'[10]이라는 헐값에 농지를 팔았다. 이들 실세들의 수법은 늘 똑같다. 땅을 야금야금 사들인 다음 그 땅을 개간하지 않고 묵혀둔다. 가격이 오르기를 기다렸다가 되팔려는 심산이다. 요컨대 유럽 모든 도시의 부동산 시장에서 그렇듯이 투기꾼들은 한층 높은 이익을 얻기 위해 똑같은 재화를 사고, 팔고, 되사고, 되판다.

주 지방은 과거에 베냉의 곡창지대로 통했다. 그런데 오늘날엔 심각한 영양실조에 걸린 5세 미만 어린이의 비율이 가장 높은 곳으로 전락했다. 정부가 식량 농업에 투자하는 대신, 다시 말해서 비료, 관개용수, 종자, 트랙터 같은 장비, 농기구 구입이나 도로 등의 하부구조 정비에 돈을 쓰는 대신, 아시아에서 쌀을 수입하고 나이지리아에서 밀을 사오는 식의 정책을 추진하다 보니 지역 농민들의 상황이 날로 나빠진 탓이다.

왕년의 은행가로 외국인 '투자자들', 특히 프랑스인들과 가깝게 지내던 보니 야이는 2006년 베냉의 대통령으로 선출되었다. 2011년 3월 13일 그는 재선에 성공했다. 승리를 거둔 날 저녁, 그의 대변인은 그간 "소중한 지원"을 아끼지 않은 프랑스의 광고회사 EURO-RSCG에 대해 깊은 감사를 전했다. EURO-RSCG는 볼로레 그룹의 계열사다.

2009년 볼로레 그룹은 보니 야이 대통령에게서 코토누 항구 양도 계약을 따냈다. 2011년에 볼로레 그룹의 광고회사는 베냉의 77개 행정 구역에서 수백만 유로를 써가며 보니 야이의 재선 캠페인에 앞장섰다. 그 전 해에 볼로레를 포함하는 '외국인 기부자들'은 선거인 명부 전산화 (LEPI, Liste électorale permanente informatisée)에 필요한 자금을 지원했다. 2,800만 유로가 드는 사업이었다.

야당은 선거인 명부 전산화를 격렬하게 비판했다. 적어도 20만 명가량의 잠재적 유권자가 선거인 명부 전산화에서 빠졌으며, 특히 대통령 후보에 대한 반대가 가장 격렬한 남부 지역 유권자들 가운데 누락된 사람이 많다는 것이었다.

2011년 3월 13일 보니 야이는 베냉 대선에서 10만 표 가량의 차이로 승리를 거두었다.[11]

네스토르 마이누는 이 재앙적인 상황을 "얼마 안 되는 땅뙈기마저 경작할 능력이 없는 지역 소농들은 눈물을 머금고 농토를 팔아야 하는데, 제3자가 매입한 비옥한 대규모 토지들은 휴경지로 놀고 있다"는 말로 요약했다. 마이누는 농민 공조(SYNPA, Synergie paysanne)의 대표다. 토지를 갈취당한 자들의 모임인 농민 공조는 베냉에서 가장 막강한 세력을 자랑하는 시민 단체다.[12] 2000년 코토누에서 발족한 ROPPA(Réseau des organisations paysannes et de producteurs agricoles de l'Afrique de l'Ouest), 즉 서아프리카 농민과 농업생산자 단체 네트워크와 그 대표인 마마두 시소코의 지원을 받아 농민 공조는 베냉을 잠식하는 신식민주의적 체제를 상대로 경이로운 투쟁을 벌이고 있다.

일부 아시아나 아프리카 국부 펀드들의 행태 또한 민간 투기꾼들의 행태에 비해 크게 나을 것도 없다. 리비아 아프리카 투자 포트폴리오(LAIP, Libyan African Investment Portfolio)의 예가 대표적이다. 2008년 리비아 아프리카 투자 포트폴리오는 말리 정부로부터 관개 가능한 10만 헥타르의 논을 '제공' 받았다. 이를 계기로 리비아 아프리카 투자 포트폴리오는 현지에 말리비아라고 하는 말리법의 통제를 받는 회사를 차렸다. 말리비아는 50년 동안 드러나는 대가를 전혀 지불하지 않아도 그 땅을

향유할 수 있으며, 기간 연장도 가능하다.[13]

말리에서 물 문제는 농업에서 매우 중대한 쟁점이다.[14] 그런데 계약에 따라 말리비아는 "니제르 강물을 우기에는 무제한으로, 나머지 기간 동안에는 필요한 양만큼 사용할" 권리를 확보했다. 벌써 14킬로미터나 건설된 관개수로를 통해 이제 리비아 땅이 된 2만 5천 헥타르에 물이 공급되면서, 말리 중부 지역의 경작자들과 유목민들은 현재 어마어마한 피해를 보고 있다. 관개수로 때문에 농부들의 우물과 유목민 푈족 가구와 그들이 기르는 가축들이 사용하는 연못이 말라버렸다. 유목민들은 한 곳에서 다른 곳으로 이동하는 사이에 습지에 수수를 재배했는데 이제 예전의 습지는 건지로 변해버렸다.

마마두 고이타는 서아프리카 농민과 농업생산자 단체 네트워크를 이끄는 주요 인물 가운데 하나다. 2008년 바마코 정부로 하여금 리비아인들과의 계약 내역을 공개하도록 압력을 가한 주역이 바로 그와 티에빌레 드라메를 포함한 그의 동지들이다. 고이타는 "리비아인들은 그들이 손에 넣은 땅에서 마치 그곳이 아무도 살지 않는 사막이라도 되는 것처럼 행동한다. 수천 명의 말리인들이 그 땅에 살고 있다는 사실은 안중에도 없다"[15]고 분개한다. 티에빌레 드라메는 한 걸음 더 나아간다.

> [외국인들이] 말리의 농지로 몰려들면서 그렇지 않아도 주민들을 먹여 살리는 문제로 고민이 많은 이 나라에서 갈등이 심해지고 있다. [...] 여러 세대에 걸쳐서 이 땅에서는 주민들이 조와 쌀을 경작했다. [...] 이들은 장차 어떻게 될 것인가? [...] 저항하는 자들은 모두 관계 당국에 소환되고 심지어 일부는 투옥되기도 한다.[16]

합당한 보상이 따르지 않는 강제 추방에 반대하는 조합들을 상대로 말리비아의 압달라 유세프 사장은 더할 나위 없이 예의바른 태도로 "지역 주민, 그러니까 근거지를 떠나게 될 마을 주민들의 재정착 필요성을 잘 알고 있다"[17]고 대답한다. 물론 이 예의바름은 기막힌 기만을 포장하는 방편일 뿐이다. 마마두 고이타와 그의 동료들은 압달라 유세프가 말하는 "주민들의 재정착" 같은 감언이설 따위는 전혀 신뢰하지 않는다. 이런 말 저런 말 다 필요 없으니 리비아와 체결된 계약을 폐기하라는 것이 이들의 요구이다. 지금까지 이들의 요구는 받아들여지지 않고 있다.

위에 열거한 몇몇 예는 저항의 대표적인 사례라고 할 수 있다. 또 다른 예를 보자.

세네갈 강 상류, 생루이에서 27킬로미터 떨어진 곳에 거대한 디아마 댐을 건설함으로써 세네갈은 수만 헥타르의 농경지를 얻었다. 이 중 상당 부분이 오늘날 GDS(Grands domaines du Sénégal 세네갈 대영지)의 손에 들어갔다.

우리를 맞아준 로스 베티오 농민 조합원들에게 GDS는 수수께끼투성이인 공공의 적이다. 세네갈에서는 다국적기업이건 외국인 투자자건 누구나 다카르에 괜찮은 인맥만 있다면 2만 헥타르 이상 되는 땅을 제공받을 수 있다. GDS는 주로 스페인, 프랑스, 모로코 등지의 금융 기업들이 소유하고 있다. GDS에서는 스위트콘, 양파, 바나나, 멜론, 완두콩, 토마토, 그린피스, 딸기, 포도 등을 재배하며 일부에서는 비닐하우스 농사도 짓는다. 평균적으로 생산량의 98퍼센트는 선박에 실려 인근 생루이 항구를 통해 수출된다. 유럽으로 곧장 팔려 나가는 것이다.

GDS는 이른바 통합 시스템이라는 체제를 갖추고 있다. 생산은 강을 따라 가며 이어지는, 관개 가능하며 홍수가 날 수도 있는 지역인 왈로에서 이루어진다. 그러면 각 회사 소유의 선박(또는 각 회사가 임차한 선박)이 운송을 책임진다. 모리타니 또는 유럽에 도착한 과일의 경우 이들이 소유한 숙성 센터로 보내진다. GDS를 보유한 기업들은 상당수가 프랑스 대형 슈퍼마켓 체인의 대주주이기도 하다.

왈로엔 거대한 갈색 비닐하우스가 즐비하며 여기에 정기적으로 물을 뿌려 더위를 식힌다. 아다마 파예가 생루이 경찰청에 연줄이 있었음에도 우리는 GDS 내부 방문 허가를 받지 못했다. 파란 유니폼을 입은 무장 경비들과 4미터 높이의 철책, 감시 카메라…. 우리는 라 프뤼티에 드 마르세유가 소유한 가장 규모가 크다는 GDS 입구에서 출입을 저지당했다. 전자장치를 통해서 우리는 까마득히 멀리 떨어져 보이는 곳에 있는 행정 담당 건물 내부에서 근무 중인 책임자와 협상을 계속했다. 남자는 강한 스페인 억양으로 말했다.

"당신들은 방문 허가증이 없소. 미안합니다. 아무리 유엔이라도 안 되는 건 안 되는 겁니다. 생루이 경찰청장이라고요? 그 자는 여기서 아무 권한도 없습니다. 파리나 마르세유의 당신들 본사와 의논해보시지요……."

결론적으로 우리 중 어느 누구도 들어가지 못했다.

나는 이전에 성공을 거두었던 방식을 이번에도 써보기로 했다. 그 자리에서 마냥 버티는 것이다. 나는 여러 시간 동안 경비들의 눈총을 받으며 철책 앞에서 꼼짝 않고 기다렸다. 마침내 저녁이 될 무렵 생루이 쪽에서 오는 아우디 코트로 한 대가 아스팔트 도로에 모습을 드러냈다. GDS로 일하러 오는 인상이 제법 좋아 보이는 젊은 프랑스 기술자가 입구에서 차를 세웠다. 나는 차 앞으로 다가갔다. 젊은이는 열심히 상사를 변호했다. "우리는 토지 경계 획정 비용을 지불하고 있습니다. 게다가 우리의 토지는 해발 12~15미터 정도 되는 높이에 위치하고 있습니다. 그런 곳에 물을 대려면 모터 펌프가 필요하죠. 세네갈 농부들에겐 그런 장비라고는 없어요……. 우리가 세금을 내지 않는다니요? 그건 완전히 틀린 말입니다! 우리는 마을의 젊은이들을 고용하고 있어요. 세네갈 정부는 우리한테서 소득세를 징수해가죠……."

그것으로 대화는 끝이었다.

생루이에서 거리상으로는 50킬로미터 떨어졌으며 말리로 가는 도로상에 자리 잡은 로스 베티오 농촌 공동체는 6천 명의 회원을 거느리고 있다. 갈색 젤라바(아랍 남성이 입는 후드 달린 겉옷−옮긴이)를 입고 반짝거리는 두 눈에 이마가 약간 벗겨진 지브릴 디알로는 50대에 접어든 정 많은 농민조합 집행국장이다. 모두 합해 남자 네 명에 여자 세 명, 이렇게 일곱 명의 집행위원회 위원들이 그와 동석했다.

왈로의 경작자들은 1년에 두 차례 쌀을 수확한다. 하지만 수확량은 보잘것없고 다카르에서 쌀을 사러 오는 상인들이 지불하는 가격도 예전에 비해 형편없이 떨어졌다. 1헥타르의 논에서는 6톤의 벼를 수확할 수 있다. 상인들은 트럭에 벼를 싣는다. 쌀 80킬로그램의 가격이 7,500CFA 프랑[18]이다.

집행국장 보좌관인 디알로 살은 생기 넘치며 밝은 피부를 가진 젊은이다. 약간 대머리에 냉소적이면서 성마른 구석도 엿보인다. 어딘지 부자연스러운 지브릴의 환영사를 뚝 끊어버리며 성미 급한 젊은 보좌관이 단도직입적으로 말했다. "우리 여인네들과 아이들은 밥도 먹지 못하고 논에 일하러 나갔습니다……. 보건부 관리에게 이런 말을 하면 뭐라고 하는지 아십니까? '자넨 현 집권 세력에 반대하는군. 자넨 반대파란 말일세'라고 하지요."

가진 건 얼마 없어도 세네갈 사람들의 대접은 융숭했다. 위원회가 사무실로 쓰는 이슬람 성원 근처 가건물 안에 식탁이 준비되었다. 선풍기가 끽끽거리며 돌아갔다. 주방에서는 맛있는 냄새가 풍겨 나왔다. 커다란 금속 용기 속에는 강에서 막 잡아 올려 불에 구운 잉어와 양파, 닭고기, 감자 등이 푸짐하게 담겨 있었다.

로스 베티오에서 벼농사를 짓는 농부들은 모두 투사들이다. 이들의 지혜로운 저항은 나를 감동시켰다. 이들이 조직한 조합은 서아프리카 농민연맹에 소속되어 있으며 이 서아프리카 농민연맹은 세계적 차원에서 비아 캄페시나와 연결되어 있다. 이들에게 GDS는 아무리 해도 손이 닿지 않는 곳이다. 하지만 왈로의 경찰청장이나 부청장, 다카르의 몇몇 장관들은 얼마든지 표적으로 삼을 만한 존재들이다.

토지로부터의 소외는 다음과 같은 기재를 통해 이루어진다. 농촌의 토지는 어느 누구의 소유도 아니다. 따라서 사실상 국가의 것이다. 농촌에는 토지대장이란 것이 아예 존재하지 않는다. 하지만 농민 공동체는 자신들이 경작하는 땅에 대해 무제한적인 향유권을 보유한다. 이 권리는 태곳적부터 관습적으로 그렇게 지켜져 내려왔다. 그런데 정부가 이 문제를 다루기 위한 특별기관, 즉 농촌위원회를 신설했다. 이 기관은 당연히 다카르 집권당의 뜻에 따라 움직인다. 위원회의 권한은 막강해서 토지 경계 획정, 토지의 경계선을 결정짓는 심판관 역할까지 도맡았다. 위원회는 경계가 정해져서 울타리가 쳐진 땅들을 소유주에게 분배한다.

로스 베티오 조합원들의 고소 내용은 심각하며 그런 만큼 철저한 자료 조사에 토대를 두고 있다. GDS로 인한 토지 박탈의 이면에는 다카르에서 진행되는 투명하지 못한 협상이 도사려 있다는 것이다. 토지 경계

획정, 다시 말해서 GDS를 위한 토지 소외 업무를 담당하는 농촌위원회는 정부의 지시를 받는다. 토지 경계 획정 내용은 공식적인 서류에 기록되며 이 서류는 경찰 부청장, 경찰청장, 그리고 최종적으로 장관의 결재를 받아야 한다. 그런데 농민 조합원들의 말에 따르면 일부 결재 담당 공무원들 심지어는 장관들까지도 획정된 면적에 수천 헥타르씩을 보태 자신들의 명의로 돌린다고 한다. 가령 농촌위원회가 작성한 경계 획정 서류에서 어떤 GDS에게 얼마만한 면적의 경작지를 분배했다고 하자. 서류가 관료 체제의 정글을 헤치고 나가는 동안 농부에게서 갈취하는 땅 면적은 점점 늘어난다. 농민에게 땅을 빼앗으면 득을 보는 사람은 누구인가? 농민조합원들 말로는 당연한 말이지만, 우선 GDS가 득을 본다. 그런데 정도의 차이는 있지만 일부 부청장, 청장, 장관, 그리고 그들의 친구들도 골고루 득을 보게 된다.

주민들을 결집시키고 국제사회의 개입을 촉구하며 세네갈 법정에 소송을 제기함으로써 지브릴, 살을 비롯한 농민 조합원들(벼, 채소, 과일 등을 경작하는 농부들과 목축업자들)은 그들 자신의 생산수단을 파괴당하지 않기 위해 힘겨운 투쟁을 계속한다. 그들이 보여주는 용기와 결단력 앞에서는 누구라도 감탄하지 않을 수 없다.

부조리한 서양의 동조

사실 세계은행의 두뇌에 해당되는 이론가들은 볼로레나 빌그랭 그룹의 어설픈 홍보 담당자들보다 훨씬 위험한 사람들이다. 수억 달러에 이르는 대출이나 지원금을 주무르는 세계은행은 아프리카, 아시아, 라틴 아메리카 등지에서 자행되는 토지 갈취의 자금줄 역할을 하고 있다.

아프리카의 경우 세계은행의 이론가들은 다음과 같은 정당화 이론을 구축했다. 1헥타르의 조밭에서 베냉과 부르키나파소, 니제르, 차드, 말리의 농부들은 해마다 고작 600이나 700킬로그램의 곡물을 수확한다. 그나마도 정상적인 날씨가 계속되었을 때에나 가능한데, 아프리카에서 정상적인 날씨가 계속되는 경우란 매우 드물다. 반면 유럽에서는 같은 면적의 밭에서 밀을 10톤이나 생산한다. 그러니 가난한 아프리카 사람들이 제대로 활용하지 못하는 땅을 농가공식품 기업들, 다시 말해서 그 기업들이 보유한 자본과 유능한 기술자, 앞서가는 영업 전략에 맡기는 편이 낫다는 것이다. 유엔인권위원회의 서양 회원국 출신 대다수 대사들에게 세계은행의 말은 곧 성경말씀과 같다.

2011년 3월 18일 금요일 제네바 유엔청사의 동관 2층에 자리 잡은 인권실이라고 이름 붙은 대회의실에서의 일이 생각난다. 다비데 자루는 이탈리아 출신 젊은 법률가로 날카로운 지성과 뛰어난 외교술을 겸비했으며 철저한 식량권 신봉자다. 그는 브뤼셀에서 카트린 아스톤 남작부인이 이끄는 유럽연합의 안보외교 분과[1]에서 인권담당관으로 일한다. 자루는 평소엔 브뤼셀에서 근무하지만 인권위원회의 회기 동안엔 제네바에 머문다. 유럽연합 27개 회원국의 투표를 조율하는 것이 제네바 유엔청사에 머무는 동안 그가 맡은 일이다.

그날 아침 다비데 자루는 절망하는 기색이 역력했다. 그가 나를 부르더니 "당신을 도와드릴 수가 없네요……. 내가 지금 처해 있는 상황을 비아 캄페시나 친구들에게 설명해주시겠습니까? 지금 작성된 대로라면 결의안은 통과될 수 없을 겁니다……. 서양 국가들은 절대 반대 입장이거든요……. 그이들은 농민의 권리 보호를 위한 협약 같은 건 원치 않아요."

여러 개의 농민조합, 시민 단체, 남반구 국가 연합의 지지를 받는 인권위원회의 자문회의는 지난 3년 동안 농민 권리 보호에 관한 보고서 작성에 공을 들였다. 보고서에 포함된 건의사항에서 자문회의는 유엔이 땅을 빼앗긴 농부들에게 '녹색 금'을 노리는 독수리들과 '뱀상어들'에 맞서서 자신들의 땅과 종자, 물 등을 지킬 권리를 수호할 수 있도록 보장해주는 국제협약을 채택할 것을 권유했다.

결의안 채택은 비아 캄페시나가 초안을 잡은 농민권 보호 협약 계획이 직접적인 계기가 되어 추진되어왔다.

사적인 이익 혹은 제3국의 이익을 위해 최근 수천만 헥타르에 달하는 대규모 토지를 갈취하는 행위는 원주민, 농업, 목축업, 임업, 어업에 종사하는 지역 공동체의 생산수단을 박탈한다. 그들의 천연자원 접근권을 제한하거나 그들이 원하는 방식대로 생산할 자유를 박탈하며, 또한 이러한 갈취는 재산을 형성하거나 관리하는 데 있어서 여성들에게 가해지는 불평등을 심화하므로 인권을 침해한다고 간주된다. […]

투자자들과 이에 동조하는 정부는 농촌 주민들의 식량권을 위협하며 이들을 고질적인 실업 또는 탈농촌 상태로 내몰고, 이로써 빈곤과 갈등을 한층 심화시키며, 그동안 쌓아올린 지식과 농사 관련 노하우, 문화적 정체성 등을 파괴하는 데 일조한다. […]

우리는 의회와 정부에 현재 진행 중인 또는 앞으로 진행될 이 같은 대대적인 토지 갈취를 즉각 중단할 것과 이미 갈취한 땅을 되돌려줄 것을 촉구한다.[2]

농민권이라는 새로운 국제적인 무기가 시행될 수 있다는 전망은 서양 국가들, 특히 미국, 프랑스, 독일, 영국 등 농가공식품업계 포식자들과 돈독한 친분을 유지하는 국가들을 겁먹게 하고 있다. 이러한 국제협약이 정식 협상 과정을 거쳐 서명되어 비준을 마치면 자유 시장이라는 정글이 어느 정도 문명화될 것이 분명하기 때문이다! 더구나 이 국제협약안은 농민들의 권리를 상세하게 기술하고 있으며, 협약 조인국에 이러한 권리가 사법적 판단의 대상이 될 수 있도록 필요한 법정을 반드시 구비할 것을 요구하고 있다.

이 문제에 관해서 유엔인권위원회는 매우 혁신적인 판례를 제시했음을 덧붙이겠다. 세네갈, 말리, 과테말라, 방글라데시, 그 외 남반구 여러 국가에서 농민이 '녹색 금'에 혈안이 된 독수리 떼, 곧 파리나 중국,

제네바 출신 투기꾼을 상대로 자기 나라의 법원에 소송을 제기한다는 건 한 마디로 불가능하거나 가능해도 무모하기 짝이 없는 짓이다. 지역 판사들의 독립성은 허약한데 비해서 상대방은 너무 힘이 세기 때문이다. 그렇기 때문에 인권위원회는 국가의 '치외법권적 책임'을 인정했다. 이렇게 되면 농민 권리보호협약에 서명하고 이를 비준한 프랑스는 볼로레, 빌그랭, 프뤼티에 드 마르세유 등이 베냉이나 세네갈, 카메룬 영토에서 보인 행태에 대해 책임을 져야 한다. 농지를 빼앗긴 아프리카 경작자들과 그들이 가입한 조합이 그들을 프랑스 법정에 기소할 수 있게 되는 것이다.

이처럼 암울한 전망 앞에서 서양 국가들이 마지막 남은 외교력까지 총동원해서 남반구 경작자 조합이 제안하고 인권위원회 자문회의가 바통을 이어받은 이 국제협약안을 파기시키기 위해 안간힘을 쓰는 건 충분히 이해할 만하다.

자문회의는 대륙별로 할당된 숫자만큼 선출된 전문가들로 구성되었다. 반면 인권위원회는 국가 간 기구로서 현재 회원국은 47개국이다. 인권위원회가 자문회의에서 결정된 권유 사항을 토론에 부치기 위해서는 인권위원회 회원국이 이 사항을 안건으로 제안해야 한다.

2011년 3월에 열린 인권위원회 제16차 총회에서 농민 권리 보호 협약안에 관한 결의안은 인권위원회 부의장이며 쿠바의 유엔주재 대사인 로돌포 레예스 로드리게스에 의해 제출되었다. 유능한 외교관인 레예스 로드리게스는 부드럽기만한 인물이 아니다. 남아프리카공화국에서 파견한 군대를 상대로 벌어진 앙골라 내전에 자원병으로 참전했던 그는 1988년 내전의 향방을 결정지은 쿠이토-쿠아나발레 전투에서 다리 하나를 잃었다. 하지만 투지로 다져진 그마저도 서양 국가들의 철옹성 같은 반대에 부딪쳐 결국 결의안의 내용을 수정하지 않을 수 없었다. 현재로서는 농민 권리 보호 협약, 농민권을 사법 심사 대상으로 만들기 위한 노력이 어떤 결과를 맺게 될지 불확실하기 그지없다.

생명이 있는 한 희망은 있다

> "당신은 가난한 자들이 도움을 받기를 원하지만, 나는 빈곤이 아예 없어지기를 바랍니다."
>
> – 빅토르 위고

우리가 사는 지구의 총 면적은 5억 1천만 평방킬로미터로 이 중에서 3억 6,100만 평방킬로미터는 물이고 1억 4,900만 평방킬로미터는 육지다. 현재 지구에는 67억 명이 산다.

67억 명의 지구별 주민들은 매우 불균등하게 분포되어 있다. 자연 조건(빙하로 덮인 양 극지방, 사막, 반건조 지역, 산악 지대, 비옥한 계곡과 들판, 해안 지대 등)과 경제 현실(농업, 목축업, 어업, 제조업, 도시, 시골 등)에 따라 거의 텅 빈 지역이 있는가 하면 인구가 과밀한 지역도 있다.

자연, 즉 식물과 동물, 인간이 형성하는 생물계의 첫째가는 기능은 생명을 유지하기 위해 양분을 취하는 일이다. 먹을 것이 없으면 생명체는 죽는다. 두 번째 기능은 번식이다. 완전한 성숙기에 도달하기 위해, 곧 생명체가 자손을 낳을 수 있는 성체가 되어 새로운 생명체를 탄생시키기 위해서는 반드시 먹어야 한다.

인간이 채집을 하고 사냥에 나서며 무기와 연장을 만들고 먼 길을 떠나는 이동과 여행을 감수한 것도 따지고 보면 모두 먹을 것을 얻기 위해서였다. 인간이 땅을 일구고 파종을 하며 연장을 만들고 식물들의 특성을 알기 위해 연구하고 짐승을 길들인 것도 먹을 것을 얻기 위해서였다. 인간이 다른 동물들과 마찬가지로 항상 영역에 집착을 보이고 "이 안에만 들어오면 내 집"이라고 생각할 수 있는 범위를 정해 울타리를 쳤으며, 그 공간을 탐내는 다른 이들에게서 이 공간을 지키기 위해 애쓴 것도 마찬가지 이유에서였다. 만일 어느 공간이 다른 공간보다 훨씬 풍요롭거나 특별한 보물, 독창적인 장점을 지니고 있다면 탐내는 사람들도 많아지게 마련이었다.

인간이 좀 더 다양한 도구와 그릇, 의복을 만들고 주거 수준을 향상시키던 농업의 초기 단계를 넘어서자 수공업 생산이 발달하게 되었다. 그러면서 교환이 이루어지고 사고파는 행위가 시작되었으며 이는 자연스럽게 여행과 이어진다. 경제와 경제의 무한한 발전은 필요를 충족시키려는 인간의 욕구에서 비롯되었다. 인간에게 가장 필요한 것은 두말할 필요도 없이 그들과 그들의 자손이 먹을 양식이다.

갓난아기는 사람들이 자기를 잊거나 배가 고프면 있는 힘을 다해 운다. 우는 것이 아기가 가진 유일한 표현 수단이므로 아기는 더 이상 울 수 없을 때까지 몇 시간이고 계속 운다. 기아에 노출된 아기가 울 기운마저 상실하면 그 아기는 모든 능력을 잃어버리게 되어 자신에게 필요한 것을 표현할 수 없게 되고 결국은 죽는다.

오늘날 인도에서 태어나는 아기들의 절반은 심각하고 지속적인 영양실조로 고생한다. 이 아기들에게는 한순간 한순간이 고난이고 역경이다. 이들 중에서 수백만 명은 열 살이 되기 전에 죽는다. 나머지 아이들은 소리 없이 계속 괴로워하며 식물인간처럼 살아간다. 창자를 쥐어뜯는 듯한 고통을 줄이기 위해서 이 아이들이 할 수 있는 거라곤 잠을 청하는 것뿐이다.

인류 역사가 시작될 무렵 먹을거리는 아무리 여자와 아이가 그걸 필요로 한다고 해도 늘 가장 힘이 센 남자의 몫이었다. 하지만 반드시 충족시켜야 할 인간의 요구가 불충분한 양의 재화와 상충하던 시기는 이제 지났다. 지금 우리가 사는 지구는 풍요로 넘친다. 기아가 숙명이니 운명이니 하는 말은 더 이상 통하지 않는다. 10억 명의 주민이 기아로 허덕인다면 그건 생산량이 부족해서가 아니라 막강한 권세가들이 토지를 갈취했기 때문이다. 우리가 사는 유한 세계, 더 이상 발견할 땅도 정복할 신천지도 없는 이 세계에서 지구가 우리에게 선사해준 재화를 갈취하는 행동이 새로운 국면을 맞고 있다. 대형 참화가 멀지 않았다.

"이 세계는 모든 이의 필요를 충족시키기에 충분한 만큼은 지니고 있지만, 모든 이의 탐욕까지 충족시킬 만큼 넉넉하지는 않다"고 마하트마 간디는 말했다. 조수에 데 카스트로는 영양실조와 기아로 인한 대량 사망 사태의 가장 큰 원인이 지구상에서 자행되는 부의 불평등한 분배임을 누구보다 먼저 지적했다. 그가 사망한 지 40년이 지난 지금, 부자는 훨씬 더 부자가 되고 가난한 사람은 훨씬 더 비참해졌다. 농가공식품 부문 다국적기업들의 자본, 경제, 정치권력은 하늘이라도 찌를 듯이 높이 치솟았으며 가장 부유한 자산가들의 개인적인 부도 천문학적으로 증가했다.

에릭 투생, 다미앵 밀레, 다니엘 뮈네바르[1], 이렇게 세 사람은 최근 10년 동안 억만장자들의 재산이 움직인 궤적을 조사하였다. 그 결과를 보자.

2001년 10억 달러 이상을 소유한 부자는 497명이었으며 이들의 재산 총액은 1조 5천억 달러였다. 그로부터 10년이 지난 2010년, 10억 달러 이상 소유자는 1,210명으로 늘어났고, 이들의 재산 총액 또한 4조 5천억 달러로 껑충 뛰었다. 이들 1,210명 갑부의 재산 총액은 독일 국민총생산을 뛰어넘는 액수다.

2007년부터 2008년까지 금융시장 붕괴로 유럽과 북아메리카, 일본에서는 수천만 가구의 삶이 와해되었다. 세계은행에 따르면 금융 위기 여파로 6,900만 명이 추가로 기아의 수렁 속으로 떨어졌다. 남반구 지역 국가에서는 도처에 새로운 묘지들이 생겨났다. 그런데 2010년 부자들의 재산 총액은 3년 전 금융시장이 붕괴되기 이전의 수준을 넘어섰다.

오늘날 인간의 먹을거리를 좌지우지하는 농가공식품업계의 세도가들은 누구인가? 문제의 시장은 몇몇 민간 거대 다국적기업들이 지배한다. 그들이 매일 누가 죽고 누가 살아야 할지를 결정한다. 그들은 농부들과 목축업자들이 구입해야 하는 생산요소들(종자, 식물 살충제, 동물 구충제, 살진균제, 비료, 사료 등)을 제조하고 판매한다. 이들 제품을 취급하는 브로커들은 농업 원자재 거래소의 주요 중개인으로 대접받는다. 한마디로 이들 기업이 식량의 가격을 결정한다. 물은 이제 상당 부분 이들 기업의 통제를 받는다. 얼마 전부터 이들 기업은 남반구 지역에 수천만 헥타르의 경작지를 확보했다.

이들은 '자연의 법칙'에 따라 운영되는 자유 시장을 요구한다. 하지만 시장을 지배하는 힘 가운데 '자연적인' 힘 따위는 없다. 다국적기업(헤지펀드, 대규모 국제 은행 등)의 관념론자들이 그들의 살인적인 관행을 정당화하고 중개인들의 양심을 진정시키기 위해 끊임없이 '시장의 법칙'을 내세우고, 그 법칙을 '자연의 법칙'인 양 포장해서 내세울 뿐이다.

지구상의 일곱 명 가운데 한 명은 만성 영양실조에 시달리고 있으며, 그들 중 적지 않은 수가 죽음에 이르게 되는 비극에는 물론 여러 요인들이 복합적으로 작용한다. 하지만 이 책을 통해 살펴보았듯이 그 원인이 무엇이 되었건, 인류는 이를 제거할 수 있는 충분한 여력을 갖추고 있다.

아마티아 센은 1985년 8월 26일 말라가에서 한 유명한 엘름허스트 강연에서 "기아와 식량 정책에서는 당연히 신속하게 행동에 나서는 것이 가장 중요하다"[2]고 강조했다. 아마티아 센의 말이 맞다. 단 1초도 허비해서는 안 된다. 사태를 관망하고 어떻게 할 것인지 방법을 놓고 싸움을 벌이거나 복잡하고 실효성 없는 토론만 계속하는 건 유엔인권위원회 고등판무관에 임명된 메리 로빈슨을 경악하게 만든 "성가대 합창"만 되풀이하는 어처구니없는 처사다. 토지를 갈취하는 포식자들의 공모자가 되는 것과 다름없다는 말이다. 해결방법은 이미 알려져 있으며 지금까지 출간된 믿을 만한 연구 결과물만 해도 수천 쪽에 이른다.

2000년 9월 유엔의 193개 회원국 가운데 146개국이 뉴욕에 모여 새천년에 즈음하여 인류를 가장 가혹하게 괴롭히는 주요 비극들의 목록을 작성했다. 기아와 극빈, 수질 오염, 유아 사망률, 여성 차별, 에이즈, 전염병 등이 목록에 올랐으며 이에 맞서기 위한 투쟁의 목표도 정했다. 각국 정상과 행정부 수반들은 이 여덟 가지 비극, 그중에서도 특히 기아를 몰아내려면 15년 동안 해마다 800억 달러를 모아야 한다고 계산했다. 그런데 2010년 현재 10억 달러 이상을 보유한 1,210명의 재산에서 2퍼센트만 거두어들이면 이 목표액에 도달할 수 있다.

이웃을 굶주림 속으로 몰아넣는 이들의 어이없는 탐욕을 어떻게 저지할 것인가? 우선 남반구의 적지 않은 나라에서 관행처럼 자행되는 지도자들의 부패를 막아야 한다. 지도자들의 매관매직, 권력과 지위, 그러한 사회적 지위에 으레 따라붙기 마련인 것으로 인식되는 돈에 대한 무한한 동경을 차단해야 한다.[3] 제3세계 일부 국가들에서 관찰되는 공적 자금 유용, 국회의원들의 개인적 치부는 추악하다 못해 재앙에 가까운 수준이다. 부패가 만연한 곳일수록 나라는 글로벌 금융 포식자들에게 팔려 거덜이 나고 그럴수록 이들 포식자들은 손쉽게 세계를 장악할 수 있다.

거의 30년 전부터 카메룬의 대통령으로 군림하는 폴 비야는 인생의 4분의 3가량을 제네바의 인터콘티넨탈 호텔에서 보낸다. 그의 적극적인 동조가 아니었다면 알렉상드르 빌그랭의 그룹은 카메룬 중부의 알짜배기 경작지 수만 헥타르를 손에 넣을 수 없었을 것이다. 뱅상 볼로레 또한 국영기업 소카팜의 민영화를 이끌어내지 못했을 것이고 5만 8천 헥타르의 소유권도 얻지 못했을 것이다.

콜롬비아 북부 볼리바르 주의 라스 파바스에서 스페인의 팜유 관련 거대 다국적기업에 고용된 유사 군부대원들이 농부들을 그들의 농지에서 추방할 때, 그들은 어엿하게 국가 지도자들에게서 그렇게 해도 좋다는 '허가'는 물론 적극적인 격려도 받았다. 후안 마누엘 산토스 현 콜롬비아 대통령은 잘 알려졌다시피 그의 전임자 알바로 우리베와 마찬가지로 스페인 출신 포식자들과 매우 친밀한 관계를 유지하고 있다.

압둘라예 와데의 협조가 없었더라면 세네갈에 GDS는 들어서지 못했을 것이다! 농촌 공동체의 땅을 자신들의 이익을 위해 빼돌리는 시에라리온의 부패 관리들이 없었더라면 제아무리 오지랖 넓은 장-클로드 강뒤르라 한들 무엇을 할 수 있었겠는가?

하지만 뭐니 뭐니 해도 진짜 주범은 따로 있다. 곡물 상인이나 '녹색 금'을 찾아 나선 독수리, 거래소를 휘저으며 먹잇감을 노리는 '뱀상어'가 어느 날 갑자기 양심을 되찾기를 기대하는 건 너무도 어리석고 한심한 짓이다. 이익 극대화라는 법칙은 쉽게 무너지지 않을 철칙이다. 그렇다면 어떻게 해야 이 공공의 적을 물리치고 승리를 거둘 수 있단 말인가?

체게바라는 "가장 튼튼한 벽도 조그만 균열로 무너진다"는 중국 속담을 즐겨 인용하곤 했다. 자, 그러면 육중한 콘크리트 덮개로 민중들을 짓누르는 현재의 세계 체제 속에 그 조그만 균열이 최대한 많이 생겨나도록 하자!

안토니오 그람시는 감옥에서 보낸 편지에서 "이성적 비관주의가 의지적 낙관주의로 이끈다"4고 썼다. 독실한 기독교 사상가 페기는 "희망, 조물주 자신마저도 깜짝 놀라게 만드는 창조의 꽃"에 대해 언급했다. 기존 질서와의 결별, 저항, 견제세력에 대한 민중의 지지가 절실하게 필요하다. 모든 차원에서, 즉 세계적이건 지역적이건, 이론이건 실천이건, 이곳이건 다른 곳이건 그렇다는 말이다. 베냉의 로스 베티오, 과테말라의 시에라 데 호토칸의 농민조합원들이나 콜롬비아의 라스 파바스 벼 농사꾼들이 보여준 사례처럼 의지주의에 입각한 구체적인 행동이 필요하다.

우리는 각국의 의회나 국제기구들을 통해 변화를 선택할 수 있다. 식량권에 최우선 순위를 부여하고 기초식량에 대해서는 투기 거래를 금지하며, 식량으로 쓰이는 작물을 바이오연료 생산에 투입하는 것을 금지하고 농가공식품 거래 부문의 문어발식 카르텔을 원천봉쇄하며, 농지 갈취에서 농민들을 보호하고, 인류 문화 자산으로서의 식량 생산 농업을 보존하고, 이의 향상을 위해 세계적 차원의 투자를 고취한다. 해결책은 이미 나와 있으며 이를 강제할 수 있는 무기도 존재한다. 부족한 것이 있다면 각국의 의지뿐이다. 하지만 적어도 서양 국가에서는 투표를 통해, 표현의 자유를 이용해, 총동원령을 통해 급진적으로 각종 연합과 정치를 바꿀 수 있다. 총파업이라고 해서 불가능할 것도 없지 않은가? 민주주의에 무기력이란 있을 수 없다.

오늘날 카사바 농장과 사탕수수밭, 가족 농사와 농가공 기업 사이에는 인정사정 볼 것 없는 치열한 전쟁이 계속되고 있다. 중앙아메리카나 에콰도르의 화산 분화구 발치, 사하라 사막 이남 아프리카, 인도의 마디아프라데시 또는 오리사 평야, 방글라데시의 갠지스 강 삼각주 지대 등 도처에서 농지 경작자와 목축업자, 어부들이 속속 단결하여 조직적인 저항을 전개해나가고 있다.

농가공식품 기업들의 세계 지배는 수억 명을 기아와 결핍의 위험으로 몰아가며 때로는 이들을 죽음에 이르게 한다. 반면 가족끼리 모여 소규모로 식량을 생산하는 농업은 국가의 적절한 지원이 이루어지고 필요한 투자와 생산요소들의 투입이 보장되기만 한다면 생명을 보장해준다. 우리 모두를 위해서.

비아 캄페시나가 2011년 3월 유엔인권위원회 16차 총회에서 제안한 선언문의 서두는 우리 모두에게 엄숙한 일갈을 가한다.

농부들은 세계 인구의 절반을 차지한다. 첨단 기술의 세계에서도 사람들은 누구나 농부들이 생산한 식품을 먹는다. 농업은 단순히 경제적인 활동의 일부가 아니라 생명, 곧 지구상에서 인류의 생존과 밀접하게 연결된 활동이다. 세계 주민의 안전이 농부들의 복지와 지속가능한 농업에 달려 있다. 인간의 삶을 보호하기 위해서는 농민권을 존중하고 이를 실행에 옮기는 일이 중요하다. 그런데 현실에서는 지속적인 농민권 유린이 인간의 삶과 지구를 위협하고 있다.

기아로 대량 살상의 위협을 받는 수억 명의 세계 시민들과 우리의 전적인 연대가 그 어느 때보다 절실하게 필요하다. 메르세데스 소사가 부른 아름다운 노래의 노랫말이 이를 웅변적으로 대변한다.

내가 신에게 요구하는 단 한 가지는

고통이 나를 무심하게 만들지 않도록 해주시고,

창백한 죽음 앞에서 내가

이 지상에서 꼭 필요한 것을 하지 않아

외롭고 공허해지지 않도록 해달라는 것입니다.

감사의 말

에리카 도이버 지글러는 이 책을 쓰는 데 긴밀하게 협조해주었다. 무한한 인내와 지식, 박식함으로 에리카는 열 개가 넘는 이 원고의 초안을 읽고 또 읽고 고치고 새롭게 구성하기를 반복했다. 쇠이유 출판사의 회장 올리비에 베투르네는 제일 먼저 이 책을 내자고 제안했다. 그는 손수 마지막 수정본을 고치고 제목도 달았다. 기운을 북돋아주는 그의 우정은 나에게 늘 결정적인 도움이 된다.

유엔인권위원회의 자문회의에서 함께 일하는 내 동료 크리스토프 골레이, 마르고 브로그니아르, 요아나 시스마스는 자료들을 규합해주었다. 나와 같은 신념을 공유한 그들의 지칠 줄 모르는 참여의식과 출중한 업무 능력은 나한테 더할 나위 없이 소중한 자원이었다.

제임스 T. 모리스, 장-자크 그레스, 달리 벨가스미는 세계식량계획의 문을 활짝 열어주었다. 세계식량농업기구의 자크 디우프와 그의 많은 보좌관들은 나에게 너그러운 지원을 아끼지 않았다.

제네바공화국 및 칸톤 통계청 소속 통계학자 피에르 파울리는 기아, 영양불량과 관련된 엄청난 양의 통계를 내 것으로 소화시키는 데 많은 도움을 주었다.

유엔인권위원회에서 나는 협약 담당 기관과 인권위원회에서 가지쳐 나온 부서의 책임자 에릭 티스투네의 섬세하고 신중하며 분별력 있는 조언에 기댈 수 있었다.

제네바 대학교 경제 대학의 명예학장 베아트 뷔르겐마이어와 은행가 브루노 안데레그는 나를 복잡하고 오묘한 투기 거래와 헤지펀드의 세계에 입문시켜주었다.

프랜시스 지안 프라이스베르크는 17년 동안이나 거대 다국적기업 카길에서 쟁쟁한 브로커로 일한 인물로, 기꺼이 나와 심도 있는 토론을 나누었으며 흔쾌히 내 원고의 일부를 읽어주었다. 나의 주장에는 거의 전적으로 반대하는 입장이었던 그는 격한 감정을 그대로 담은 여러 통의 편지를 보내왔다. 하지만 중개인으로서의 그의 풍부한 경험과 전문가로서의 뛰어난 식견, 우정 어린 관대함은 나한테 더할 나위 없이 소중한 도움이 되었다.

아를레트 살랭은 모범적이라 할 만한 꼼꼼함으로 이 책의 여러 버전을 깔끔하게 정리해주었다. 내가 이 책을 쓰는 내내 아를레트는 기분 좋은 유연성과 열린 마음을 담은 비판을 아끼지 않았다. 나는 사빈 이바흐와 바네사 클링의 통찰력 있는 조언 덕도 많이 보았다. 쇠이유 출판사의 인문과학 편집장 위그 잘롱, 카트린 카믈로, 마리 르멜-리고도 귀중한 도움을 주었다.

쇠이유 출판사 인쇄 담당팀 베네딕트 뒤발-위에, 아니-로리 클레망, 카린 루스동, 베르나데트 모렐, 에르완 드니의 노고도 컸다. 브누아 케르장은 법률적 관점에서 이 책의 최종 원고를 검토해주었다.

모두에게 깊은 감사를 드린다.

옮긴이의 말
분노는 나의 힘

얼마 전에 "분노하라"라는 제목의 책이 국내에서도 번역되어 화제가 된 적이 있다. 솔직히 우리는 분노하라는 외침보다 분노를 잠재우고 평온한 마음을 유지하도록 애쓰라는 가르침에 더 익숙하다. 분노가 무질서하고 혼란스러우며 파괴적인 결과를 가져온다고, 그래서 많은 사람을 불행하게 만든다고 믿기 때문일 것이다. 그런데 벌써 10여 년이 넘는 동안 집요하게 세계의 기아 문제를 천착해왔던 장 지글러의 신작 『굶주리는 세계, 어떻게 구할 것인가?』를 읽다 보면 나도 모르게 분노가 치민다. 이건 나로서도 어쩔 수 없다.

히틀러야 워낙 끔찍한 범죄를 자행한 자이니, 그가 2차대전 무렵 유럽 각지에서 악랄한 기아 계획까지 실시했다는 사실을 새롭게 알았다고 해서 새삼 더 몸서리가 쳐질 건 없다고 하자.

화석연료를 대체할 방편으로서의 바이오연료(이참에 장 지글러를 통해 바이오연료가 안고 있는 불편한 진실을 꼼꼼히 짚어보아야 한다! 바이오연료는 환경 친화적인가? 바이오연료는 과연 화석연료를 대체할 수 있는가? 있다면 어떤 대가 또는 희생을 치러야 그것이 정말로 대체연료로서 정당화될 수 있는가? 기아로 죽어가는 사람의 수가 증가하는 판에 귀한 먹을거리를 고작 자동차 연료로 태워버리는 것은 도의적인가?)를 생산한다는 명분으로 온갖 불법과 편법을 동원하여, 오랜 세월 고향 땅을 일궈온 가난한 농부들의 작은 땅뙈기를 빼앗는 서양의 농가공식품업계 다국적기업들의 행태가 나를 분노하게 하고, 그들 편에 서서 자기 나라 땅을 외국기업에 넘겨주는 매국 행위에 일조하는 시에라리온, 카메룬, 세네갈 등지의 정치가, 공무원들의 작태가 나를 분노하게 한다.

게다가 이들 다국적기업들이 국제통화기금, 세계은행 등의 국제기구의 돈, 다시 말해서 공적 자금, 그러니까 세계 시민들이 낸 세금으로 이런 파렴치한 짓을 저지른다는 대목에 이르면 분노할 기운마저 사라져 버린다.

경제 위기로 유럽 각국이 파산 위기에 처한 은행들을 구제하기 위해 쏟아 부은 천문학적 액수의 돈 때문에 아프리카나 아시아 여러 나라의 가난한 사람들을 먹일 구호 식량 지원금은 대폭 삭감된 반면, 구제금융을 받은 은행의 수장들은 아무 일도 없다는 듯 어머어마한 액수의 보너스를 챙기는 부조리 앞에서는 솔직히 분노가 아니라 "세상은 원래 그런 법"이라는 식의 체념이랄까 냉소주의랄까 싶은 것이 앞서는 것이 사실이다.

그 와중에 기아로 죽어가는 사람은 나날이 증가 추세를 보이며, 우리가 국제 사회의 양심, 든든한 '키다리 아저씨'처럼 여기며 믿는 세계식량농업기구나 세계식량계획이 강대국의 입김 속에서 예산 부족이니 관료주의니 하는 이유 때문에 하루가 다르게 무기력해지고 있다니. 이쯤 되면 꽉 막혀 답답한 가슴에서 탄식과 한숨이 절로 나온다.

그런데 마음속에서 분노와 체념이 버무려져 "계란으로 바위치기"라는 생각이 들 때쯤, 지글러는, 이제까지 내가 그의 책을 세 권 번역하는 동안 늘 그래왔듯이, 희망이란 걸 이야기한다. 브라질의 땅 없는 농민들의 연대나 비아 캄페시나, 기아대책행동, 이웃을 위한 빵 등 기아 방지를 위해 세계 각지에서 숨가쁘게 발로 뛰는 여러 비정부단체들의 활약상을 들려주는 것이다. 정경유착이 횡행하고 민간 거대기업의 탐욕이 도를 넘는 이 시대에, 지글러는 늘 시민 사회에서 희망을 본다.

그는 분노하기 위해 바쁘게 현장을 누비며 발품을 팔았고, 다른 사람들에게도 분노하라고 말하기 위해 부지런히 책을 낸다. 아니, 분노만으로는 충분하지 않다고 말하는 것 같다. 개개인의 분노가 모여 집단의 분노가 되어도 분노가 분노로만 남아 있는 한, 우리는 분노를 야기한 상황을 바꿀 수 없을 것이다. 독서로 인하여 내 사고방식에, 내 생활방식에 변화가 일어나지 않는다면, 그런 독서는 아무 소용이 없다고 하지 않는가.

한 권, 두 권, 세 권, 지글러 책을 번역하다 보니, '블랙리스트'가 그때마다 조금씩 길어진다. 책에 소개된 괘씸한 작태의 회사들을 머릿속에 적어놓고 나 혼자 불매운동 중인 기업 명단이다. 대형마트에 가서 장이라도 볼라치면 사실 그 명단에 올라 있는 회사의 물건을 사지 않기란 얼핏 생각하는 것처럼 쉽지 않다. 거대 다국적기업이라는 말에 걸맞게 그런 회사 제품들이 우리의 일상생활 곳곳에 침투하지 않은 곳이 없기 때문이다. 전에는 무심코 집어 들었던 요구르트, 커피, 생수, 주스, 열대 과일, 통조림, 분유, 파스타 등의 제조사를 꼼꼼하게 살펴 블랙리스트 등재 여부를 살피는 것 정도가 일개 소비자인 내가 할 수 있는 소박한 실천인 것이 부끄럽지만, 그렇게라도 분노를 표출하는 편이 그나마도 하지 않는 무심함보다는 낫다고 믿으련다.

2012년 7월
양영란

주

들어가는 말

1. 보릿고개는 전해의 수확이 바닥나는 시기와 새로운 수확이 있을 때까지의 기간을 가리키며 이 기간 동안 농부들은 돈을 주고 식량을 구입해야 한다.
2. 진흙과 열대지방에서 나는 모래 많은 홍토, 잘게 썬 짚, 쇠똥 등을 섞어서 만든 벽돌.
3. 티모시 스나이더Timothy Snyder, 『피의 나라. 히틀러와 스탈린 사이의 유럽Bloodlands, Europe between Hitler and Stalin』(뉴욕, 베이직 북스, 2010년).
4. 막스 노르트Max Nord, 『굶주린 겨울을 맞이한 암스테르담Amsterdam tijdens des Hongerwinter』(암스테르담, 1947년).
5. 엘제 마르그레테 로에드Else Margrete Roed, 「노르웨이의 식량 현황The food situation in Norway」, 《미국영양협회 저널》, 1943년 12월호.
6. 이 자리를 빌어 나는 특별히 샐리-앤 웨이, 클레르 마혼, 요아나 시스마스, 크리스토프 골레이를 지명하고 싶다. 우리의 홈페이지 www.rightfood.org를 참고하기 바란다. 아울러 장 지글러, 크리스토프 골레이, 클레르 마혼, 샐리-앤 웨이 공저 『식량권을 위한 투쟁. 그간에 얻은 교훈The Fight for the Right to Food. Lessons Learned』(런던, 폴그레이브 맥밀란 출판사, 2011년)도 참조할 것.
7. 블레즈 랑팡Blaise Lempen, 『제네바, 21세기의 실험실Genève, Laboratoire du XXIe siècle』(제네바, 게오르그 출판사, 2010년).
8. 막스 호르크하이머, 『전통적인 이론과 실제적인 이론』(파리, 갈리마르 출판사, 1971년), 10~11쪽. 재판 발행에 붙인 서문.
9. 에른스트 블로흐, 『희망의 원리Das Prinzip Hoffnung』(프랑크푸르트 암 마인, 주어캄프 출판사, 1953년).

1장 기아가 빚어낸 대학살

기아의 지정학

1. 1966년 12월 16일에 열린 유엔총회에서 채택되었음.
2. 예루살렘 판본 성경, 전도서, 34장 21~22절.
3. 피터 피오트, 『제1방어선. 식품과 영양이 HIV/AIDS와의 투쟁에 중요한 이유』(로마, 세계식량계획, 2004년).

4. 국립인구연구소, 파리, 2009년.
5. 이 주제에 대해서 나는 제네바 주 통계청 소속 통계학자인 피에르 파울리의 귀중한 도움을 받았다.
6. 프랑시스 델푀와 베르나르 메르의 공저, 『영양섭취와 환경, 건강. 식량권을 위하여 Alimentation, environnement et santé』[알랭 뷔에와 프랑수아즈 플레 공동 감수] (파리, 엘립스 출판사, 2010년).
7. 세계식량농업기구, 「세계 식량 불안 보고서Report on Food insecurity in the world」(로마, 2011년).
8. 세계식량계획의 예산 폭락에 관해서는 이 책 217쪽을 참조할 것.
9. 국제농업개발기금, 「농촌 빈곤 현황 보고서 2009Rural Poverty Report 2009」(뉴욕, 옥스퍼드 대학출판사, 2010년).
10. 장 페데르Jean Feyder, 『지독한 배고픔. 가난한 나라의 빈곤에서 누가 이익을 취하는가?Mordshunger. Wer profitiert vom Elend der armen Länder?』(베스텐트, 2010년).
11. 아시아에서는 이 비율이 37퍼센트로 올라간다.
12. 「식량권. 과테말라 현장」 보고서, E/CN4/2006/44.Add.1.
13. 2005년 법적 최저임금은 주당 38케찰(1US달러는 7.5케찰)이다.
14. 식량 정보와 행동 네트워크Food Information and Anction Network, FIAN, 『과테말라의 식량권』(하이델베르크, 2010년).
15. 욜란다 아레아스 블라스, 2011년 3월 8일 '농민의 식량권을 증대시켜야 할 필요성'을 주제로 제네바에서 개최된 회의에서의 발언.
16. 이후에 나오는 모든 그래프와 표는 「세계 식량 불안 보고서」(로마, 세계식량농업기구, 2010년)에서 인용했다.
17. 오세아니아 포함.
18. 2009년과 2010년 관련 수치는 세계식량농업기구가 미국 농업부(경제연구 분과)의 자료를 근거로 예측한 추산치.
19. 미국 비정부단체의 보고에 따르면 상황은 직원들이 원아들을 기아 상태로 방치해두는 고아원들의 경우가 특별히 심각하다. 예컨대 우크라이나의 토레즈에 있는 고아원에서 해마다 굶주림으로 죽어가는 어린이의 비율은 100명 중 12명꼴이다. 더구나 장애아들의 비율이 높다. "우크라이나 고아원들은 장애아들을 굶겨죽인다"고 런던의 《선데이 타임스》는 보도했다.
20. 「자기 집안에서도 굶주려야 하는 자들」, 《네그리지아》, 베로나, 2009년 7-8월호

보이지 않는 기아

1. 한스 콘라트 비잘스키, 「부영양소, 상처 치료와 욕창 예방」, 《뉴트리션Nutrition》, 2010년 9월호
2. 하르트빅 드 하엔Hartwig de Haen, 「식량에 대한 인간의 권리Dans Menschenrecht auf Nahrung」, 아인베크 노르트하임 학회, 2011년 1월 28일
3. 「숨겨진 기아」, 《이코노미스트》, 2011년 3월 26일자.
4. 기아대책행동, 「영양불량을 끝내기 위하여, 우선순위의 문제」(파리, 2008년).

오래 지속되는 위기

1. 폴 콜리어Paul Collier, 『최하위층 10억 명. 어째서 최빈국은 실패를 거듭하며 그 같은 사태를 방지하기 위해서는 무엇을 해야 하는가』(런던, 옥스퍼드 대학출판부, 2008년).
2. 2010년 5월 6일, 제네바에서 열린 그린피스 스위스의 기자회견. 아레바/니제르 파일.
3. 2011년 초 자유선거를 통해 마하마두 이수푸가 집권했다. 그는 뛰어난 토목 기사이며 아레바의 간부로 일한 경력이 있다.
4. 예루살렘 판본 성경. 출애굽기, 10장 14~15절.
5. 「유엔의 가자 지구 갈등 관련 사실 탐사 임무 보고」(유엔, 뉴욕, 2009년). 인권위원회가 파견한 조사위원단은 남아프리카공화국 출신 판사 리차드 골드스톤이 단장이 되어 이끌었다. 826쪽에 달하는 이 보고서를 지칭하기 위해서 나는 앞으로 「골드스톤 보고서」라는 용어를 쓸 것이다. 이 보고서는 2010년 노이젠부르크의 멜저 출판사에서 상업용으로 출판됨으로써 일반 독자들도 읽을 수 있게 되었다. 스테판 에셀이 서문을 쓰고 일란 파페가 발제문을 썼다.
   2011년 리차드 골드스톤은 그가 속한 종교 공동체의 압력에 못 이겨 보고서의 일부 결론을 수정하고자 했으나, 위원회 대다수 위원들의 반대로 뜻을 이루지 못했다.
6. 유엔의 팔레스타인 영토 특별조사관 리차드 포크의 보고서 가운데 특히 2010년 6월, 8월, 2011년 1월 보고서를 참고할 것. A/HR HRC/ 13/53, A/HRC 16/72.
7. 카렌 아부 자이드는 2009년 말까지 유엔 팔레스타인 난민 구호 사업 기구 사무총장직을 수행했다.
8. 국제적십자사, 「가자 봉쇄」(제네바, 2010년 6월 14일). 크리스토프 오베를란의 『가자 일기』(파리, 드므르네 출판사, 2011년)도 참조할 것. 국제 앰네스티의 『이스라엘 봉쇄령 치하의 가자 여행』(런던, 2010년)도 도움이 된다.
9. 노르웨이 의사인 마츠 길버트와 에릭 포세의 보고서 『가자의 눈』(런던, 쿼텟 북스 출

판사, 2010년)을 읽어볼 것.
10. 골드스톤 보고서, 6장 「사상자」 참조. 이스라엘 병사들 중에서는 10명의 사망자가 발생했는데, 이들 중 몇몇은 이스라엘 군대가 "우방 사격"이라는 이름으로 가한 사격으로 사망했다.
11. Ibid, 13장 「팔레스타인 생활 기반시설 파괴, 식량 생산과 식수 공급 설비에 대한 공격」.
12. Ibid, 11장 「민간에 대한 고의적 공격」.
13. 2011년 2월 무바라크 정권의 추락에도 불구하고 이집트는 여전히 이스라엘과 미국의 보호령 구실을 하고 있다. 카이로에 소집된 군사위원회는 라파 봉쇄를 유지하고 있다. 《르몽드》, 2011년 8월 15일자.
14. 스테판 에셀과 미셸 바르샤브스키, 2011년 3월 13일 제네바 대학에서 "전쟁범죄, 가자 봉쇄령"이라는 제목으로 열린 학회에서의 발언.
15. 줄리엣 모릴로와 도리앙 말로비크, 『탈북자, 그들의 증언』(파리, 벨퐁, 2004년). 만주나 남한으로 건너오는 데 성공한 탈북자들의 증언.
16. 《르몽드》, 2011년 5월 12일, 14일자.
17. 북한의 굶주린 자들을 돕자는 호소에 불참한 비정부단체와 국가들은 그들의 지원이 집권세력에 의해 지배계급과 군대를 위한 식량으로 쓰이는 일을 막기 위해서라는 이유를 들어 불참을 정당화한다.
18. 북한에 관한 국제 앰네스티 보고서(런던, 2011년 5월 3일).
19. 전통적으로 남북한에서 가족이라고 하면 아버지, 어머니, 형제자매뿐만 아니라 조부모, 사돈, 이모, 고모, 조카들을 비롯하여 혈연 또는 결혼에 의해 맺어진 모든 친척들을 뭉뚱그려 일컫는다. 줄리엣 모릴로와 도리앙 말로비크의 『탈북자, 그들의 증언』, op. cit., 30쪽 참조.
20. 국제 앰네스티는 이들 수용소에서 "소요를 일으키는" 수감자들(여기에는 어린이들도 포함된다)이 시멘트로 만든 통 속에 갇혀 지내는 모습을 생생하게 묘사했다. 그 상자 속에서는 일어설 수도 누울 수도 없다. 앰네스티 측은 이런 상자 속에 무려 8개월 동안이나 갇혀 있었던 청소년의 사례를 폭로했다.

세아라의 이름 없는 아이들의 묘지
1. 브라질의 대교구들이 그렇듯이 세아라 교구 역시 웅장한 주교궁을 소유하고 있다. 1964년 그곳에 부임한 프라고소는 주교궁에 들어가는 것을 거부했다. 파라이바 주 내륙 지방 출신인 돔 안토니오 바티스타 프라고소는 2006년에 82세의 나이로 세상

을 떠났다.
2. 엔버 호자(Enver Hoxha) 시절 라디오 티라나는 문자 그대로 포르투갈어를 포함하여 여러 나라의 언어로 전 세계를 상대로 혁명을 전파했다.

하느님은 농부가 아니다
1. 베른 선언, 2009년 2월 1일자 회보.
2. 새천년 개발 목표 제1항은, 다시 한 번 말하거니와, 2015년까지 극도의 빈곤과 기아로 인한 희생자 수를 절반으로 감소시키자는 것이다.
3. 세계기후기구, 「강수에 의존한 평균 옥수수 생산량과 관개에 의한 평균 옥수수 생산량」(제네바, 2006년).
4. 장 페데르, 『지독한 배고픔. 가난한 나라의 빈곤에서 누가 이익을 취하는가?Mordshunger. Wer profitiert vom Elen der armen Länder?』, op. cit.
5. 마마두 시소코(Mamadou Cissokho, 『하느님은 농부가 아니다Dieu n'est pas un paysan』(파리, 프레장스 아프리켄 출판사, 2009년).

무관심과 냉소가 키우는 굶주림
1. 장-샤를 앙그랑(Jean-Charles Angrand)이 2010년 12월 26일에 저자에게 보낸 편지.
2. 연방 정부의 장관들을 일컫는 말.
3. 프랑수아 수당, 「여자와 아이들은 맨 나중에」, 《쥔느 아프리크》, 파리, 2010년 8월 1일.
4. 토니 블레어, 『여행 A Journey』, 런던, 허친슨, 2010년. 나는 이 책의 독일어판 『나의 길Mein Weg』(뮌헨, 베텔스만, 2010년), 623쪽에서 인용했다. 이 책은 프랑스어로도 번역되어 같은 해 알뱅 미셸 출판사에서 나왔다.
5. 《이코노미스트》, 런던, 2009년 11월 21일자.
6. Ibid.

기아가 낳은 끔찍한 질병, 노마
1. www.windsofhope.org. 이 기구는 로잔에 본부를 두고 있다.
2. BBC의 프로그램 제작자 벤 퍼지엘은 "노마는 당신이 저지르지도 않은 범죄에 대한 형벌처럼 작용한다"고 말했다. 2010년 6월에 BBC에서 방영된 영화 〈나에게 새 얼굴을 주세요〉는 영국의 비정부단체 페이싱 아프리카(Facing Africa)가 나이지리아에서 벌이는 노마와의 투쟁을 보여준다.
3. www.sentinelles.org. "상처받은 동심을 돕기" 위해 에드몽 카이저가 설립한 이 비

정부단체는 로잔에 본부를 두고 있다.
4. 쿠르트 보스Kurt Bos와 클라스 마르크Klaas Marck, 「노마의 외과적 치료」(네덜란드 노마 재단, 2006년).
5. 클라스 마르크, 「노마의 역사. 빈곤의 얼굴」, 《성형과 재건 수술Plastic and Reconstructive Surgery》, 2003년 4월호.
6. 시릴 엔원우Cyril Enwonwu, 「노마. 극빈으로 인한 회저」, 《뉴 잉글랜드 저널 오브 메디슨New England Journal of Medicine》, 2006년 1월호.
7. 레일라 스루르, 「라오스의 노마 현황. 아시아 농촌의 심각한 빈곤이 남긴 상처」, 《미국 열대 의학과 위생 저널American Journal of Tropical Medicine and Hygiene》, 2008년 7호.
8. www.nonoma.org.
9. 아시아에 관해서는 믿을 만한 통계가 나와 있지 않다.
10. 알렉산더 피거, 「북서 나이지리아의 노마 환자 추정치」, 《트로피칼 메디슨 앤 인터내셔널 헬스Tropical Medicine and International Health》, 2003년 5월호 참조.
11. 알렉산더 피거, 「북서 나이지리아의 노마 환자 추정치」, op. cit.
12. 베르트랑 피카르, 「우리의 목표: 세계적 차원에서 노마 퇴치를 위한 날 제정」, 《트리뷴 메디칼Tribune médicale》, 2006년 7월 29일자.

2장 의식의 각성

기아가 숙명이라고!

1. 토마스 맬서스Thomas Malthus, 『위기The Crisis』, 1796년에 집필했으나 출판사를 찾지 못해 발표가 지연됨.
2. 부제는 판이 거듭됨에 따라 "인구에 관한 원칙론. 인간의 행복에 영향을 끼치는 과거와 현재에 대한 전망An Essay fo the Principle of Population, a View of its Past and Present Effects on Human Happiness"으로 바뀌었다. 이후에 나오는 인용문들은 피에르 테이유가 번역하고 서문을 붙인 1963년 세게르 출판사 판본에서 따왔다.

세계식량농업기구의 창시자, 조수에 데 카스트로

1. 루드비히 포이어바흐Ludwig Feuerbach, 『철학 선언Manifestes philosophiques』, 루이 알튀세르가 프랑스어로 옮긴 번역본(파리, PUF 출판사, 1960년) 57~58쪽.
2. 비옥한 지역은 해안에서 시작하여 내륙 쪽으로 60킬로미터 정도 들어간 곳까지 펼쳐진다. 그 너머로는 거대한 세르탕의 건조 지대가 이어진다.

3. 이 책은 1949년에 벌써 프랑스어로 번역되었다. 조수에 데 카스트로, 『기아의 지리학 Géographie de la faim. La faim au Brésil』(파리, 레제디시옹 우브리에, 경제와 인본주의 총서, 1964년). 쇠이유 출판사가 이 책의 판권을 사들여 『기아의 지리학. 브라질의 딜레마. 빵이냐 철이냐』라는 제목으로 출간했다.
4. 조수에 데 카스트로, 『노르데스테 관련 자료Documentário do Nordeste』(리우 데 자네이루, 리브라리아 호세 올림피오, 1937년).
5. 조수에 데 카스트로, 『섭생과 인종Alimentação e raça』(리우 데 자네이루, 시빌리자사웅 브라질레이라, 1935년).
6. 1950년에 재집권에 성공한 바르가스는 불신임을 받아 1954년에 사임한다. 그는 리우 데 자네이루의 카테테 궁에서 심장에 총을 쏘아 스스로 목숨을 끊었다.
7. 이 가운데 절반 정도는 세계의 주요 언어로 번역되었다.
8. 알랭 뷔에Alain Bué, 「먹어야만 하는 비극적 필요성La tragique nécessité de manger」, 《폴리티스 Politis》, 파리, 2008년 10–11월호. 알랭 뷔에는 1968년에 세워진 뱅센 실험대학(후에 뱅센 대학으로 바뀜)에서 조수에 데 카스트로의 조교로 일했다. 현재 파리 8대학 교수인 그는 조수에 데 카스트로의 지적 후계자이며 프랑스에서 그의 저작을 지키고 소개하는 주역이다.
9. 조수에 데 카스트로, 『기아의 지정학Geopolitica da Foma』(리우 데 자네이루, 카사도 에스투디안테 도 브라질, 1951년).
10. Ibid.
11. 조수에 데 카스트로, 『기아의 지정학Géopolitique de la faim』(파리, 레제디시옹 우브리에, 경제와 인본주의 총서, 1952년) 프랑스어 판본에는 막스 소르가, 미국과 영국 판본에는 펄 벅과 존 보이드 오어 경이 각각 서문을 붙였다.
12. 기독교 계통 경제학자협회인 '경제와 인본주의'는 도미니코 수도회의 루이-조제프 르브레 신부에 의해 1941년 마르세유에서 창설되었다.
13. 조수에 데 카스트로, 『기아의 지정학』, op. cit.
14. 조수에 데 카스트로, 『기아 흑서Le Livre noir de la faim』(레제디시옹 우브리에, 1961년).
15. 브라질을 식민지로 만드는 과정에서 포르투갈 왕은 귀족들에게 해안 지역 땅을 나누어 주면서 내륙의 땅을 복속시키라는 임무를 주었다. 왕에게서 토지를 하사받은 귀족들은 전투를 지휘하는 카피텐이 되었으며, 그들이 인디언 원주민들에게서 빼앗은 토지는 카피타네리아 또는 도나타리우donatário가 되었다. 현존하는 라티푼디움의 대부분은 예전의 카피타네리아다.

16. 브라질에서 군인 경찰대는 프랑스의 헌병대 역할을 한다.
17. 나는 여기서 농민연맹에 귀중한 지원을 아끼지 않았던 노르데스테 출신 두 사제에게 경의를 표하고자 한다. 당시 리우 데 자네이루의 보좌 주교였으며 훗날 헤시피와 올린다의 대주교가 되는 돔 헬데르 카마라와 포르탈레자 출신으로 코파카바나의 빈민들을 위한 삶을 산, 잊을 수 없는 신부 이탈로 코엘료이다.
18. 그는 1952년에 처음으로 이 전략적인 자리에 선출되었고 아주 예외적이게도 특례로 연임에 성공한다.
19. 미구엘 아라에스, 저자와의 대화 중에서.
20. 그의 저작은 모두 쇠이유 출판사에서 발간되었다.
21. PUF 출판사.
22. 쇠이유 출판사.
23. 쇠이유 출판사의 "에스프리" 총서.
24. 루이-조제프 르브레Louis-Joseph Lebret에 대해서는 『자선의 차원Dimension de la charité』(파리, 레제디시옹 우브리에, 1958년), 『개발의 구체적인 역동성 Dynamique concrète du développement』(파리, 레제디시옹 우브리에, 1967년)을 읽어볼 것을 권한다.
25. 질리아 H. 팔보Gilliat H. Falbo, 로베르토 부제티Roberto Buzzetti, 아드리아노 카타네오Adriano Cattaneo, 「살인 사건의 희생자 어린이와 청소년. 헤시피의 사례—증언을 중심으로」, 제네바, 세계보건기구 회보, 2001년 기사 모음집 5호.
26. 그에게 연락하고자 하는 사람은 demetrio@gmail.com을 이용할 것.
27. 쇠이유 출판사에서 나왔다.

히틀러가 세운 기아 계획

1. op.cit., 341쪽 이하.
2. 1943년 세계 유대인 대회는 보리스 슈브의 지휘로 「유럽 전역의 기아」라는 제목의 자료집을 발행했다. 인용문은 그 자료집에서 따왔다.
3. 그곳을 가로지르는 바르타 강에서 따온 이름.
4. 쿠르치오 말라파르테Curzio Malaparte, 『카푸트Kaputt』(프랑크푸르트, 피셔 페어락, 2007년), 182쪽 이하.
5. 엘제 마르그레테 로에드Else Margrete Roed, 「노르웨이의 식량 현황The food situation in Norway」, 《미국영양협회저널》, 1943년 12월호.
6. 마리아 바비카Maria Babicka, 「폴란드 내부의 식량 상황The current food situation

inside Poland」,《미국영양협회저널》, 1943년 4월호.
7. Ibid.
8. 쳰케 나이첼, 하랄트 바이저,「용서는 아직 나오고 있지 않다Pardon wird nicht gegeben」,《독일과 국제정치 저널Blaetter für deutsche und internationale Politik》, 2011년 6호.
9. 아담 호크쉴드Adam Hochschild,《하퍼스 매거진Harpers Magazine》, 뉴욕, 2011년 2월호.
10. 티모시 스나이더,『피의 나라. 히틀러와 스탈린 사이의 유럽Bloodlands, Europe between Hitler and Stalin』(뉴욕, 베이직 북스, 2010년).
11. 막스 노르트Max Nord,『굶주린 겨울을 맞이한 암스테르담Amsterdam tijdens des Hongerwinter』(암스테르담, 1947년).
12. 아담 호크쉴드의 위에 인용한 기사 참조.

암흑 속의 한줄기 빛, 유엔과 식량권
1. 조수에 데 카스트로,『기아의 지정학』, op. cit., 350쪽.
2. Ibid., 359쪽.
3. 에드가 피사니가 쓴 아름다운 책『노인과 토지Le Vieil homme et la terre』(파리, 쇠이유 출판사, 2004년), 같은 작가의『혁명 만세Vive la révolte!』(파리, 쇠이유 출판사, 2006년)를 보라.
4. 조수에 데 카스트로,『기아의 지정학』, op. cit., 361쪽.
5. 이 네 가지 자유는 1932년 그를 대통령직에 앉혀준 뉴딜 정책 프로그램의 중심축을 구성하는 요소이기도 했다.
6. 존 보이드 오어John Boyd Orr,『전후 세계 재건에서 식량의 역할The Role of Food in Postwar Reconstruction』(몬트리올, 노동청, 1943년).

처치 곤란한 관, 조수에 데 카스트로 그 이후
1. 레오넬 브리졸라Leonel Brizola는 주앙 골라르트의 누이와 결혼했다. 그는 주앙처럼 브라질 노동당의 지도자였으며 쿠데타가 일어나기 직전에는 리우 그란데 두 술 지방 주지사이자 연방 의회 의원이기도 했다.
2. 브리졸라와 골라르트는 우루과이로 탈출해서 체포를 면했다.
3. 지우마 호세프Dilma Rousseff는 특수경찰 기동대에게 체포되어 여러 주일 동안 고문당했다. 그래도 아무 이름도 불지 않은 것으로 유명하다. VAR-팔마레스는 무장 혁명

전위대(Vanguardia armada revolucionaria)-팔마레스를 뜻한다. 팔마레스는 18세기 에스피리투 산토 주에서 항거를 시도했던 노예공화국의 이름이다.
4. 프랑스어 제목은 『주인과 노예』이며 로제 바스티드가 번역하고 뤼시앵 페브르가 서문을 썼다.(파리, 갈리마르, 1963년).
5. 헤시피에 있는 그의 자택을 가리키는 말.
6. 알랑 카르덱, 브라질에서 19세기에 유행한 영성 학파를 프랑스로 들여온 인물.
7. 장 지글러, 『산 자와 죽음Les Vivants et la Mort』(파리, 쇠이유 출판사, 1975년, 푸엥 총서, 1978년, 2004년).

3장 식량권의 적

신자유주의를 수호하는 십자군 원정대

1. 앤드류 클래펌Andrew Clapham, 『비국가적 주역들의 인권 차원의 의무Human Rights Obligations of Non-State Actors』(옥스퍼드, 옥스퍼드 대학출판부, 2006년).
2. 댄 모건Dan Morgan, 『곡물상인. 세계 식량 공급 중심부에서 5개 거대기업의 역량과 그들이 거두는 이익Merchants of Grain. The Power and Profits for the Five Giant Companies at the Center of the World's Food Supply』(뉴욕, 바이킹 프레스, 1979년 초판).
3. 2010년 통계치.
4. 이 분석은 「발전권을 포함하여 시민권, 정치경제, 사회, 문화권 등 인간의 모든 권리의 증진과 보호」라는 제목을 붙여 인권위원회에 제출한 나의 보고서에서 재인용했다. 식량특별조사관의 보고서, 장 지글러, A/HRC/7/5.
5. 데니스 호먼Denis Horman, 「농가공식품 부문 다국적기업의 권력과 전략Pouvoir et stratégie des multinationales de l'agroalimentaire」, 《Gresea》(Groupe de Recherhe pour une stratégie économique alternative 대안경제 전략 연구 그룹), http://www.gresea.be/EP_06-DH_Agrobusiness_STN.html//_ed , 2006.(현재 페이지 삭제).
6. 도안 부이Doan Bui, 『굶주린 자들. 기아 별로의 여행Les Affameurs. Voyage au coeur de la planète faim』(파리, 에디시옹 프리베, 2009년), 13쪽.
7. 이 책은 1959년 뉴욕에서 선물거래연구소의 주선으로 처음 발표되었다. 1934년에 설립된 선물거래연구소는 농업 원자재의 가격, 생산, 유통, 소비 등의 동향을 관찰하고 분석한다.
8. 주앙 페드로 스테딜레João Pedro Stedile, 콜린 세로Coline Serreau, 『글로벌 무질

서를 해소하기 위한 로컬 해결책』에 수록(아를, 악트 쉬드 출판사, 2010년). 스테딜레는 브라질 무농지 농업노동자 운동을 이끄는 주요 지도자 가운데 한 사람이다. 자밀 샤드Jamil Chade, 『O mondo não é plano. A tradegia silenciosa de 1 bilháo de famientos』(상파울루, 에디토라 사라이바, 2010년).
9. 푸드 앤 워터 워치Food and Water Watch(워싱턴 D.C., 2009년). 물론 카길은 이 보고서에 들어 있는 문책 사항을 부인한다.
10. 카길의 미국 내 목축업 목장에서는 70만 마리의 소를 동시에 기를 수 있다.(2010년 통계)
11. 미 국무성은 또한 이 어린이들이 받는 면화 1킬로그램당 5센트라는 현저하게 낮은 임금도 비판했다. 주어진 하루치 양을 채우지 못하는 어린이들은 심하게 매를 맞기도 한다.
12. 댄 모건, 『곡물상인』, op. cit. 이 책이 출간된 후 카길은 트라닥스를 사들였고 콘티넨탈은 무역 부문을 카길에 팔았다. 원양을 항해하는 선박(곡물상인들 용어로는 '플로트float'라고 한다)은 일반적으로 2만 톤 이상의 짐을 운반한다.
13. 짐 프로코판코, 벤야민 보이틀러와의 인터뷰, 「집중된 권력Konzentrierte Macht」, 《젊은 세계Die Junge Welt》, 베를린, 2009년 11월 23일자.
14. 프랑스에서는 연평균 7만 6천 톤의 살충제를 사용한다.
15. 농민단체인 Ekta Parichad가 작성한 농촌의 부채 현황 관련 자료(뉴델리, 2011년)를 참조하라. Ekta Parishad는 농민이 자신을 빚더미로 몰아간 바로 그 물질, 즉 살충제를 마심으로써 목숨을 끊는 이 상징적인 미스터리에 주목한다.
16. 크리스토프 골레이, 「식량권과 사법권 접근성」, 박사 학위 논문(제네바 국제 발전 고등연구소, 2009년, 브륄라르 출판사, 2011년).
17. 인디아 대법원, 민간 판례문, 청원장(2001년 196호).
18. 위에 인용한 크리스토프 골레이의 박사학위 논문을 참조할 것.
19. 콜린 곤살베스Colin Gonsalves, 『인도의 경험에 관한 고찰Reflections on the Indian Experience』, 스콰이어스 외, 『구제를 향한 길. 경제적, 사회적 및 문화적 인권 소송의 현재 문제The Road to a Remedy. Current Issues in the Litigation of economic, social and cultural Human Rights』(시드니, 오스트레일리아 인권센터, 2005년).
20. 콜린 곤살베스 외, 『식량권. 인권 법률 네트워크Right to food, Human Rights Law Network』(뉴델리, 2005년). 대법원에 출두하기에 앞서 피해자는 지역 차원에서 할 수 있는 모든 수단을 강구해야 한다.

21. 비정부단체 테르데좀므Terre des Hommes 창시자.
22. 이 소송의 판결에 관해서는 『남아프리카의 고등 법원High court of South Africa』, 린다웨 마지부조Lindiwe Mazibujo 외, 「요하네스버그의 도시에 대해서contre la ville de Johannesburg」, 2008년 4월 30일자 참조.
23. 서구 주요 거대 다국적기업들과 월가의 투자 은행, 미국 연방준비은행, 세계은행, 국제통화기금 사이에 1980년대와 1990년대에 걸쳐 조인된 일련의 비공식 협약 전체를 통틀어 "워싱턴 합의"라고 한다. 이 협약은 모든 규제를 철폐하고 시장을 자유화하며 국가가 배제된 글로벌 통치 체제를 정착시키는 것, 다시 말해서 단일화되고 자율적인 세계시장 추구를 목표로 지향한다. "합의"의 바탕이 되는 원칙들은 1989년 당시 세계은행의 책임경제학자이며 부총재였던 존 윌리엄슨이 체계화했다.

빈곤을 키우는 세계기구들

1. 2010년 세계은행의 자회사인 국제금융 코퍼레이션International Finance Corporation은 아프리카, 아시아, 라틴 아메리카 33개국의 식량 생산 농업 진작을 위해 24억 달러를 풀었다. "묵시록의 기사들"이라는 표현은 졸저 『세계의 새로운 주인Les Nouveaux Maîtres du monde』(파리, 파야르 출판사, 2002년, 쇠이유의 푸앵 총서 2007년)에서 다시 따왔다.
2. 마르셀 마주아이에, 「식량 위기와 금융 위기」 국제학술대회(유엔무역개발회의, 2009년 6월); 「자유방임적 세계화와 빈곤」, 《알테르나티브 쉬드》, 2003년 4호; 『세계의 농업과 식량 균열』, 로랑스 루다르와의 공동 연구(파리, 2005년).
3. 장 지글러, 『마니에마의 황금』, 소설(파리, 쇠이유 출판사, 1996년, 푸앵 총서 2011년).
4. 조지 무스는 신보수주의자들이 백악관에 입성할 때 외교가를 떠났다.
5. 빈곤, 기아와의 투쟁을 위해 1942년에 창설된 비정부단체.
6. 「무역자유화가 빈곤층에 미치는 영향, 규제 철폐와 인권 부정」(옥스팜/IDS 연구 프로젝트, 2000년).
7. 장 페데르, 『지독한 배고픔Mordshunger』, op. cit., 17쪽 이하.
8. 라틴 아메리카에서 가장 규모가 큰 빈민가 가운데 하나로 포르토프랭스 언덕 아래쪽, 카리브 해 연안에 자리 잡고 있다.
9. 샐리-앤 웨이, 『거시경제 정책이 식량권에 미치는 영향. 잠비아의 사례』(런던, 옥스팜, 2001년).
10. 가야-마가는 소닌케족의 언어로 "황금왕"을 뜻한다.

자유교역이 죽음을 불러온다

1. 세계식량계획의 『견해서』(2005년 12월 8일).
2. 장 드레즈, 아마티아 센, 아타르 후사인, 『기아의 정치경제학』(옥스퍼드, 클라렌든 출판사, 1995년).
3. 국제농업개발기금의 본부는 로마에 있다.
4. 1루피는 10유로 센트에 약간 못 미친다.(2005년 환율 기준)

자유교역의 전도자, 세계무역기구 수장 파스칼 라미

1. 소니아 아르날, 《르 마탱-디망슈》, 로잔, 2010년 12월 12일자.
2. 파스칼 라미Pascal Lamy, 『제1선에 선 유럽L'Europe en première ligne』, 에릭 오르세나의 서문(파리, 쇠이유 출판사, 2002년). 특히 147쪽 이하를 읽어볼 것.
3. 하지만 한 가지 사실만은 유보해두겠다. 바로 가장 발전이 뒤떨어진 50개국을 위해서는 몇몇 상품들에 한해서 북반구 시장 진입에 특별한 혜택이 주어졌다는 점이다.
4. 올리비에 드 슈터Olivier De Schutter, 「세계무역기구 관련 임무」, 유엔 자료 A/HRC/10/005/Add2.
5. 특히 다카르에서 열린 "2011년 2월 세계사회포럼(FSM)을 위한 개념적 구상"을 참조할 것. 사미르 아민이 주재하는 학술위원회에서 작성한 자료. 이외에 비아 캄페시나가 제출하고 세계사회포럼 총회에서 채택된 자료도 참고할 것.

4장 세계식량계획의 파산과 무기력한 세계식량농업기구

억만장자 짐 모리스의 눈물

1. 2008년 남오세티야와 압하스는 독립을 선언했으며 러시아와 몇몇 연합 국가들은 이들의 독립을 인정했다.
2. 시디 부지드는 2010년 12월 17일에 물꼬를 튼 튀니지 혁명의 시발점이 된 도시다.
3. [결의안] "권리에 입각한 기아 접근"이라는 제목은 상당히 웅변적이다.
4. 그는 현재 그의 고향인 인디애나폴리스에 물을 공급하는 IWC 자원공사, 인디애나폴리스 수도 회사의 회장직을 맡고 있다. 게다가 미국에서 가장 명성 높은 농구팀 '인디애나 페이서스'의 구단주이기도 하다.

한쪽이 부를 쌓을 때 다른 쪽은 굶주린다

1. 무기질과 비타민을 강화한 대두, 강낭콩을 비롯한 몇몇 콩과식물, 채유식물, 분유 등의 혼합물을 가리킨다. 세계식량계획이 특별히 고안한 이 식품들은 물에 풀어 죽처

럼 먹는다.
2. 「허기를 달래주는 것이 정치 쟁점이 될 때」,《이코노미스트》, 2010년 3월 20일자.

방글라데시의 빈민, 잘릴 질라니와 그녀의 자식들
1. 1950년에 50만 명이던 다카의 인구는 현재 1,500만 명으로 불어났다.
2. 2005년 환율 기준.
3. 2005년 환율 기준.
4. 비정부단체 베른 선언의 회보, 베른, 2005년 3호.

세계식량농업기구 대표 디우프, 다국적기업에 무너지다
1. 세계식량농업기구의 직원은 약 1,800명으로 이들 대부분이 로마의 본부에서 일한다.
2. 세계식량농업기구는 일부 프로그램의 운영을 위해서는 주어진 예산 외에 기부금을 받는다.
3. 그레이엄 핸콕, 『빈곤의 제후들. 국제 구호 사업의 허와 실Lords of Poverty. The Prestige and Corruption on the International Aide Business』(런던, 맥밀란 출판사, 1989년).
4. 《이칼러지스트The Ecologist》, 1991년 3-4월호.
5. 2002년 6월 13일, 제2회 세계 식량 총회 기간 중 BBC가 내보낸 방송 중에서.
6. 자크 디우프는 최근 유능하고 가슴 따뜻한 브라질 출신 조세 그라지아노에게 자리를 넘겨주었다. 1기 룰라 정부에서 장관을 지낸 그는 '기아 제로' 운동을 창시한 주역이기도 하다.
7. 사담 후세인의 실권은 이라크 국민의 대다수를 구성하는 시아파 정부가 바그다드에 발붙일 수 없게 됨을 의미한다. 그런데 서구 국가들은 이라크 시아파라면 끔찍하게 싫어한다. 여기에는 중세로의 회귀를 연상시키는 테헤란 독재 정권 역시 시아파 정권이기 때문이라는 이유도 작용하는 것으로 보인다.
8. 이라크는 1,120억 배럴이라는 매장량으로 사우디아라비아(2,200억 배럴)의 뒤를 이어 세계 2위 산유국의 자리를 지키고 있다. 매장량 8,000억 배럴로 이란이 그 뒤를 따른다. 1배럴은 159리터다.
9. 한스 크리스토프 폰 스포네크Hans-Christof von Sponeck, 『또 다른 종류의 전쟁. 이라크에서의 유엔의 제재 체제』(런던, 버간, 2007년).
10. 한스 크리스토프 폰 스포네크, 안드레아스 추마크 공저, 『이라크, 고의로 일으킨 전쟁일지. 세계여론은 어떻게 조종당했으며 국제적인 권리는 어떻게 유린당했는가』

(이 책은 프랑스어로 번역되지 않았다).
11. 독일 비정부단체 메디코 인터내셔널의 추정치.
12. 몇 대 정도는 그래도 수입 허가를 받았으나 그것도 1, 2년 정도 늦게 배달되었으며, 배달된 구급차에는 전화가 장착되어 있지 않았다.
13. 세우수 아모링, 스페인어 판본에는 한스 크리스토프 폰 스포네크가 서문을 달았다. 『이라크의 해부』(마드리드, 동양과 지중해 출판사, 2007년).
14. 《뉴 스테이츠먼New Statesman》, 런던, 2010년 9월 2-3일자.
15. 유엔 사무총장을 비롯하여 주요 부총장과 그들의 보좌관들의 집무실이 위치한 층.
16. 한스 크리스토프 폰 스포네크의 『또 다른 종류의 전쟁』, op. cit.
17. Ibid.
18. 이 프로그램과 관련한 몇몇 계좌는 바그다드 주재 미국 총독 폴 E. 브리머가 관리하는 이라크 개발 펀드로 이체되었다. 자코바 리바 친드라자나리벨로의 『유엔의 제재와 그로 인한 부작용』(파리, PUF 출판사, 2005년)도 참조할 것.

5장 "녹색 금"을 노리는 독수리 떼
바이오연료, 기아의 새로운 원흉
1. 브느아 브알뢰Benoît Boisleux, 「바이오연료가 미국의 근본적인 원자재 균형에 미치는 영향」(취리히, 2011년).
2. R. P. 화이트, J. 내코니, 『건조 지대, 주민과 생태계, 웹에 기초한 지리공간적 분석』(워싱턴, 세계자원연구소, 2003년).
3. 이들은 콜럼버스의 아메리카 발견 이전부터 이미 공동체 사회를 구성하고 살았으나 오늘날 에보 모랄레스가 이끄는 볼리비아에서 새삼 가시화되었다.
4. 유럽의 생태계 파괴의 원인과 현상에 대해서는 콜린 세로의 『세계적 질서 파괴 현상에 대한 지역적 해결책』, op. cit.을 읽어볼 것. 같은 제목의 고품격 영화도 참조할 것.
5. 리카르도 페트렐라Riccardo Petrella, 『물 선언Le Manifeste de l'eau』(로잔, 파지 되 출판사, 1999년); 기 르 무아뉴와 피에르 프레데리크 테니에르-뷔쇼의 『내일을 위한 물』, 《르뷔 프랑세즈 드 제오에코노미》, 1997-1998년 겨울 특별호.
6. 피터 브라베크 레트마테, 《노이에 취르허 자이퉁Neue Zürcher Zeitung》, 2008년 3월 23일자.
7. 《라 트리뷴 드 주네브La Tribune de Genève》, 2011년 8월 22일자.
8. 「바이오연료의 진정한 비용」, 《뉴욕 타임스》, 2008년 3월 8일자.

버락 오바마 대통령의 집착

1. 2008년 미국 다국적기업들은 1억 3,800만 톤의 옥수수를 연료로 태웠다. 이는 세계 옥수수 소비량의 15퍼센트에 해당된다.
2. 2007년 생산량은 180억 리터.
3. 국제 앰네스티 스위스 분과에서 발행한 잡지(베른, 2008년 9월호).

사탕수수의 저주

1. 식민 시대의 브라질에서 하나의 엥겡오는 여러 개의 농장과 생산 공간, 주인의 거처, 노예들의 거처를 모두 포함하는 총체적 공간을 가리켰다.
2. 티아고는 산티아고Santiago의 줄임말로 영어의 제임스와 어원이 같다.
3. M. 듀켓, 「대규모 프로젝트 추진 10년. 브라질 에너지 정책이 주는 교훈」, 《제3세계》, 통권 30호, 제120호, 907-925쪽.
4. R. 아브라모베이, 「바이오연료의 확산을 주도하는 정책, 제도, 그리고 시장. 브라질의 에탄올과 바이오디젤의 경우」(로마, 세계식량농업기구, 2009년), 10쪽.
5. F. M. 라페, J. 콜랭 『기아 산업. 결핍이라는 신화를 넘어』(몬트리올, 에탱셀 출판사), 213쪽.
6. 세계식량농업기구에서 실시한 한 조사는 혼자 사는 여성들, 특히 농촌의 여성 가장들이 프로-알코올 계획 실행으로 겪는 차별을 관찰했다. 세계식량농업기구의 「바이오연료. 여성의 주변화 현상 확대 위험」(로마, 2008년).
7. 레콘카보는 투레셍 만을 따라 이어지는 거대한 사탕수수 생산 지역이다.
8. 아마존 밀림은 지역 강우량 조절뿐 아니라 지구 기후 전체에 막대한 영향을 끼친다.
9. 『아마존 식물 파괴 위험 평가. 본 보고서』[환경적, 사회적으로 지속가능한 발전 분과. 라틴 아메리카와 카리브 해 연안 지역] (세계은행, 2010년 2월 4일) 58쪽. B. S. 소아레스-피호, D. C. 넵스타드, L. M. 쿠란, G. C. 세르쿠에이라, R. A. 가르시아, C. A. 라모스, E. 볼, A. 맥도널드, P. 르페브르, P. 슐레진저, 「아마존 강 유역 보존 방안」, 《네이처》, 440호, 2006년, 520~523쪽도 참조할 것.
10. 피멘텔 D., 피멘텔 M. H., 『식량, 에너지, 사회』[CRC 프레스, 코넬 대학, 이타카 (USA), 2007년] 294쪽.
11. Ibid.
12. 브라질에서 노예제도가 폐지된 해.
13. C. 외지, 「농업연료라는 기적의 이면. 브라질의 에탄올 노예들」, 《쿠리에 인터내셔널》, 2009년 4월 30일자.

14. 기복이 심한 노르데스테의 지형에서는 농기구 사용이 불가능하나 브라질 최고의 사탕수수 생산지인 상파울루 주의 여러 농장에서는 기계가 노동자를 대체한다. 2010년 상파울루 주 사탕수수 수확의 45퍼센트는 기계화되었다.
15. 프랑스어 초판은 1952년 갈리마르 출판사에서 나왔다. 2005년에는 문고판으로 출간되었다. 원제는 『주인과 노예Casa-Grande e Senzala』.

아프리카, 다시 식민지가 되다

1. Foodfirst Information and Action Network의 약자. "기아로부터 위협받지 않을 모든 사람의 보편적인 기본권" 진작을 주장하는 국제 인권단체.
2. Centre Europe-Tiers Monde의 약자. 유럽과 제3세계의 협력을 목표로 제네바에 설립된 단체.
3. 생산 기지 판매에 가장 적극적인 곳은 브라질이다.
4. 휴먼 라이츠 위치와 국제 앰네스티의 보고서가 여기 소개한 내용의 토대다. 특히 국제 앰네스티의 스위스 분과 회보, 베른, 2008년 9월호를 참조할 것.
5. 《르 탕 Le Temps》, 제네바, 2008년 9월 20일자.
6. 국제 앰네스티, op. cit.
7. 세르조 페라리Sergio Ferrari, 《르 쿠리에》, 제네바, 2011년 3월 15일.
8. 아미 드 라 테르Amis de la Terre, 『아프리카, 모든 탐욕이 집중되는 땅. 농업연료 생산을 위한 농지 갈취의 정도와 그 결과』(브뤼셀, 2010년)
9. 숲, 대양, 이탄지 또는 초원처럼 광합성 작용을 통해 대기 중의 이산화탄소를 빨아들이고 탄소의 일부를 저장하며 산소를 대기로 뿜어내는 자연 요소를 가리키는 표현.
10. 《르몽드》, 2011년 7월 29일자.
11. 유엔개발계획이 발표한 인간 개발 지수(뉴욕, 2010년)를 참조할 것.
12. 비정부단체인 이웃을 위한 빵이 작성한 서류에서 인용. 《르 쿠리에》, 제네바, 2011년 7월 9일자도 참조할 것.
13. 《노이에 취르허 자이퉁》 일요일판 2011년 5월 22일자에 실린 게르하르트 마크의 「나일 강에서 제네바 호수까지Vom Nil an den Genfer See」도 참조할 것.
14. 마크 리치는 여러 가지 범죄로 12년 동안 미국 사법기관의 추적을 받았으나 클린턴 대통령이 사면해주었다.
15. 강뒤르가 세운 제국에 관해서는 엘리자베트 에케르트가 로잔에서 발행되는 《르 마탱-디망슈》의 2011년 8월 7일자에 기고한 기사를 참조할 것.
16. 「장-클로드 강뒤르, 미학적 수집가」, 《르뷔 뒤 뮈제다르 에 디스투아르 드 주네브》,

2011년 8월 14일자.
17. 조안 박스터, 「아닥스 바이오에너지의 사례」, 《르몽드 디플로마티크》, 2010년 1월호.
18. 해안과 환경 서비스국, 「사탕수수를 에탄올로 만드는 프로젝트. 시에라리온의 환경, 사회, 건강에 미칠 영향 평가」 〔프리타운(시에라리온), 2009년 10월〕.
19. 2011년 환율 기준.
20. 「기만적인 바이오연료 관련 언급을 부인할 것을 유엔에 촉구한다」, 《월스트리트 저널》, 2007년 11월 13일.

6장 식량 투기꾼들

헤지펀드, 식량을 노리는 뱀상어들

1. 2010년 10월 파리의 형사 법원 11부는 제롬 케르비엘에게 5년 징역(이 중 3년 이상 실형)형을 선고하고 49억 유로를 배상하라고 판결했다.
2. 『가이아 캐피탈 자문회사, 회사 소개』(제네바, 2011년). 가이아는 그리스어로 '대지'를 뜻한다.
3. 니콜라스 칼도어Nicholas Kaldor, 「투기와 경제 안정」, 《르뷔 프랑세즈 데코노미》, 통권 2권, 3호, 1987년, 115~164쪽.
4. 국제식량정책연구소, 「투기가 문제될 때」, 미구엘 로블레스, 막심 토레로, 요아힘 폰 브라운 공동연구(워싱턴, 2009년 2월).
5. 올리비에 파스트레, 「세계 식량 위기는 불가피한 운명이 아니다」, 『새로운 식량 균형을 위하여』에 수록. 피에르 자케와 장-에르베 로렌지가 기획하고 감수하는 총서 「카이에 뒤 세르클 데제코노미스트」(파리, PUF 출판사, 2011년), 29쪽.
6. Ibid.
7. 피에르 자케와 장-에르베 로렌지, 「르 카이에 뒤 세르클 데제코노미스트」, op. cit.
8. 이 같은 견해는 특히 필립 샬맹이 『세계는 배가 고프다』(파리, 부랭 출판사, 2009년)에서 주장했다. 엘니뇨는 페루와 에콰도르 인근 태평양에 부는 더운 계절풍으로 최근 몇 년 동안 이 바람 때문에 많은 기상이변이 속출했다.
9. 세계식량농업기구, 『농산물 시장 상황. 가격 폭등과 식량 위기, 경험과 교훈』(로마, 2009년).
10. 필립 샬맹, 『세계는 배가 고프다』, op. cit.
11. Ibid.
12. Ibid.
13. Ibid., 45쪽.

14. 래티시아 클라브륄, 「식량, 가격 변동성은 협동조합을 약화시키고 제조업자들의 구매 정책에 혼란을 가져온다. 원자재 관련 투기는 농업계를 얼빠지게 만든다」, 《르몽드》, 2008년 4월 24일자.
15. 폴-플로랑 몽포르, 「미국 상원은 농산물 선물 시장에서 벌어지는 과도한 투기를 비판했다」, 미국 상원의 조사 담당 상임소위원회 보고서. http://www.momagri.org/fr.
16. 래티시아 클라브륄, op. cit.
17. 대략적인 환율로 계산하면, 400CFA프랑=1US달러.
18. 《르몽드》, 「우려를 자아내는 농업 원자재의 가격유동성」, 2011년 1월 11일자. 세계은행의 「푸드 프라이스 워치」 보고서(워싱턴, 2011년 2월)도 참조할 것.
19. 세계은행, 「푸드 프라이스 워치」, op. cit. 장-크리스토프 크롤, 오렐리 트루베, 「G20과 식량 안보: 연설의 공허함」(《르몽드》, 2011년 3월 2일자)도 참조할 것.
20. 세계은행, 「푸드 프라이스 워치」, op. cit.
21. Cyberpresse.ca, 「식량 위기의 핵심인 투기」, 올리비에 드 슈터와의 인터뷰, 2010년.
22. 유엔무역개발회의, 『무역과 개발에 관한 보고서』(뉴욕, 제네바, 2008년).
23. 프레더릭 카우프만, 「상품이 된 기근Die Ware Hunger」, 《슈피겔》, 함부르크, 2011년 8월 29일자.
24. 필립 샬맹, op. cit., 52쪽.
25. 하이너 플라스베크, 「투기꾼의 원료 강탈Rohstoffe des Spekulanten entreissen」, 《한델스블라트》, 뒤셀도르프, 2011년 2월 11일자.
26. 워싱턴, IFPRI 출판부, 2009년.
27. 미국에는 식량에 관한 투기 규제를 담당하는 기관이 존재한다. 바로 미국 상품 선물 거래 위원회US Commodity Futures Trading commission이다. 하지만 이 기관은 유난히 무능하다는 평가를 받는다.

제네바는 어떻게 식량 투기꾼들의 수도가 되었나

1. 마르크 로시Marc Roche, 「미친 투기꾼을 규탄하자!」, 《르몽드》, 2011년 1월 30일자.
2. 어떤 재산이건 원래 그것이 형성된 국가를 벗어나서 운용될 때 우리는 off-shore라는 말을 쓴다.
3. 스위스 법에 따르면, '과세 사정액'은 원칙적으로 영리적인 활동을 하지 않는 체류자에게 부과되는 세금을 가리킨다. 이 액수는 모호하긴 하나 납세자와 그의 가족의 지출에 근거하여 산정된다.
4. 2009년 고든 브라운 영국 수상은 초과 수입, 스톡옵션, 보너스를 비롯하여 헤지펀드

매니저들이 벌어들이는 천문학적인 수입에 대해 엄격한 조치를 취했다. 1년에 20만 파운드 이상을 버는 사람은 누구나 초과분에 대해 50퍼센트를 세금으로 내야 한다는 규정을 만든 것이다.
5. 필립 자브르의 인물 됨됨이에 관해서는 《르몽드》 2011년 4월 2일자를 참조할 것.
6. 매튜 알렌Matthew Allen, 「제네바, 중개업자의 천국」, 《르 쿠리에》, 제네바, 2011년 3월 28일자.
7. 엘리자베트 에케르트, 「최소한 1조 5천억 스위스 프랑이 스위스의 모든 통제망에서 벗어나 있다」, 《르 마탱 디망슈》, 2011년 4월 3일자.
8. FINMA는 Finanzmarktaufsicht라는 단어를 축약해서 만든 약자.
9. 엘리자베트 에케르트, loc. cit.를 참조할 것.
10. Ibid.

농지를 빼앗긴 자들의 분노와 저항

1. 마르크 게니아, 《라 트리뷘 드 주네브》, 2011년 6월 9일자.
2. 「농지 갈취. 농지 매입 열풍은 세계의 기아 현황을 한층 악화시킨다」, 비정부단체 이웃을 위한 빵, 절식 행동의 합동 조사(로잔, 2010년).
3. 알렉상드르 빌그랭, 「집단으로 상대하자!」, 프랑스 아프리카 투자자 이사회(CIAN, Conseil français des investisseurs en Afrique)의 이름으로 발송된 서신. 파리, 2010년 11-12월.
4. 비정부단체 트랜스패런시 인터내셔널Transparency International이 해마다 발표하는 명단을 보라.
5. 「카메룬: 권리를 무시해버린 솜디아」, 긴급 호소 341, 푀플 솔리데르.
http://www.peuples.solidaires.org/341-cameroun-somdiaa-sucre-les-droits(현재 페이지 삭제).
6. 긴급 호소 341, op. cit.
7. 빌그랭 집안은 유럽의 밀 관련 산업에서 선도적인 역할을 한 기업인 파리의 그랑 물랭을 경영했다. 그랑 물랭은 이들이 아프리카 농가공업계 장악이라는 모험에 나서는 출발점이 되었다.
8. 솜디아는 특히 카메룬과 가봉, 레위니옹에 3개의 제분 공장을 가지고 있으며 콩고, 차드, 카메룬에는 4개의 제당 공장을 보유하고 있다. 그 외 여러 나라에 수만 헥타르의 땅도 소유하고 있다.
9. 에스터 볼프, 『극빈자들에게 피해를 주는 베냉의 땅 투기』, 로잔, 이웃을 위한 빵(르

페르 총서, 로잔, 2010년).
10. Ibid.
11. 필립 페르드리, 「베냉-보니 야이 KO 승」,《쥔느 아프리크》, 2011년 3월 27일.
12. 에스테르 볼프의 『극빈자들에게 피해를 주는 베냉의 땅 투기』, op. cit.에 인용된 내용을 재인용.
13. 《르몽드》, 2011년 4월 1일자.
14. 말리에서 관개 시설의 혜택을 받는 경작지는 전체의 10퍼센트 미만에 불과하다.
15. 《르몽드》, loc. cit.
16. Ibid.
17. Ibid.
18. 2010년의 통계.

부조리한 서양의 동조
1. 외교와 안보 정책 분야에서 유럽연합을 대표하는 조직.
2. 농지 갈취에 항의하는 다카르 선언. 탄원서. http://www.petitiononline.com/accapar/petition.html.

생명이 있는 한 희망은 있다
1. CADTM(Comité pour l'abolition de la dette du tiers-monde 제3세계 채무 탕감 위원회)의 출판물(리에주, 2011년). 에릭 투생, 다미앵 밀레, 다니엘 뮈네바르는 또한 『빚이냐 삶이냐』(브뤼셀-리에주, ADEN-CADTM 공동 출판, 2011년)의 공동저자이기도 하다. 메릴린치와 캡제미니(자산 운영사)의 2011년 보고서도 참조할 것.
2. 아마티아 센, 『식량, 경제, 권리부여』(와이더 워킹 페이퍼1, 헬싱키, 1986년).
3. 이제는 고전의 반열에 드는 게오르그 크리머Georg Cremer의 『부패와 개발 지원금. 도전에 직면하여Corruption and Development aid. Confronting the challenges』(런던, 라인 리너 출판사, 2008년).
4. 형제 카를로에게 보낸 옥중 서신, 1929년 12월 19일. 『카이에 드 프리종』(파리, 갈리마르, 1978년) 1999년 판본에서 인용.

굶주리는 세계,
어떻게 구할 것인가?
장 지글러의 '대량 살상, 기아의 지정학'
절망 속에서 희망을 찾다

1판 1쇄 발행 2012년 7월 12일
1판 5쇄 발행 2018년 2월 19일

지은이 장 지글러 | 옮긴이 양영란
편집 김지환 백진희 정다혜 | 디자인 가필드

펴낸이 임병삼 | 펴낸곳 갈라파고스
등록 2002년 10월 29일 제2003-000147호
주소 03938 서울시 마포구 월드컵로 196 대명비첸시티오피스텔 801호
전화 02-3142-3797 | 전송 02-3142-2408
전자우편 galapagos@chol.com

ISBN 978-89-90809-44-5(03300)

이 도서의 국립중앙도서관 출판시도서목록(CIP)은 e-CIP 홈페이지
(http://www.nl.go.kr/cip.php)에서 이용하실 수 있습니다. (CIP 제어번호: CIP 2012003024)

『굶주리는 세계, 어떻게 구할 것인가?』 독자 북펀드에 참여해주신 분들(가나다 순)
김미경 김영란 김윤곤 김지영 민정선 박명식 박혜린 송한희 안수림 안진연 이동철 이태윤
장진영 조선아 채대광 최선희 최원호 허남진 허우주 홍미진 (외 8명, 총 28명)

갈라파고스 자연과 인간, 인간과 인간의 공존을 희망하며, 함께 읽으면 좋은 책들을 만듭니다.